엑셀의 핵심 기능을 차시별로 이해하고 이 책을 활용해 보세요!

수업차시	키워드	엑셀 수업 과제 해결하기	페이지
1차시	똑똑한 엑셀! 엑셀은 처음이지?	· 엑셀의 화면과 명칭. · 엑셀 화면설정. · 자주 사용하는 키로 데이터를 입력하고 저장.	7
2차시	예쁜 그림을 넣어 영어 낱말카드 만들기	· 행의 높이와 열의 너비를 정확하게 조절. · 그림을 삽입하고 크기를 조절.	15
3차시	나만의 특별한 프로필 만들기	· 워드아트, 그림을 삽입. · 특수기호를 입력.	22
4차시	자동채우기 이용하여 문서작성하기	· 자동 채우기 기능을 이용 빠르게 데이터 입력 방법. · 다양한 형태의 데이터를 자동 채우기로 입력하는 방법. · 컴퓨터 시스템의 오늘 날짜와 시간을 입력하는 단축키.	27
5차시	표 서식을 이용하여 절친 메모장 만들기	· 데이터를 입력하고 셀 형식을 이용하여 데이터의 형식을 변환. · 표 서식을 이용 표를 쉽고 간편하게 꾸미는 방법.	32
6차시	사자성어 노트 만들기	· 한자 변환하는 방법과 한자를 여러 형태로 입력하는 방법. · 한자 사전을 사용하는 방법.	36
7차시	도형을 활용 컴퓨터 규칙 만들기	· 도형을 삽입하고 도형설정 방법. · 도형 복사하고 정렬.	41
8차시	도형과 한자를 이용 도장만들기	· 도형을 이용하여 도장 만드는 방법. · 글상자를 이용하여 도형에 원하는 위치에 글자넣는 방법.	46
9차시	그림 삽입 스타일 지정 서식 지우기	· 그림을 삽입하고 그림 스타일을 지정. · 지우기 명령과 선택하여 삭제 방법.	52
10차시	픽셀아트 디자인하기	· 인터넷에서 픽셀아트를 검색 엑셀로 이미지를 가져오는 방법. · 가져온 디자인을 에셀에서 디자인하고 저장.	59
11차시	부루마불	· 셀서식과 그림삽입, 그림 편집기능. · 그림을 검색하여 삽입.	63
12차시	워크시트	· 워크시트를 복사, 이동, 이름바꾸기 방법. · 선택하여 붙여넣기 기능.	68
13차시	구구단표	· 수식을 입력하는 방법. · 절대번지와 상대번지의 개념.	74
14차시	용돈기입장	· 수식을 이용해 사칙연산. · 자동합계를 이용한 합계.	80

15차시	컴퓨터수강생현황	・도형안에 그림으로 채우기와 워드아트 제목 꾸미는 방법. ・셀서식에서 데이터의 형식 바꾸는 방법.	86
16차시	함수	・함수의 형식. ・SUM함수, AVERAGE함수, MAX함수, MIN함수, COUNT함수에 대해 적용하는 방법.	91
17차시	문자열함수	・문자열 함수 LEFT, MID, RIGHT, &에 적용 방법. ・조건문 IF함수.	95
18차시	정렬과 필터	・정렬기능을 이용하여 정렬하기. ・필터 기능을 이용하여 원하는 데이터만 보기.	99
19차시	유효성검사	・유효성 검사로 데이터를 입력하기.	104
20차시	조건부서식	・조건부 서식을 지정하는 방법. ・수식을 이용하여 지정하는 방법.	108
21차시	하이퍼링크	・하이퍼링크 기능을 단추에 연결하여 이동. ・하이퍼링크 기능을 엑셀 문서와, 인터넷으로 연결.	114
22차시	차트	・챠트 입력하고 속성 변경. ・추천 차트를 이용하여 차트만들는 방법.	121
23차시	인쇄하기	・인쇄하기 기능 학습하고 설정. ・화면캡쳐 기능을 이용하여 인쇄될 화면을 이미지로 저장.	128
24차시	종합정리	・엑셀의 주요기능을 복습. ・예제들을 작성하면서 저장.	133

체계적인 구성을 미리보고, 쉽고 빠르게 공부하세요!

과제 정의
엑셀 2016에서 꼭 알아야 할 기능을 선별하여 과제를 제시합니다. 쉽고 빠르게 과제를 공부해 보세요.

학습 목표
과목별 필수 기능을 공부할 수 있도록 학습 방향의 길잡이 역할인 학습 목표를 먼저 확인하세요.

HOW!
예제를 미리보고 어떻게 만들었는지 확인할 수 있어요. 무조건 따라하기 전에 어떤 기능을 사용하였는지 생각해 보세요.

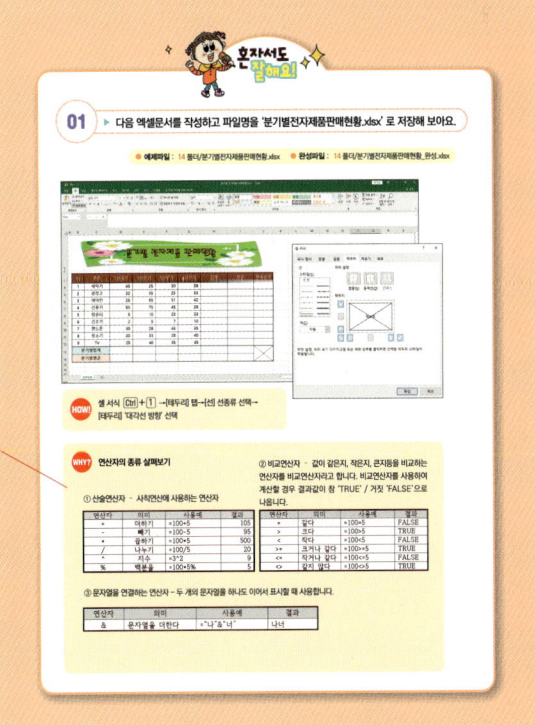

WHY?
엑셀 2016에서 활용 폭을 넓히기 위해서 예제에서 사용한 기능을 왜 사용했는지 설명합니다.

혼자서도 잘해요
학습을 마무리할 때마다 혼자 해 보는 코너를 통해 자신의 실력을 체크해 보세요.

힌트
혼자서 예제를 만들 때 과정이 막힐 경우에는 힌트를 참조하세요.

종합정리
그동안 배운 엑셀의 기능들을 활용하여 멋진 문서를 작성하며, 엑셀 과정을 복습하고 총정리 해보아요.

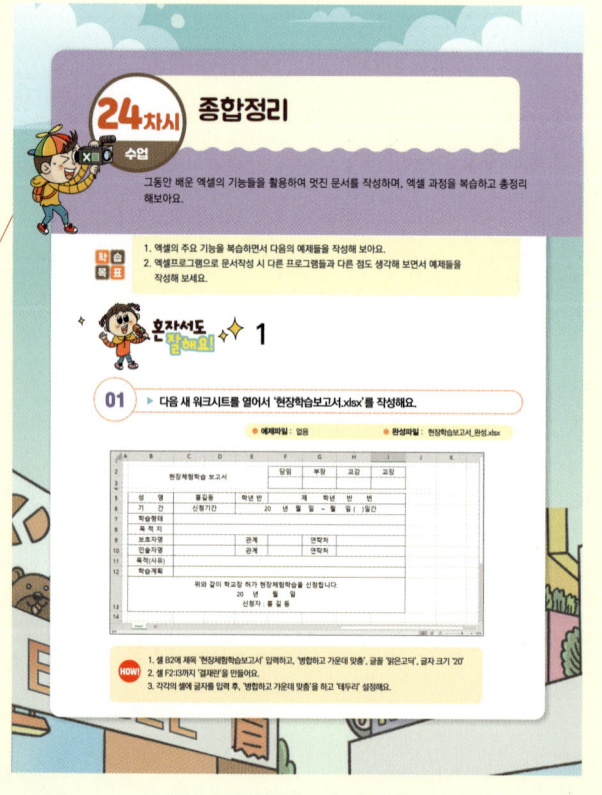

목차

01 똑똑한 엑셀! 엑셀은 처음이지?
- 엑셀의 화면 구성요소 9
- 데이터 수정 방법 13

02 예쁜 그림을 넣어 영어 낱말카드 만들기
- 행/열의 높이와 너비 조절 16
- 그림을 삽입하고 크기 조절 17

03 나만의 특별한 프로필 만들기
- 워드아트, 그림 삽입 23
- 특수기호 입력 24

04 자동채우기 이용하여 쉽고 빠르게 문서작성하기
- 엑셀 자동 채우기 28

05 표 서식을 이용하여 절친 메모장 만들기
- 표 서식을 이용하기 33
- 타이틀 꾸미기 34
- 생일항목 날짜형식 변경하기 34

06 사자성어 노트 만들기
- 한문변환하기 37
- 사자성어 노트만들기 38

07 도형을 활용 컴퓨터실에서 지켜야 할 규칙 만들기
- 그림과 도형 배치하기 42
- 도형 정렬하기 44

08 도형과 한자를 이용해 내 도장 만들기
- 도장 틀 만들기 47
- 글 상자 이용하기 49

09 그림 삽입하고 스타일 지정하기, 서식 지우기
- 그림 세부스타일 지정하기 53
- 서식 선택하여 지우기 56

10 픽셀아트 디자인하기
- 캐릭터 픽셀아트 디자인 검색하기 60

11 부루마불 게임판 만들기
- 부루마불 보드게임판 만들기 64
- 부루마불 주사위 만들기 67

12 워크시트 여러 기능 활용 지점별 매출구하기
- 워크시트 복사, 이동, 이름바꾸기 69
- 선택하여 붙여넣기 70

13 구구단표 만들기
- 수식을 입력하고 계산하기 75
- 구구단 완성하고 꾸미기 77

14 사칙연산을 활용하여 용돈기입장 만들기
- 사칙연산 계산하기 82
- 자동합계로 합계구하기 83

15 셀서식을 내맘대로 컴퓨터 수강생현황
- 셀서식을 이용하여 데이터 형식 변환하기 89

16 함수의 형식과 가장 많이 사용하는 함수
- 함수 형식 알아보기 93
- 통계형함수와 sum함수 알아보기 94

17 문자열 함수로 주민등록번호 정보 알아내기
- 글자와 글자를 더하기 96
- 문자열함수 알아보기 97
- if함수 알아보기 97

18 데이터를 정렬하고 필터기능 사용하기
- 오름차순과 내림차순으로 정렬하기 100
- 필터기능을 이용하기 102

19 유효성검사로 데이터 입력하기
- 유효성 검사로 데이터 입력하기 105

20 조건부 서식으로 원하는 데이터 강조하기
- 지정된 데이터로 조건부 서식 지정하기 110

21 하이퍼링크 기능을 이용하여 문서에 홈페이지 연결하기
- 셀 서식 설정하기 115
- 도형에 하이퍼링크 연결하기 116

22 챠트를 활용하여 타자기록 차트 만들기
- 차트 삽입하기 122
- 차트 종류를 원하는 차트 형태로 바꾸기 123

23 인쇄하기, 화면캡처 기능 활용 엑셀 작품집 만들기
- 미리보기 설정하기 130
- 작성한 문서를 이미지로 저장하기 131

24 종합정리 133

1차시 수업: 똑똑한 엑셀! 엑셀은 처음이지?

엑셀 2016 프로그램을 실행한 다음 화면의 구성을 살펴보고, 엑셀은 어떤 프로그램인지 먼저 살펴보고 데이터를 입력하고 저장하는 방법에 대해 알아보아요.

학습목표
1. 엑셀의 화면 구성 살펴보고, 각각의 명칭에 대해 알아보아요.
2. 데이터를 입력한 후, [Enter]를 누르면 셀 포인터가 아래쪽으로, [Tap]을 누르면 셀 포인터가 오른쪽으로 이동돼요.
3. 데이터를 수정하는 방법에 대해 알아보고 엑셀 문서를 저장해 보아요.

[완성예제 미리보기]

● **예제파일** : 01 폴더/만나서반갑습니다.xlsx   ● **완성파일** : 01 폴더/만나서반갑습니다_완성.xlsx

NO	질문	답변
1	내이름은?	홍길동
2	학교 이름은?	빅식스초등학교
3	몇학년 몇반?	3학년 5반
4	컴퓨터 과정명은?	엑셀짱반
5	수업요일은?	월, 금
6	수업시간은?	1:50~2:40
7	내자리번호는?	17번

HOW! 데이터 입력 후 [Enter]를 누르면 셀 포인터가 아래쪽으로 이동돼요.

HOW! 입력한 데이터를 수정하기 위해 셀을 더블 클릭하거나, F2를 눌러 데이터를 수정했어요.

1 엑셀 2016 실행하고 화면 살펴보기

 **01** 엑셀 2016을 실행하기 위해 [시작( )]→'Excel 2016' 을 선택해서 프로그램을 실행해요.

02 엑셀2016 프로그램이 실행되면 '새 통합 문서'를 클릭하면 다음과 같이 새 문서가 열려요.

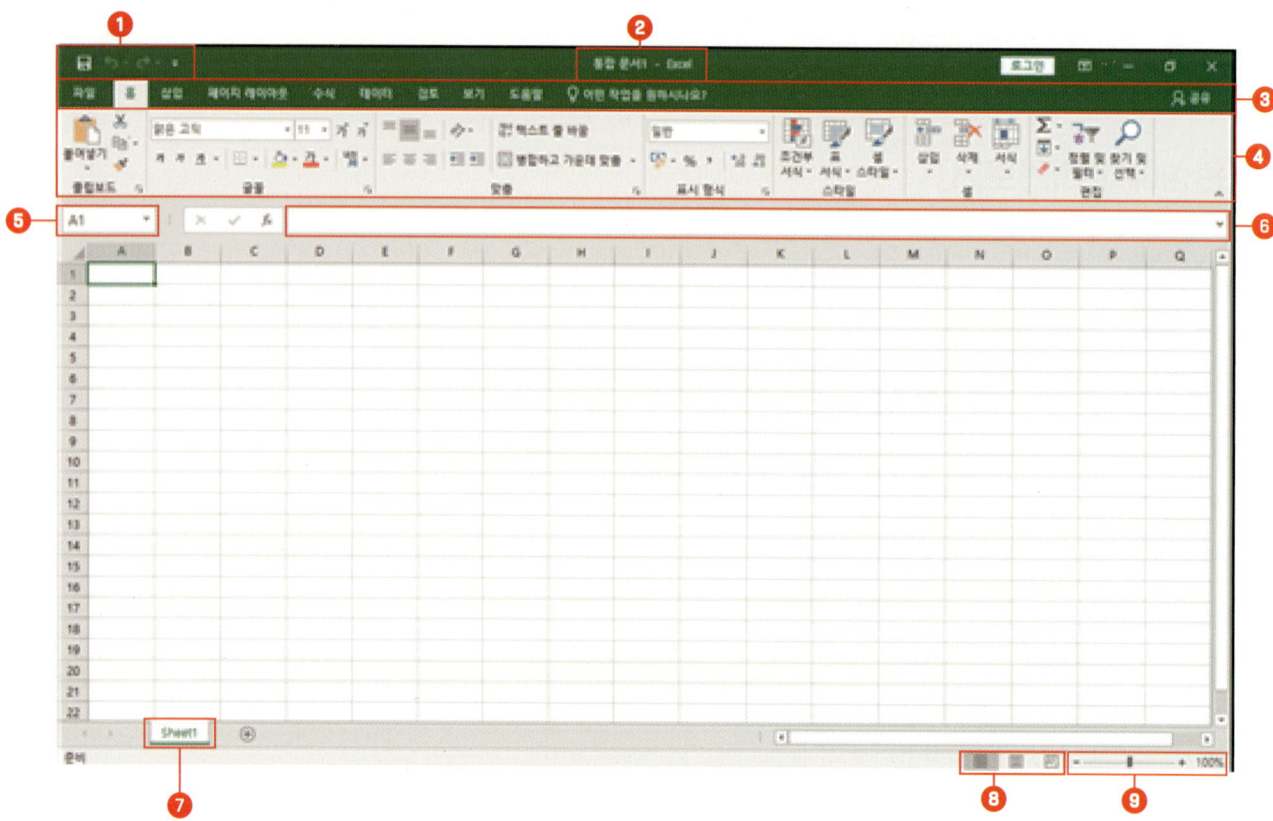

❶ **빠른실행 도구모음** : 자주 사용하는 메뉴를 빠르게 실행하도록 모아 놓은 도구예요.

❷ **제목 표시줄** : 엑셀 파일명을 표시합니다. 기본 설정 값은 "통합문서1" 로 되어 있어요.

❸ **탭 메뉴** : 엑셀에서 사용되는 기능을 구분하여 놓은 메뉴예요.

❹ **리본메뉴** : 자주 사용되는 아이콘과 간단한 글로 표시되어 있어요.

❺ **이름상자** : 선택한 셀의 주소를 표시해요.

❻ **수식입력줄** : 선택된 셀의 데이터 및 수식 등을 표시하고 데이터 및 수식을 입력할 수 있어요.

❼ **시트탭** : 작업 시트이름이 표시되어 있으며 삽입, 삭제, 이동 및 이름 변경이 가능해요.

❽ **문서보기방식** : 기본, 페이지레이아웃, 페이지나누기 미리보기의 3가지 형식으로 볼 수 있어요.

❾ **확대 및 축소** : 문서를 확대하거나 축소하여 볼 수 있어요.

2 엑셀의 구성요소 알아보기

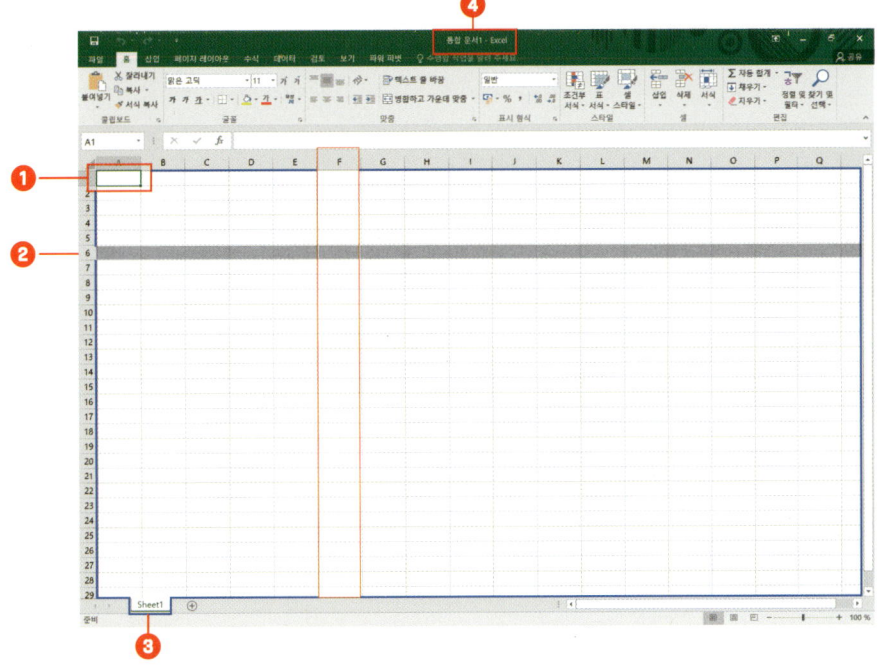

❶ **셀** : 엑셀 프로그램은 여러 개의 칸으로 구성되어 있는데 여기서 한 칸을 셀이라고 해요.

❷ **행과 열** : 셀들이 모여서 가로는 행, 세로는 열이라고 해요. **행은 숫자**(1,2,3 …)로, **열은 알파벳**(A, B, C …)으로 이름이 표시되고 D3의 경우 D열의 3번째 행에 있는 셀을 말해요.

❸ **시트(Sheet)** : 행과 열이 모인 작업 공간을 시트 또는 워크시트라고 해요.

❹ **통합 문서** : 워크시트가 한 개 이상인 문서를 엑셀의 통합 문서라고 해요.

3 엑셀 화면을 내맘대로 설정하기 – 보기탭

01 [보기] 탭→[표시] 그룹→[눈금선] 항목의 체크 표시를 해제해요. 화면에서 셀 구분선이 사라지는 것을 확인할 수 있어요.

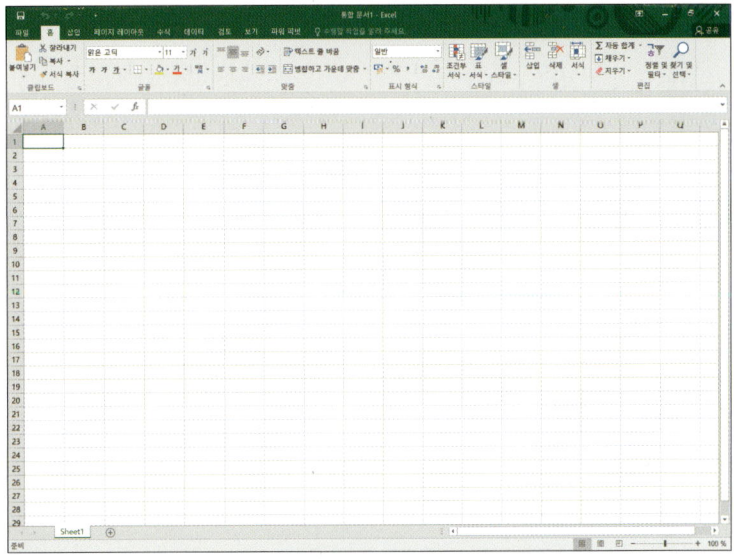

 이 구분선은 화면에서만 보이는 안내선이예요. 프린터로 출력 시 인쇄 되지 않아요.

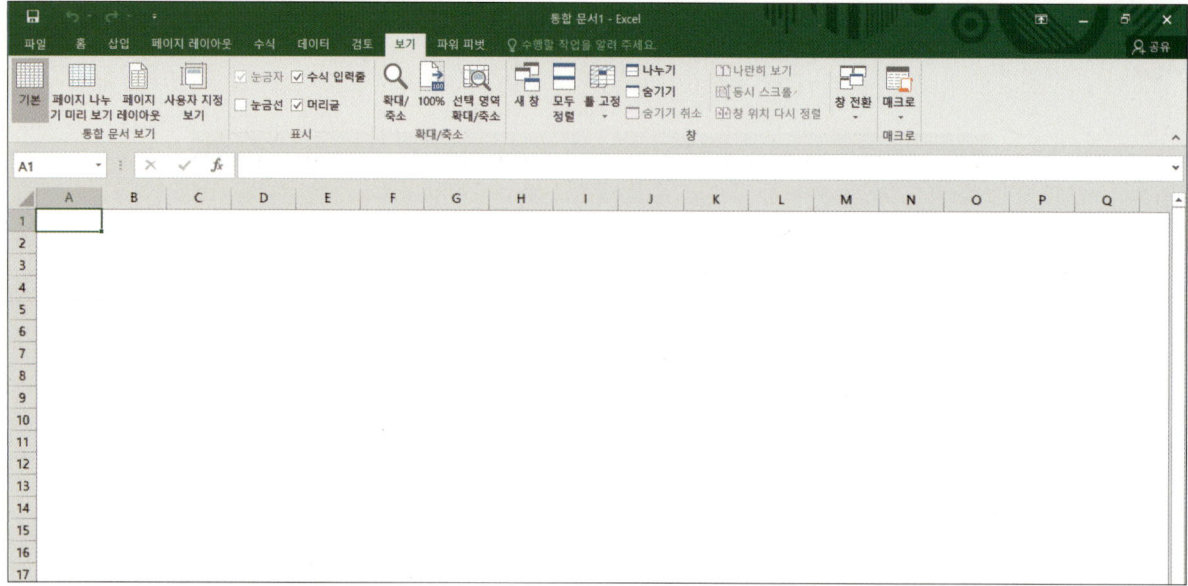

> 눈금선을 다시 나타나게 하고 하려면 [눈금선] 항목의 체크 표시해요.

02 엑셀사용 중 갑자기 리본 도구 모음이 사라질 때가 있어요. 이럴 땐 다음 3가지 방법으로 다시 나타나게 해 주세요.

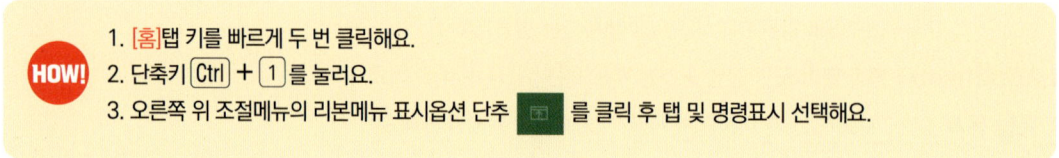

[평상시 엑셀 화면]

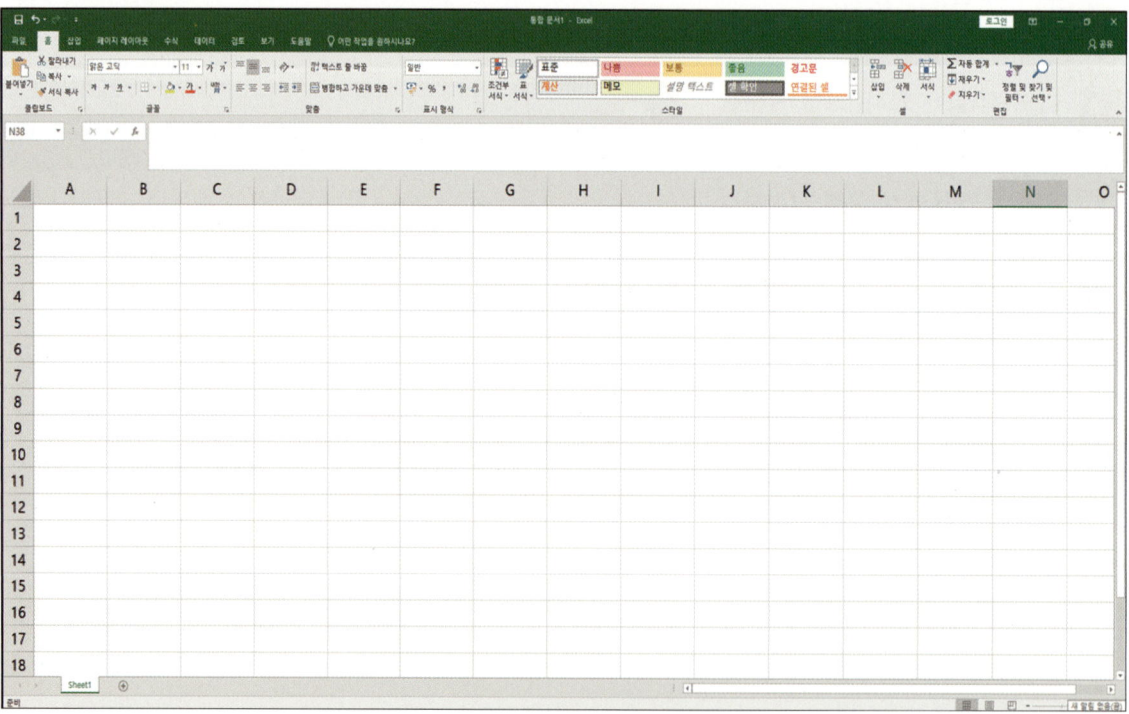

[리본 도구 모음이 사라졌을 때 화면]

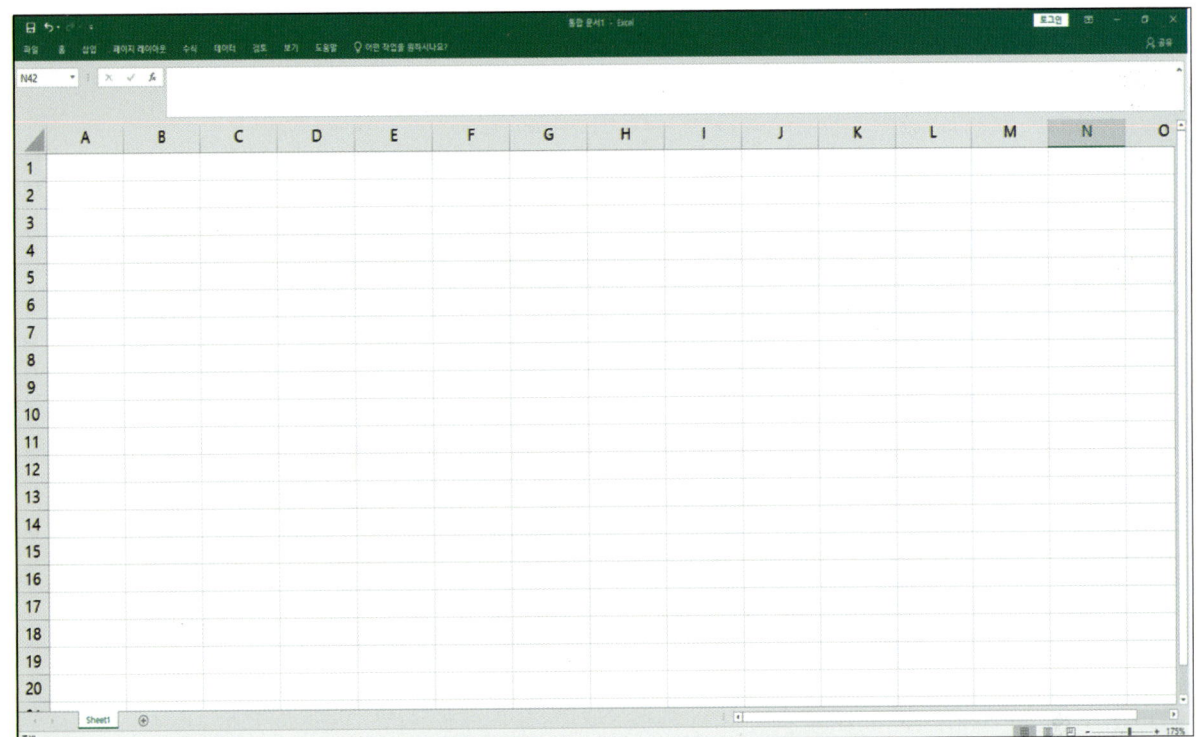

 **데이터를 입력하고 파일 저장하기**

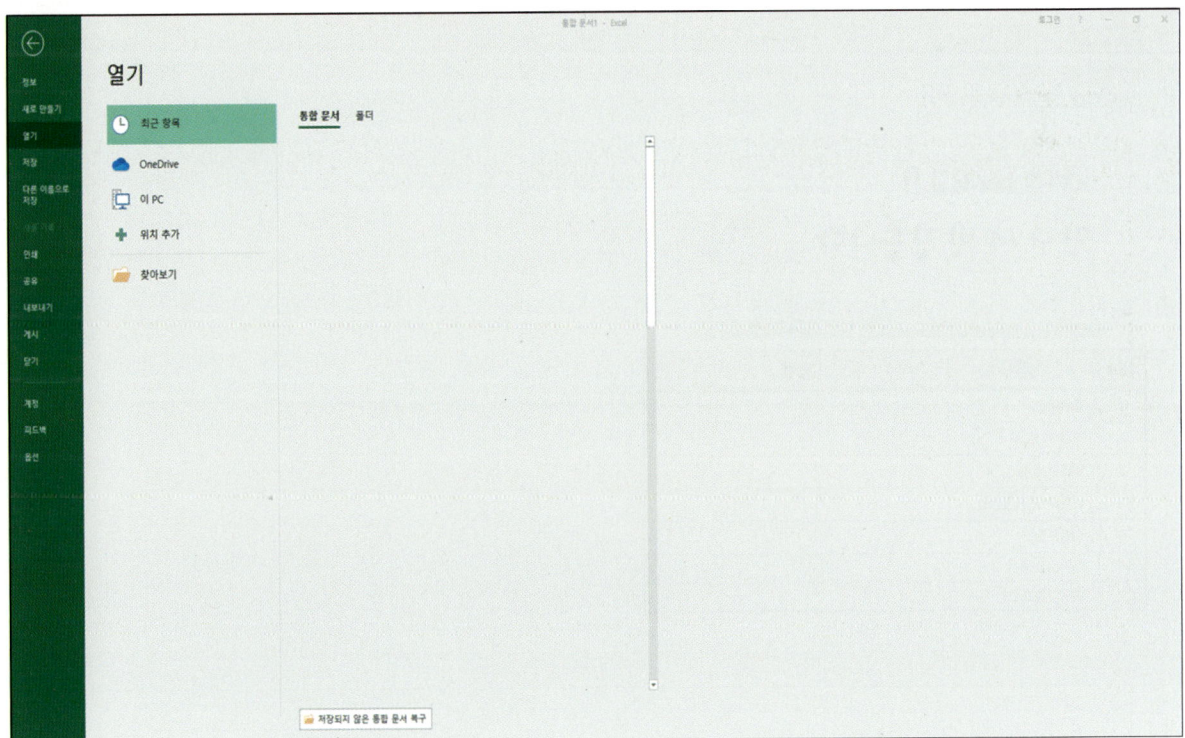

01 예제 파일을 열기 위해 [파일] 탭→[열기]→[찾아보기] 클릭한 후, 01 폴더에서 '만나서반갑습니다.xlsx' 파일을 선택 후 [열기] 버튼을 클릭해요

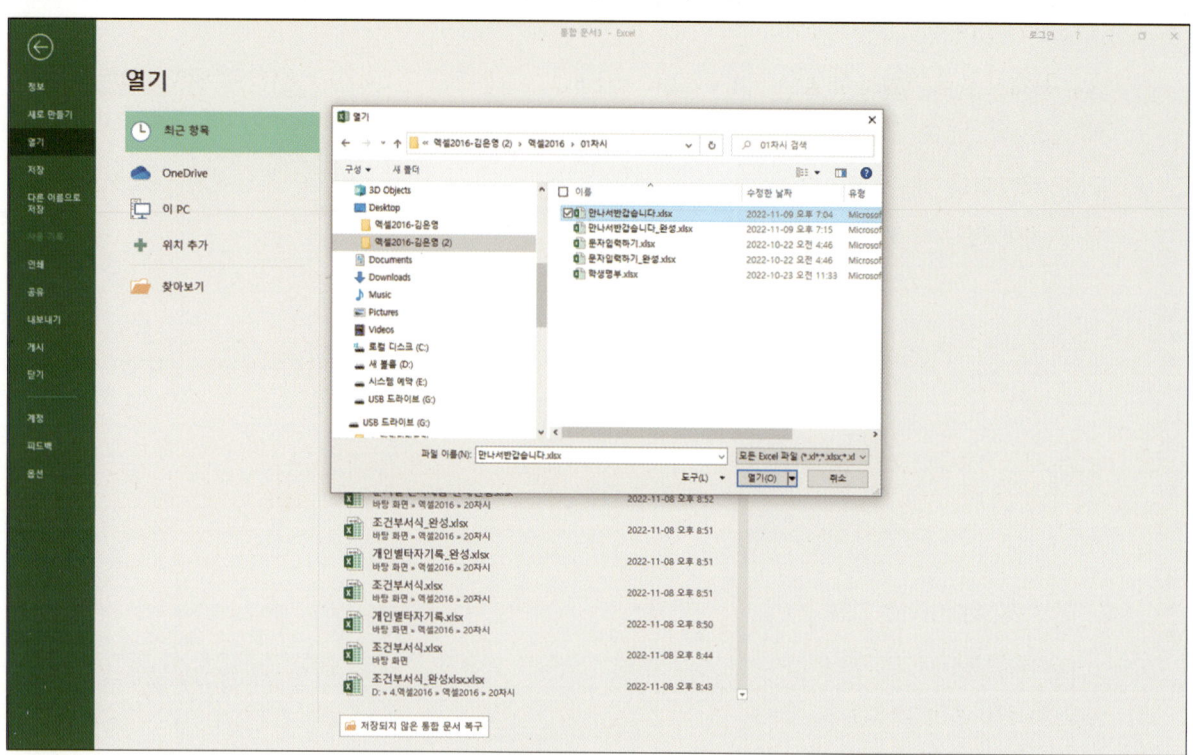

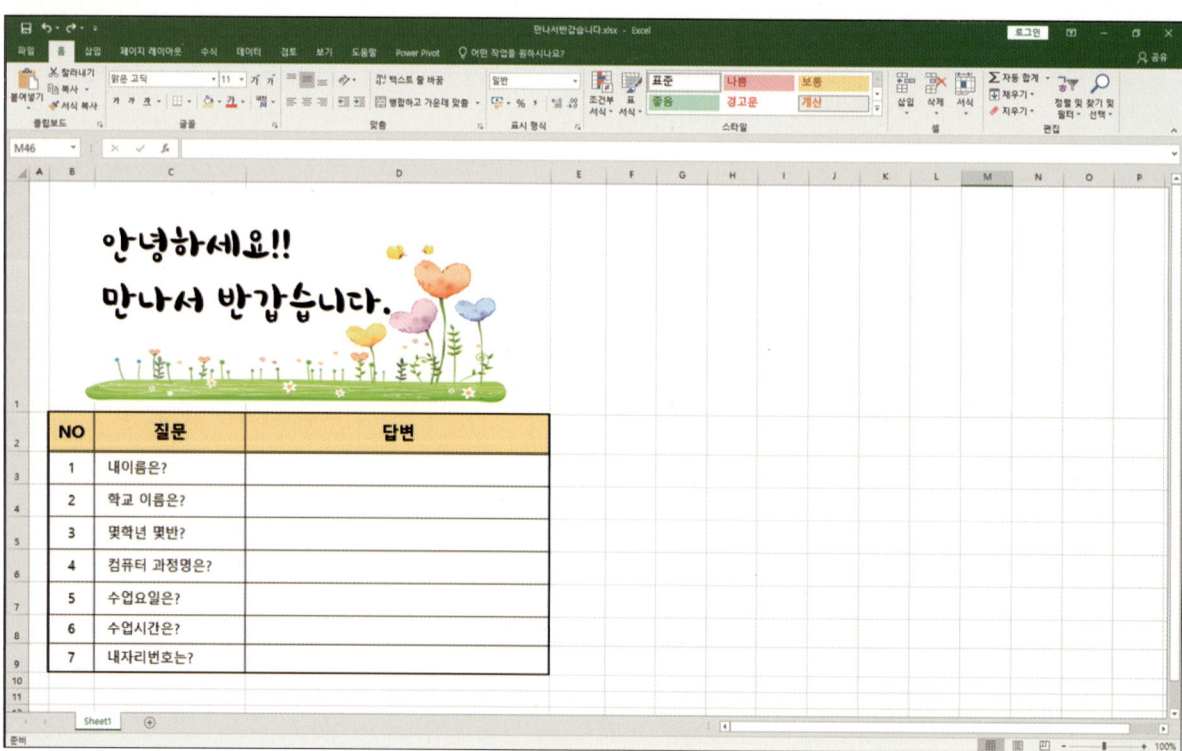

02 예제가 열리면 질문 1. 내 이름은? 에 해당하는 답변을 셀 D3에 입력하기 위해 셀 D3을 클릭하고, 자기자신의 이름을 입력한 후 [Enter], 셀 포인터가 D4로 이동되면, 다음질문에 해당하는 답을 입력해요.

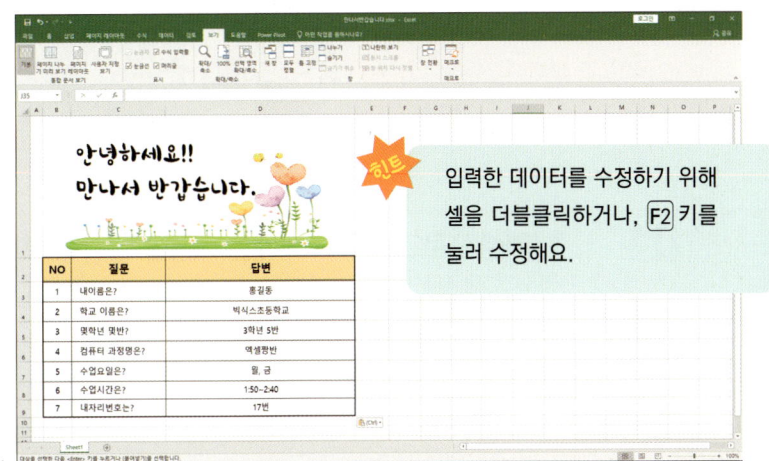

> **힌트** 입력한 데이터를 수정하기 위해 셀을 더블클릭하거나, F2 키를 눌러 수정해요.

4 작성 후 저장하고 종료하기

01 문서를 저장하기 위해 [파일] 탭 → [다른 이름으로 저장] → [찾아보기]를 클릭하여 저장할 위치를 확인하고 파일이름 '만나서반갑습니다_완성'을 입력한 후, [저장] 버튼을 클릭해요.

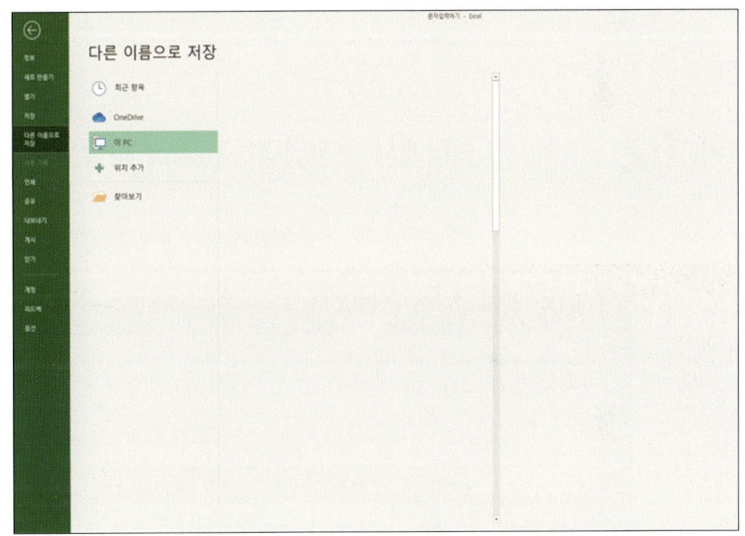

02 저장이 완료되면 [닫기] 버튼  을 클릭하거나 단축키 Alt + F4 를 눌러 엑셀 프로그램을 종료해요.

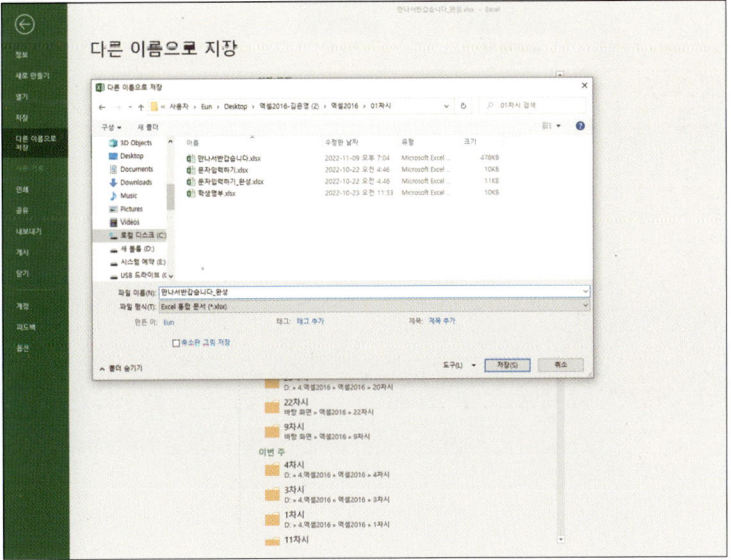

01 ▶ 엑셀 프로그램에 대해 배운 내용을 생각해 보고 빈칸을 채우세요.

① 엑셀에서 하나의 칸을 [　　　] 이라고 해요.

② 여러개의 셀이 모여 가로 [　　　] / 세로 [　　　] 이라고 해요.

③ 리본도구가 사라졌을 땐 [　　　] 탭을 더블클릭해요.

보기　홈, 표, 셀, 수학, 행, 차트, 보기, 화살표, 클릭, 열, 워크시트

02 ▶ 01 폴더에서 '문자입력하기.xlsx' 파일을 열어 문서를 입력 한 후 저장해 보아요.

● 예제파일 : 01 폴더/문자입력하기.xlsx　　● 완성파일 : 01 폴더/문자입력하기_완성.xlsx

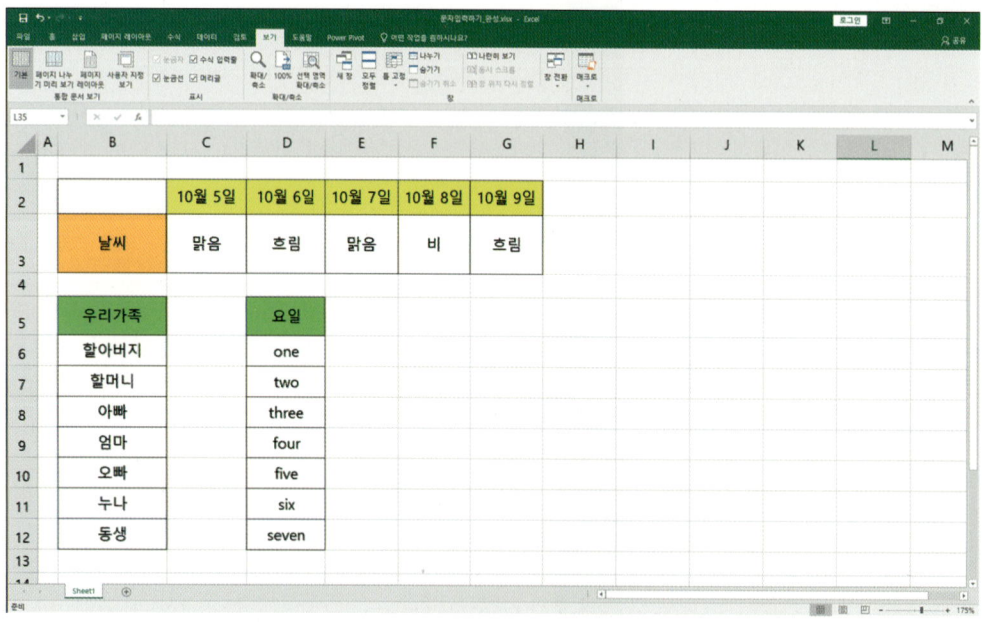

1. 내용을 입력할때는 [Enter] 또는 [Tap]을 누르면서 데이터를 입력해요.
2. 입력한 내용을 수정하려면 셀을 더블클릭하거나, F2 키를 눌러 수정해요.

2차시 수업 예쁜 그림을 넣어 영어 낱말카드 만들기

영어 낱말카드를 만들면서 카드에 알맞은 그림도 삽입하고 행/열의 너비를 조절할 수 있어요.
즐겁게 공부하다 보면 어느새 나만의 예쁜 영어 낱말카드가 완성할 수 있어요!!

 학습목표

1. 그림을 삽입하고 크기를 조절할 수 있어요.
2. 행의 높이와 열의 너비를 조절할 수 있어요.
3. 셀 서식 [Ctrl]+[1] 에서 채우기와 테두리를 할 수 있어요.

[완성예제 미리보기]

● 예제파일 : 없음   ● 완성파일 : 02 폴더/영어단어카드_완성.xlsx

영어낱말카드

나비
Butterfly

나무
Tree

하트
Heart

딸기
Strawberry

해바라기
Sunflower

개
Dog

 그림을 삽입하고 크기를 조절할 수 있어요
행과 열의 높이와 너비를 조절할 수 있어요.
셀 하나에 여러줄을 입력할 때는 [Alt] + [Enter] 를 사용해요.
셀 서식 [Ctrl]+[1] 를 이용하여 테두리와 셀에 색채우기를 할 수 있어요.

1 열 너비와 행의 높이를 조절하기

01 열 머리글에서 B열 클릭 후, [Ctrl] 키를 누르고, D열, F열 클릭 후, 선택된 열 머리글 위에서 마우스 오른클릭, '열너비' 선택하고, [열 너비] '30' 으로 입력하고 [확인] 버튼 클릭해요

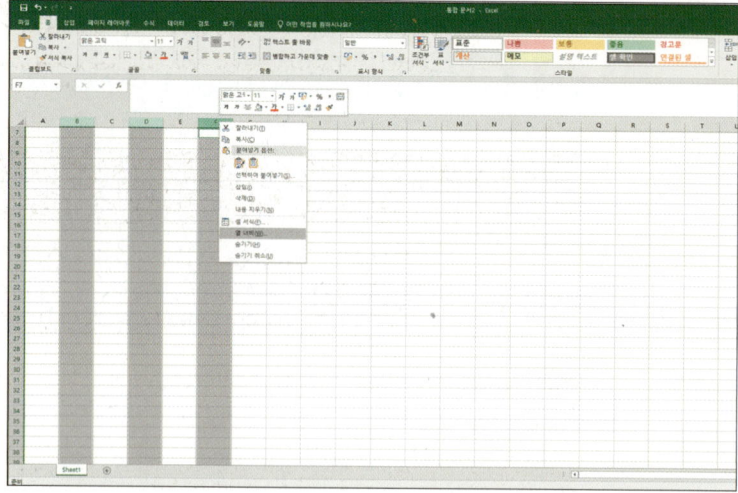

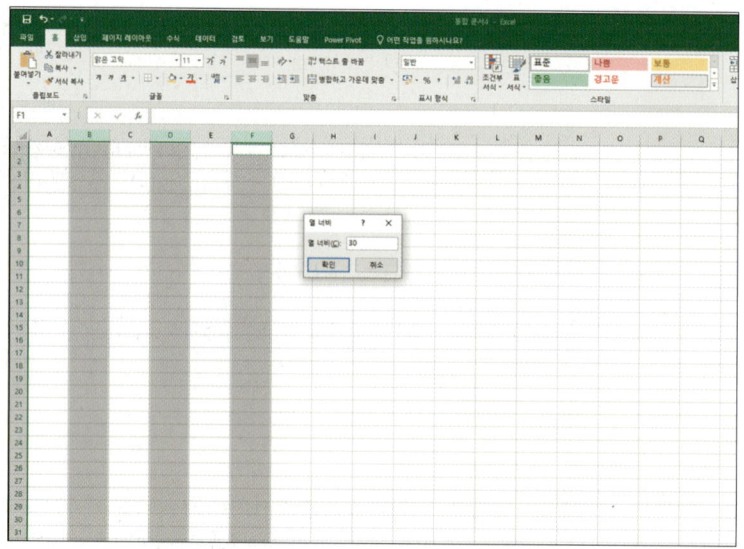

02 행 머리글에서 4행을 선택 후 [Ctrl] 키를 누르고, 7행을 선택 후, 선택된 행 머리글 위에서 마우스 오른클릭, '행 높이' 선택하고, [행 높이] '160' 으로 입력하고 [확인] 버튼 클릭해요.

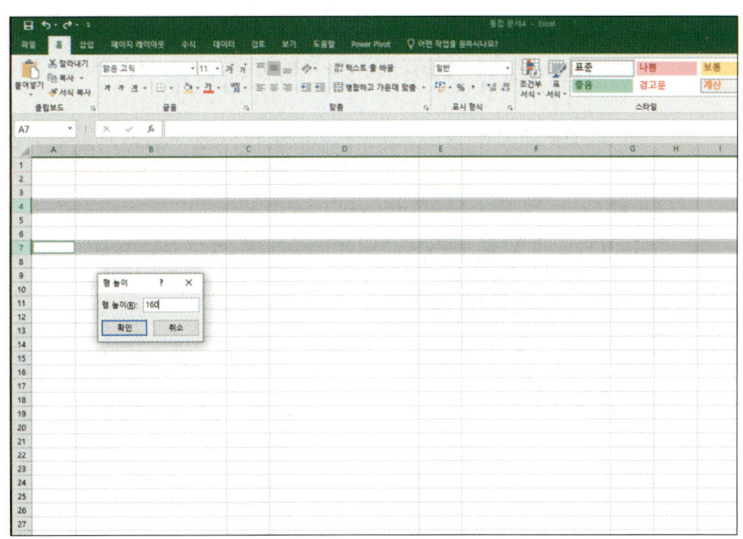

03 5행, 8행의 높이도 행의 높이를 65로 변경해요.

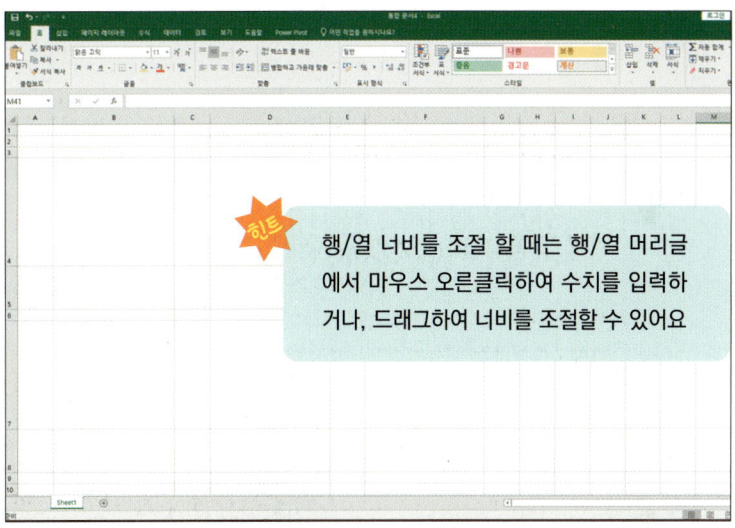

 행/열 너비를 조절 할 때는 행/열 머리글에서 마우스 오른클릭하여 수치를 입력하거나, 드래그하여 너비를 조절할 수 있어요

2 제목 입력하기

01 셀 B2에 '영어낱말카드' 라고 입력 후, 셀 B2:F2를 블록으로 지정한 후, [홈] 탭→[맞춤] 그룹→[병합하고 가운데 맞춤] 클릭해요.

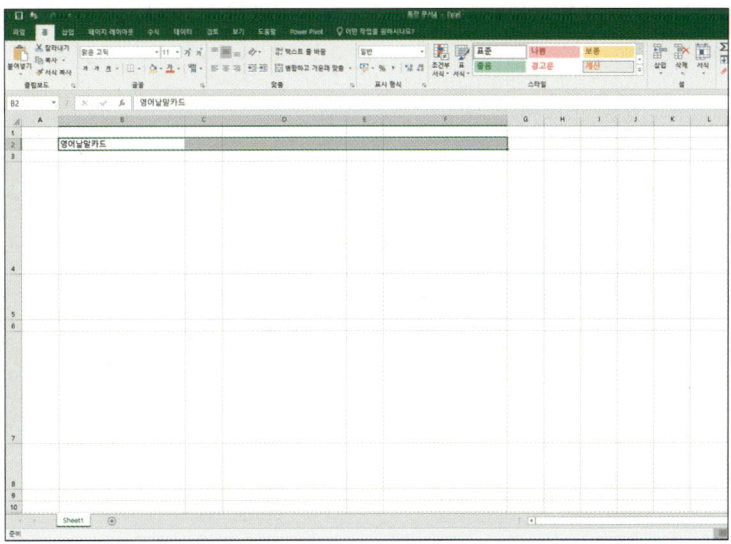

2차시 예쁜 그림을 넣어 영어 낱말카드 만들기

02 [홈]탭 → [글꼴]그룹 → 글꼴 'HY헤드라인M', 글자크기 '36'을 지정해요.

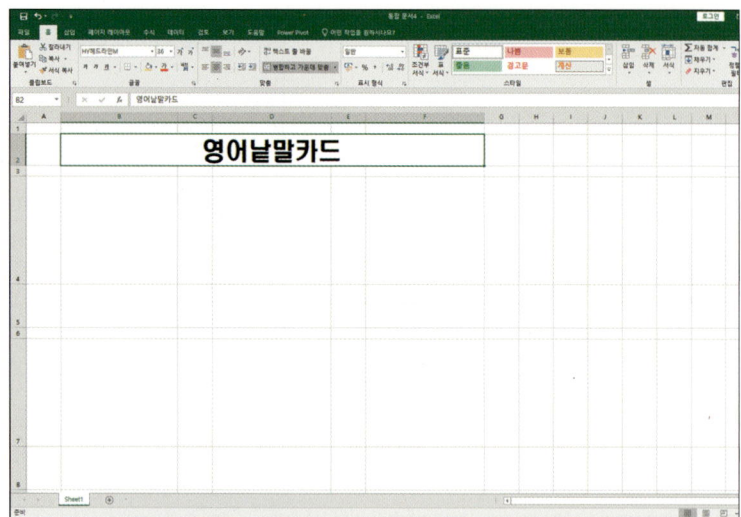

3 영어 낱말카드 만들기

01 셀 B5에 '나비' 입력 후 키, 'Butterfly' 입력하고, [홈]탭→[글꼴] 그룹→글꼴 '휴먼옛체', 글자크기 '20', '가운데 정렬'로 지정해요

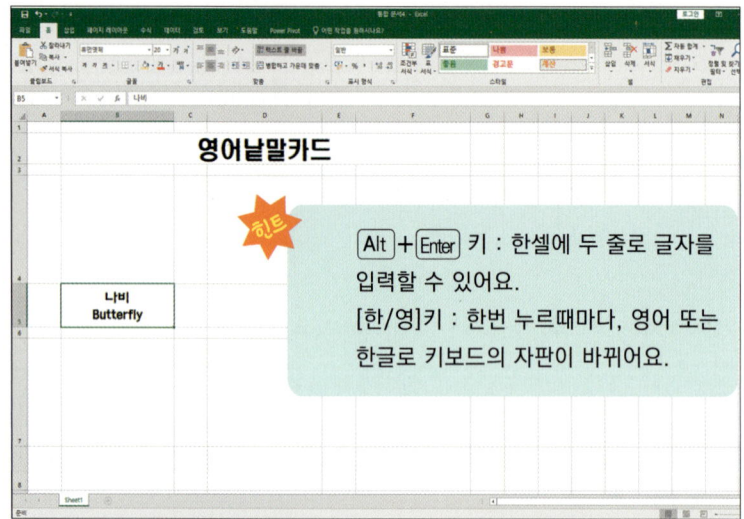

02 [삽입] 탭→[일러스트레이션] 그룹→[그림] 을 선택한 다음 [그림 삽입] 대화상자가 나오면 카드에 맞는 각각의 그림 선택하고 [삽입]버튼을 클릭해요.

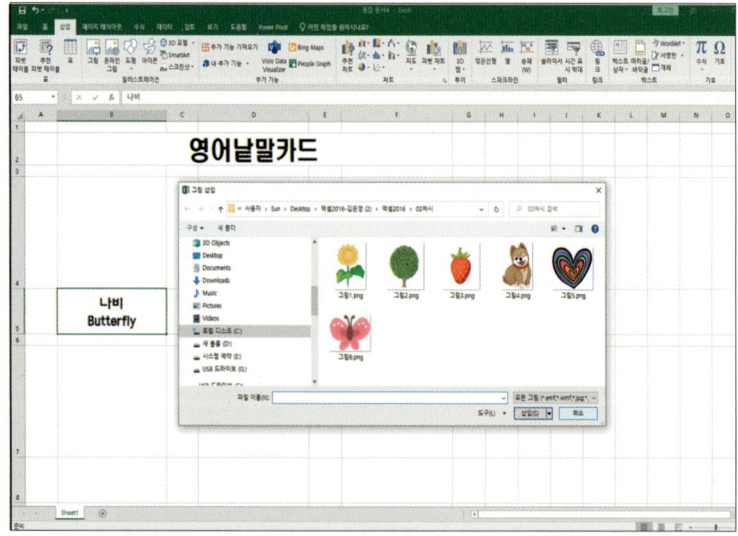

03 각각의 카드에 맞는 그림을 배치하여 삽입하고 크기를 조절하여 다음과 같이 완성해요.

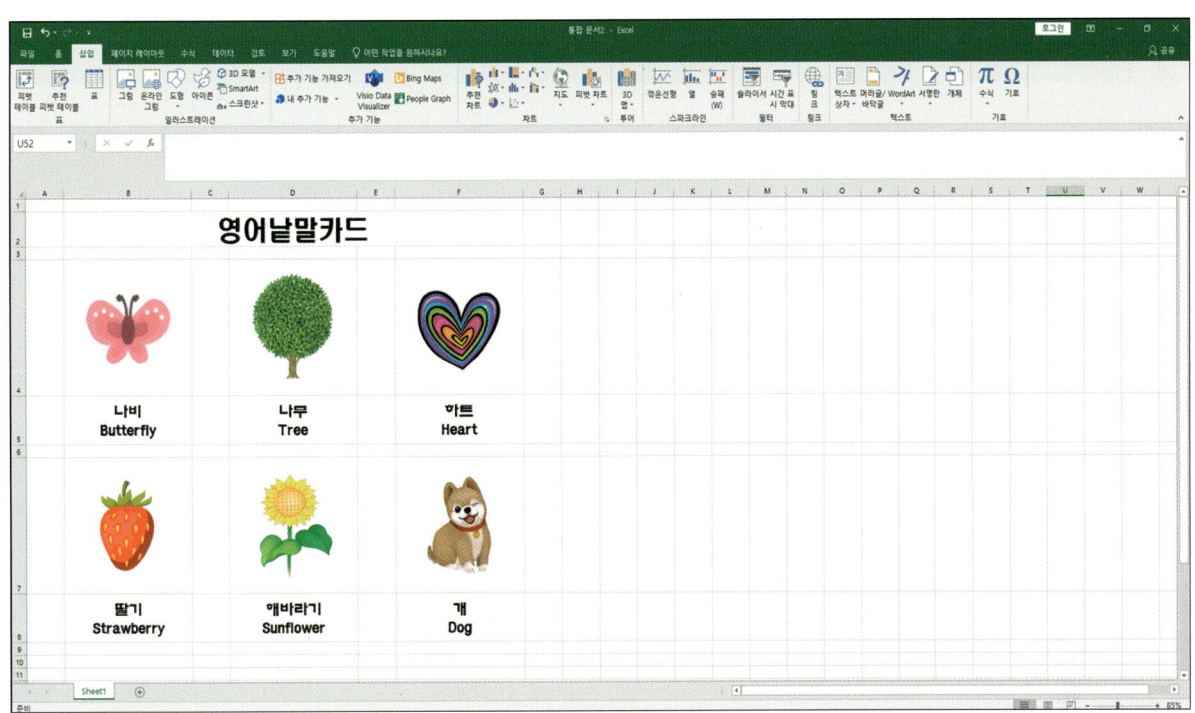

04 셀 B4:B5 범위를 블록 지정 후, [홈] 탭→[글꼴] 그룹→[테두리]→[모든테두리] 선택해서 카드에 테두리를 넣어요.

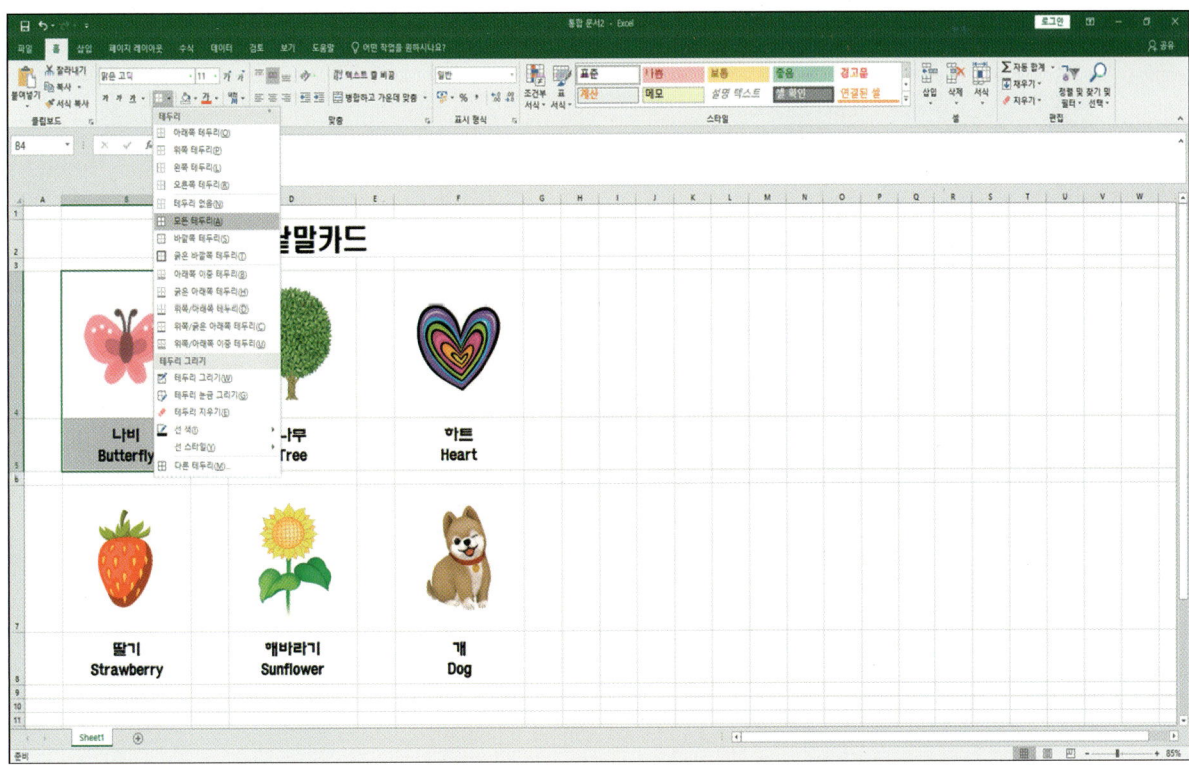

05 셀 D4:D5를 블록으로 지정 후 F4 키를 누르면 테두리 넣기를 반복 실행할 수 있어요. 각각의 카드에 같은 방법으로 테두리를 넣어 주세요.

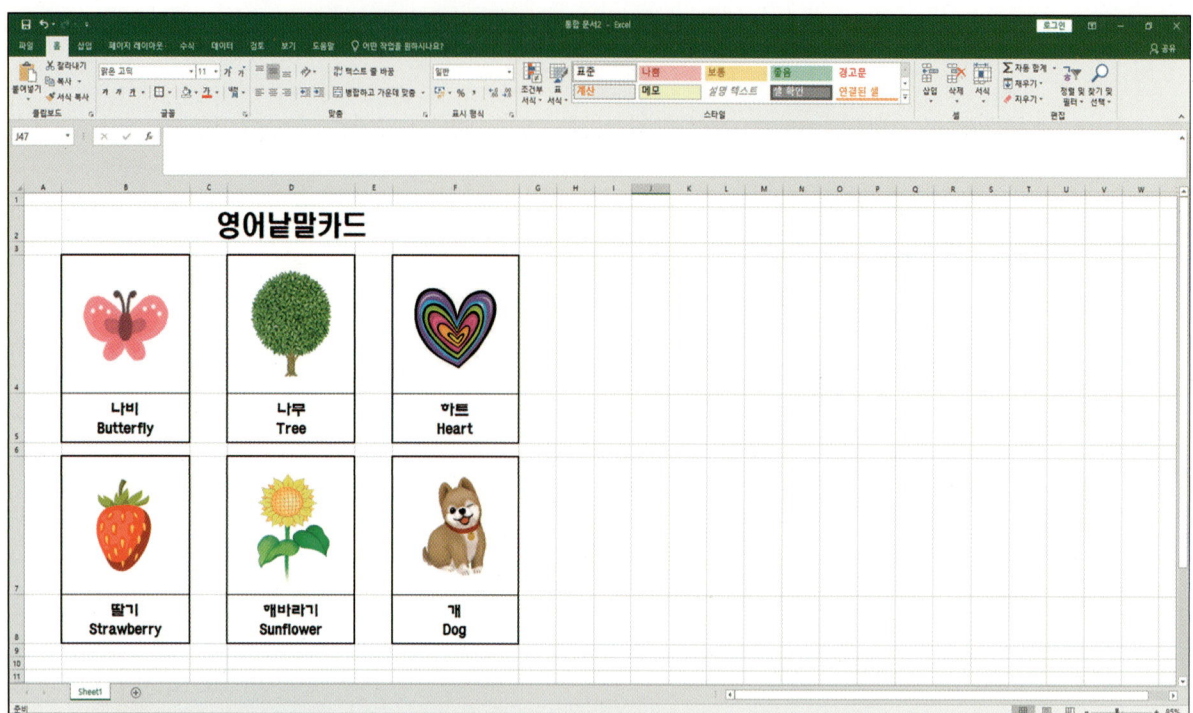

 F4 키는 바로 앞에서 실행한 작업을 반복 실행할 수 있어요.

06 셀 B5를 클릭하고 셀 서식 Ctrl+1 에서 [채우기] 탭을 클릭하고, 색채우기로 각각의 색깔을 채워 영어 낱말카드를 완성해 보아요.

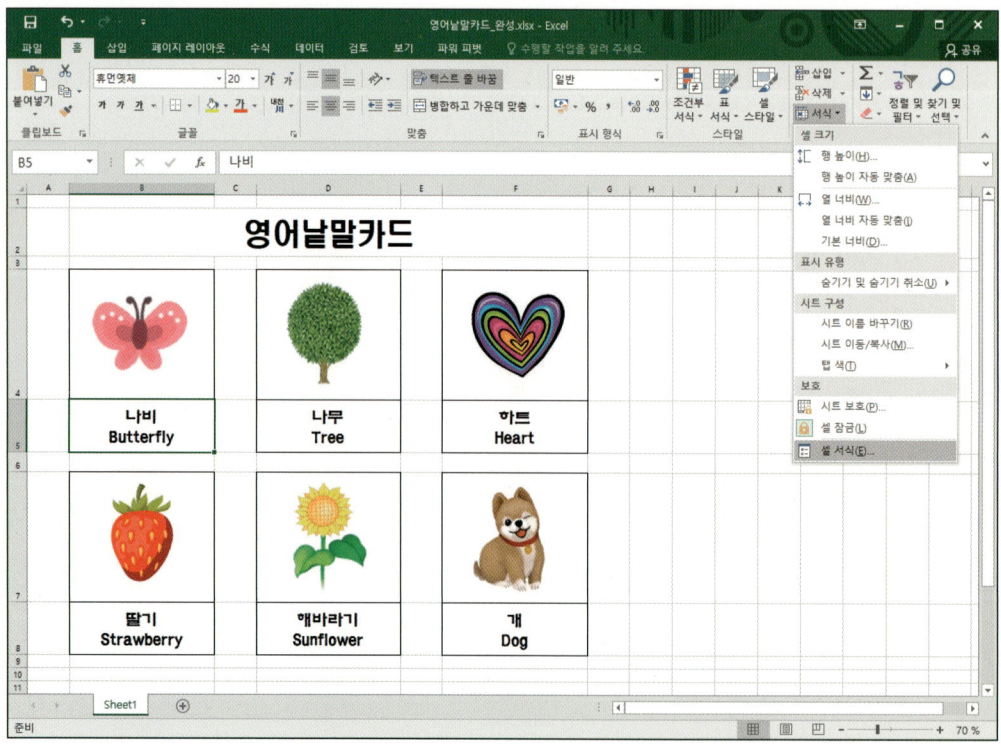

01
▶ 02 폴더에서 '주간일기예보.xlsx' 파일 열고 다음과 같이 입력하고 저장해 보아요.

● 예제파일 : 02 폴더/주간일기예보.xlsx   ● 완성파일 : 02 폴더/주간일기예보_완성.xlsx

날짜	요일	날씨	온도	습도
10월 03일	월요일		22℃	35.00%
10월 08일	토요일		24℃	53.30%
10월 10일	월요일		21℃	65.23%
10월 14일	금요일		20℃	45.23%
10월 18일	화요일		23℃	75.33%
10월 20일	목요일		20℃	45.32%

 HOW!
1. 셀 B3:B8 날짜 항목 : 10/3 형식으로 입력
2. 셀 서식 Ctrl + 1 - [채우기] 탭에서 색채우기

02
▶ 02 폴더에서 '계절별로피는꽃.xlsx' 파일을 열어 문서를 작성하고 파일을 저장해 보아요.

● 예제파일 : 02 폴더/계절별로피는꽃.xlsx   ● 완성파일 : 02 폴더/계절별로피는꽃_완성.xlsx

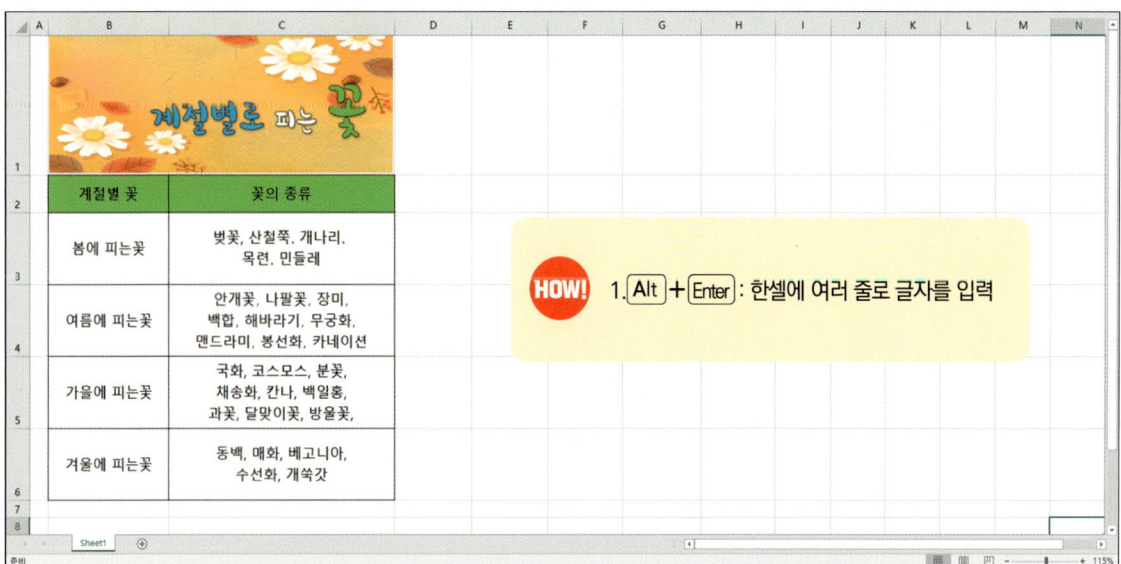

HOW! 1. Alt + Enter : 한셀에 여러 줄로 글자를 입력

3차시 수업 나만의 특별한 프로필 만들기

나만의 특별한 프로필을 만들기 위해 워드아트와 특수기호를 입력하고, 그림의 배경도 투명하게 지정해 보아요. 입력된 글자의 서식을 지정하여 나만의 특별한 프로필을 완성해 보아요.

1. 워드아트를 이용하여 제목을 강조해 보아요.
2. 특수기호를 입력하고 글자의 서식도 지정해 보아요.
3. 그림 순서를 정하고 배경을 투명하게 처리할 수 있어요.

[완성예제 미리보기]

● 예제파일 : 03 폴더/나의 프로필만들기.xlsx   ● 완성파일 : 03 폴더/나의 프로필만들기_완성.xlsx

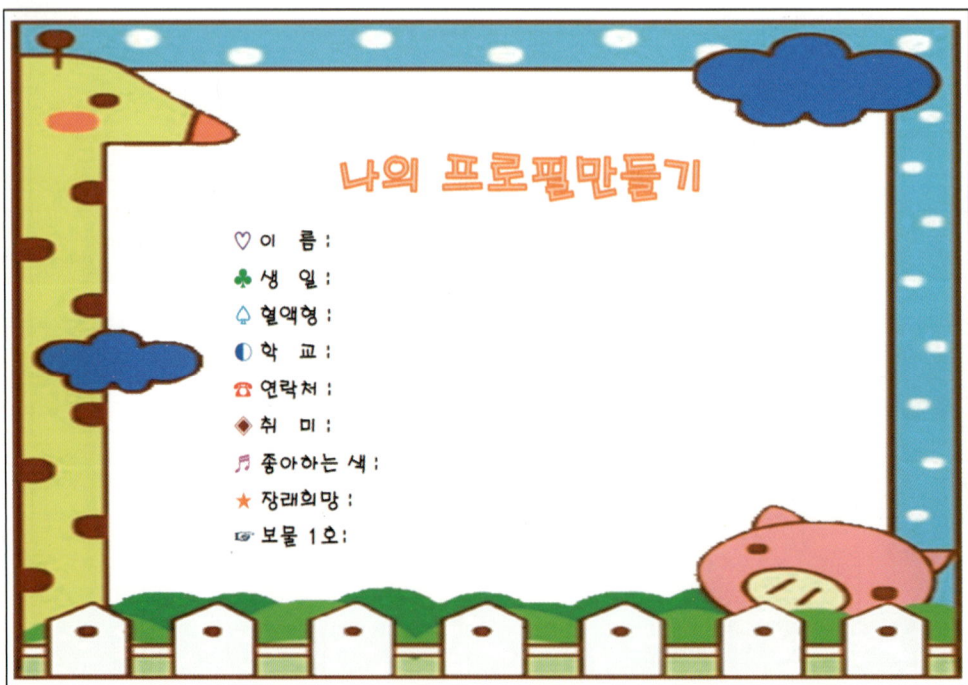

HOW?
1. 워드아트 WordArt 로 제목을 만들어요.
2. [삽입] 탭 → [기호]그룹 → [기호] Ω 특수기호 입력해요.
3. 프로필 테두리로 그림을 삽입하고 흰색은 투명한 색으로 지정해요.

1 워드아트를 이용하여 제목만들기

01 [삽입] 탭 → [텍스트] 그룹 → [WordArt] → 채우기 : 주황, 강조2 윤곽선 : 주황, 강조2 를 선택해요.

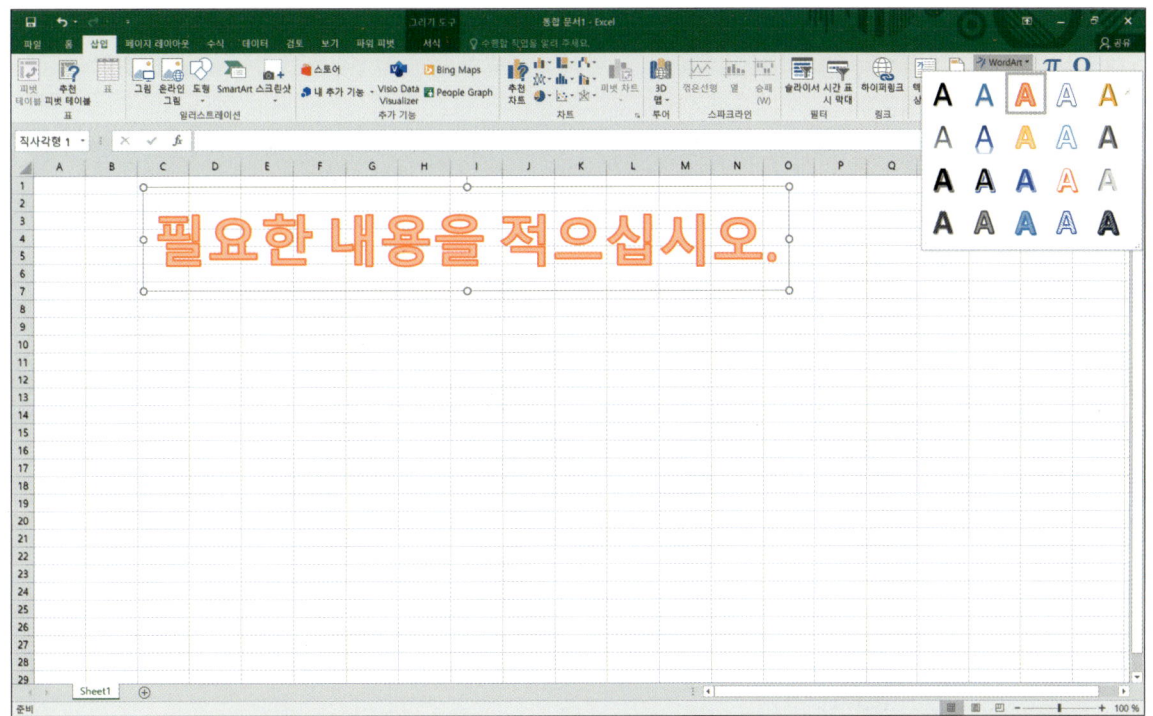

02 '필요한 내용을 적으십시오' 라는 문구가 표시되면 '나의 프로필만들기' 라고 제목을 입력하고 [홈] 탭 → [글꼴] 그룹에서 글꼴은 'HY엽서M', 글자크기 '36' 으로 지정해요.

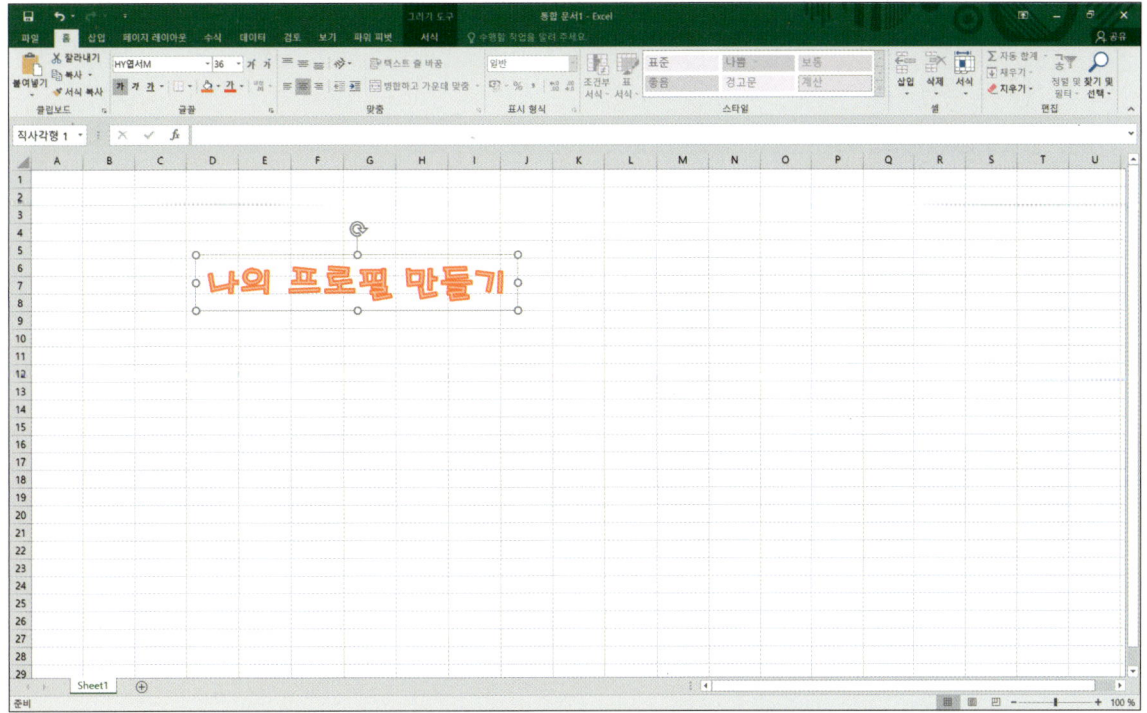

2 특수기호를 입력하여 프로필 입력하기

01 셀 B3에서 [삽입] 탭→[기호] 그룹→[기호] Ω 선택, [기호상자]가 나타나면, [기호] 탭→[글꼴(E)] '현재 글꼴', [하위집합(U)] '기타 기호' 로 선택 후, '♡'를 선택 후 [삽입] 버튼을 클릭하고 [닫기] 버튼을 클릭해요.

'이름 : '을 입력 후 [Enter] 키를 입력해요. 나머지도 프로필 부분 셀 B4:B11까지도 같은 방법으로 '기호' 와 글자를 입력해요.

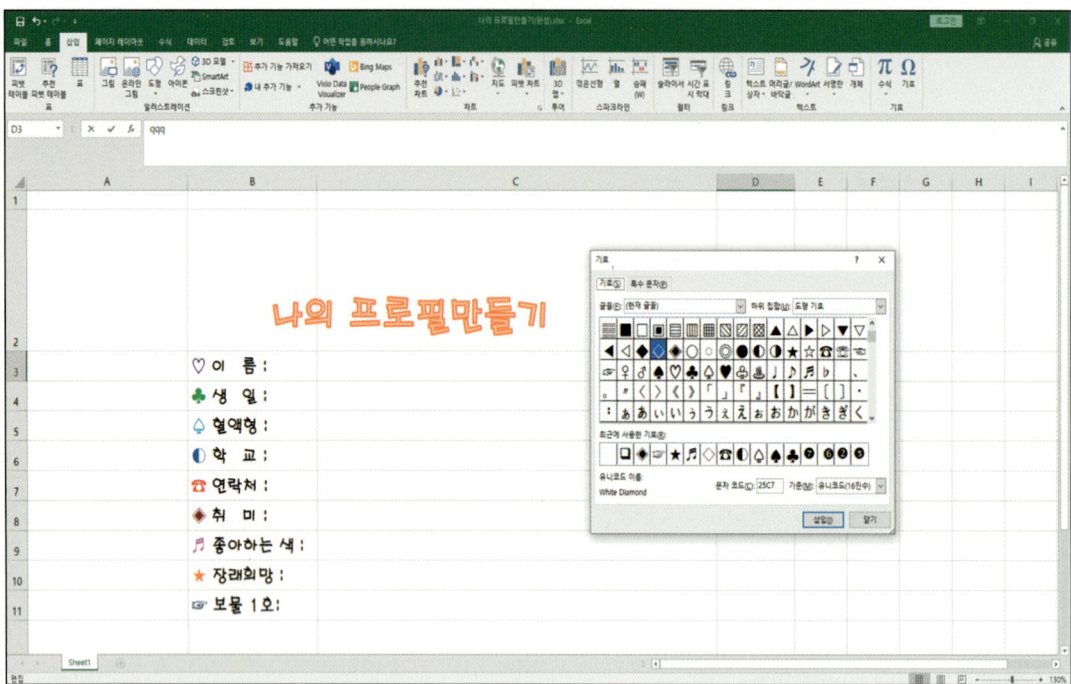

02 셀 B3:B11을 블록으로 지정하고, 셀 서식 [Ctrl]+[1] 의 [글꼴] 탭에서 글꼴 'HY엽서M', 글꼴크기 '14', '진하게' 지정해요.

다시 셀 B3을 더블클릭하여 '♡'만 블록으로 지정하여 셀 서식 [Ctrl]+[1] 의 [글꼴] 탭에서 글자색을 원하는 색으로 변경해요.

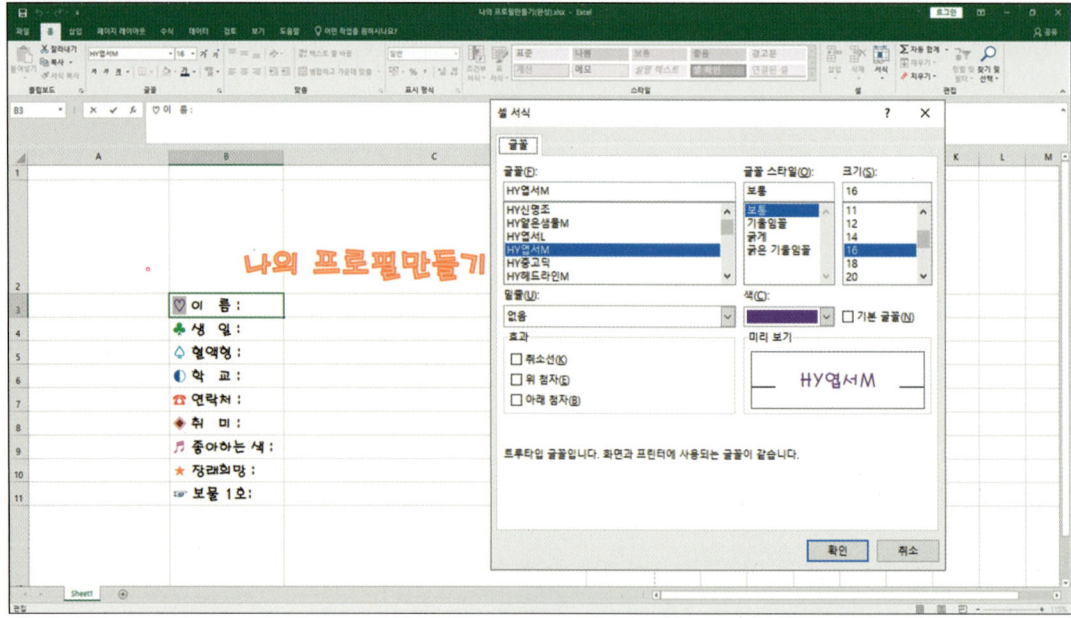

3 그림을 입력하여 예쁘게 꾸며보기

01 [삽입] 탭→[일러스트레이션] 그룹→ [그림]을 클릭하고, 03 폴더에서 '배경.PNG' 그림 파일을 삽입하고 셀 A1:D12 까지 그림을 예쁘게 배치해요.

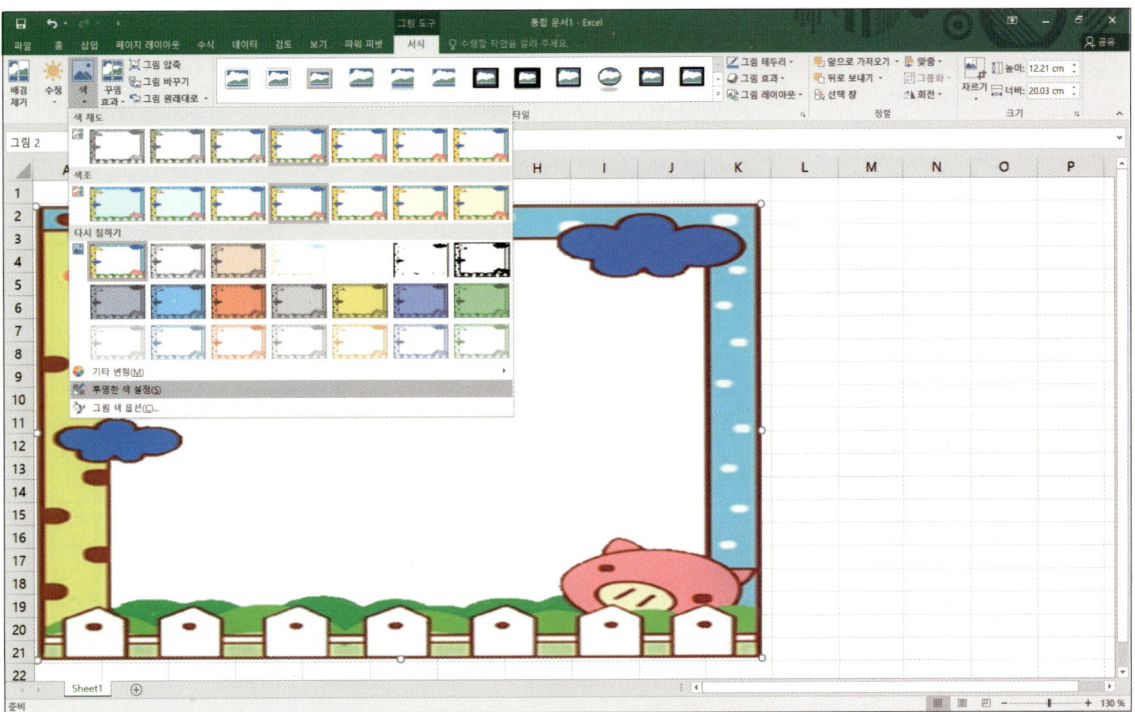

02 [서식] 탭→[조정] 그룹→[색]→[투명한 색 설정] 선택 후 배경.png 그림의 흰색부분을 클릭하면, 흰색이 투명하게 설정되면서 프로필 글자가 나타나게 돼요.

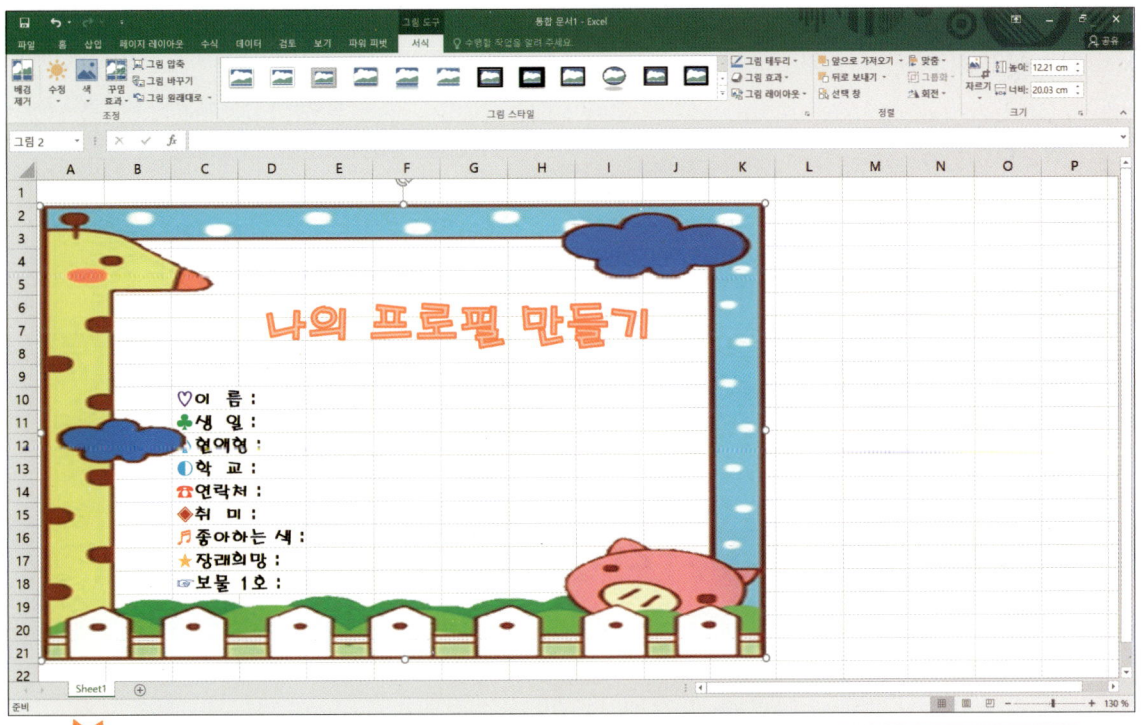

> 힌트: 그림에서 [투명한 색 설정]시 1가지의 색만 투명한 색으로 지정이 가능해요

01 ▶ 03 폴더에서 '놀이공원이용료.xlsx'를 파일을 열어 다음과 같이 완성하고 저장해 보세요.

● 예제파일 : 03 폴더/놀이공원이용료.xlsx   ● 완성파일 : 03 폴더/놀이공원이용료_완성.xlsx

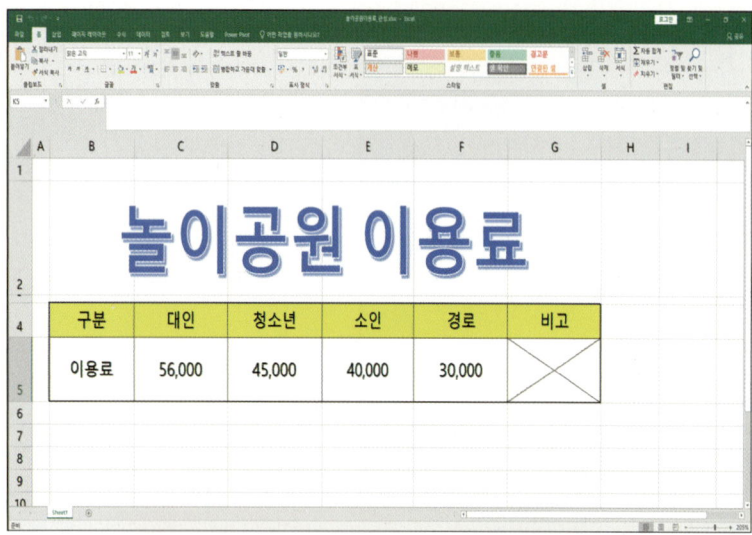

WHY? [Num Lock] 키가 눌려져 있어야 숫자키를 사용할 수 있어요. 키보드의 윗부분에 [Num Lock] 불이 켜져있는 상태가 숫자키로 사용이 가능한 상태예요.

02 ▶ 새 워크시트에 셀서식 [Ctrl]+[1] 이용하여 화학 공식을 입력해보아요.

● 완성예제 : 03 폴더/화학공식_완성.xlsx

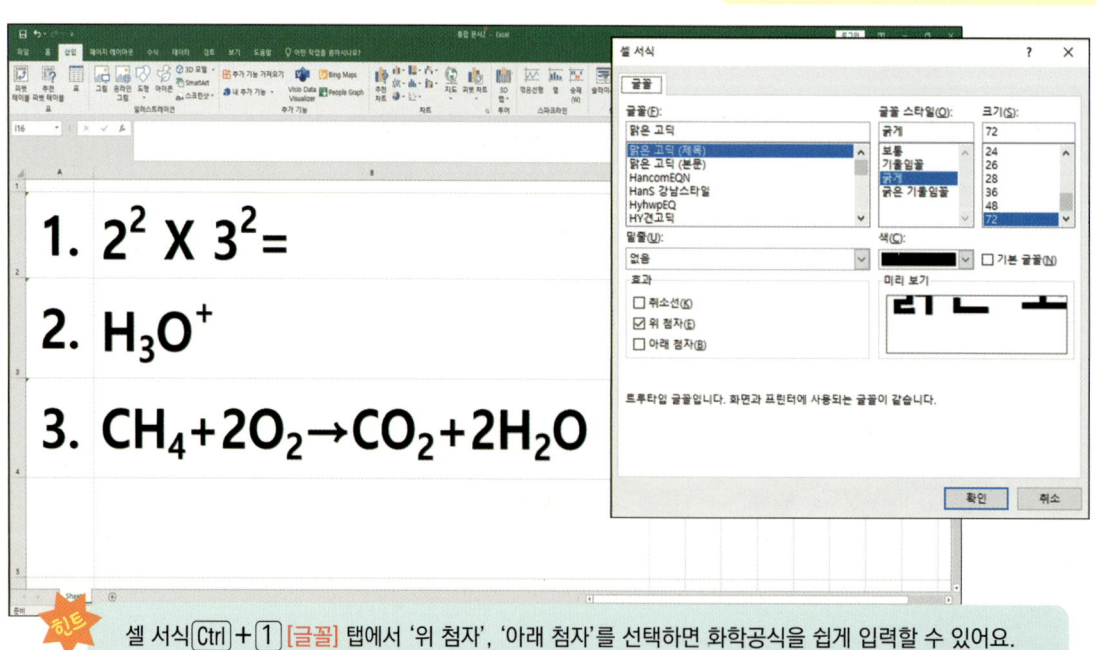

1. $2^2 \times 3^2 =$

2. H_3O^+

3. $CH_4 + 2O_2 \rightarrow CO_2 + 2H_2O$

힌트 셀 서식[Ctrl]+[1] [글꼴] 탭에서 '위 첨자', '아래 첨자'를 선택하면 화학공식을 쉽게 입력할 수 있어요.

4차시 수업: 자동채우기 이용하여 쉽고 빠르게 문서작성하기

엑셀에서 자동 채우기 기능은 규칙적인 데이터를 매우 편리하고 간편하게 입력할 수 있어요. 요일이나, 날짜 등 여러 형태의 데이터도 자동 채우기를 이용하면 쉽고 빠르게 입력을 완성할 수 있어요. 그리고 현재 컴퓨터가 기억하고 있는 오늘의 날짜와 시간을 자동 입력하는 방법도 알아보아요.

1. 자동 채우기 기능을 이용하여 빠르게 데이터를 입력하는 방법을 알아보아요.
2. 규칙적으로 변하는 수와 다양한 형태의 데이터를 자동 채우기로 입력하는 방법에 대해 알아보아요.
3. 컴퓨터 시스템의 오늘 날짜와 시간을 입력하는 단축키도 알아보아요.

[완성예제 미리보기]

- 예제파일 : 04 폴더/자동채우기.xlsx
- 완성파일 : 04 폴더/자동채우기_완성.xlsx

같은수로 채우기	1씩늘어나기	홀수채우기	짝수채우기	10의 배수	요일1	요일2	요일3	요일4	월	월2	내이름	오늘날짜	지금시간
1	1	1	2	10	월	월요일	SUN	Sunday	1월	1月	김이쁜	2022-11-09	10:48 PM
1	2	3	4	20	화	화요일	Mon	Monday	2월	2月	김이쁜	2022-11-10	11:48 PM
1	3	5	6	30	수	수요일	Tue	Tuesday	3월	3月	김이쁜	2022-11-11	12:48 AM
1	4	7	8	40	목	목요일	Wed	Wednesday	4월	4月	김이쁜	2022-11-12	1:48 AM
1	5	9	10	50	금	금요일	Thu	Thursday	5월	5月	김이쁜	2022-11-13	2:48 AM
1	6	11	12	60	토	토요일	Fri	Friday	6월	6月	김이쁜	2022-11-14	3:48 AM
1	7	13	14	70	일	일요일	Sat	Saturday	7월	7月	김이쁜	2022-11-15	4:48 AM
1	8	15	16	80	월	월요일	Sun	Sunday	8월	8月	김이쁜	2022-11-16	5:48 AM
1	9	17	18	90	화	화요일	Mon	Monday	9월	9月	김이쁜	2022-11-17	6:48 AM
1	10	19	20	100	수	수요일	Tue	Tuesday	10월	10月	김이쁜	2022-11-18	7:48 AM
1	11	21	22	110	목	목요일	Wed	Wednesday	11월	11月	김이쁜	2022-11-19	8:48 AM
1	12	23	24	120	금	금요일	Thu	Thursday	12월	12月	김이쁜	2022-11-20	9:48 AM
1	13	25	26	130	토	토요일	Fri	Friday	1월	1月	김이쁜	2022-11-21	10:48 AM
1	14	27	20	140	일	일요일	Sat	Saturday	2월	2月	김이쁜	2022-11-22	11:48 AM

1. 자동 채우기 핸들을 드래그하여 완성해보아요.
2. [Ctrl] + 자동채우기 핸들로 아래쪽으로 드래그하면 1씩 증가해요.
3. 셀 N4에 현재 날짜 자동입력 단축키 [Ctrl]+[;]
4. 셀 O4에 현재 시각 자동입력 단축키 [Ctrl]+[Shift]+[;]

 **1** 엑셀의 자동 채우기 학습하기

01 04 폴더에서 '자동채우기.xlsx' 예제파일을 불러와요.

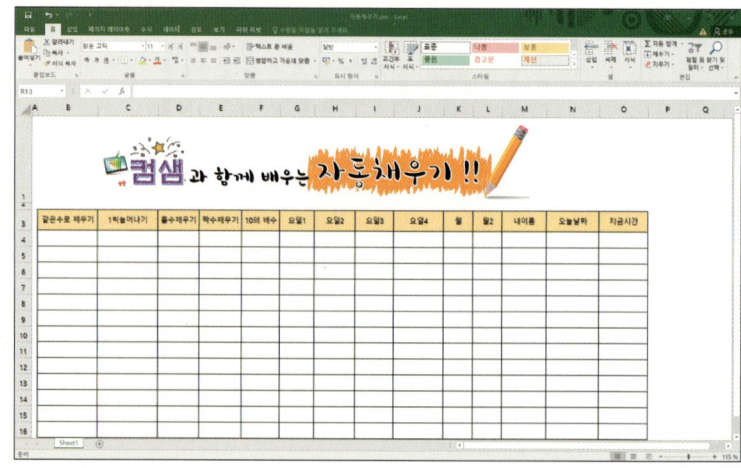

02 셀 B4에 숫자 '1'을 입력하고, 자동채우기 핸들로 드래그하여 예제를 완성해보아요.

 마우스의 모양이 ✥ → ➕ 모양으로 바뀌었을 때 아래쪽으로 드래그하면 자동채우기가 완성돼요.

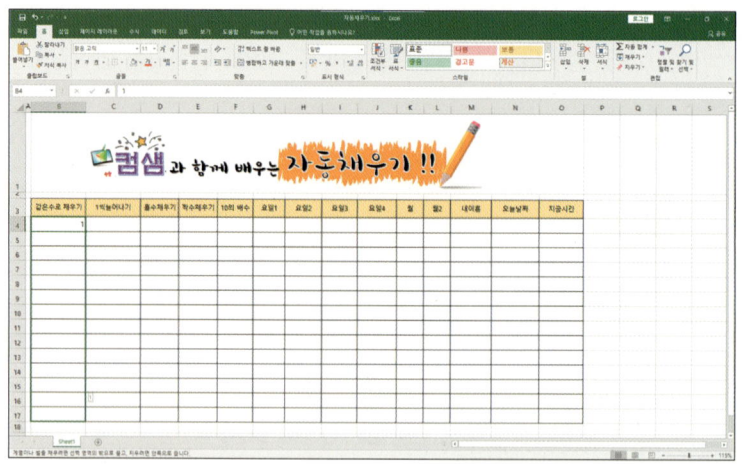

03 셀 C3의 [1씩 늘어나기] 항목을 입력하기 위해 셀 C4에 숫자 '1'을 입력한 후, [Ctrl] 누르면서 자동채우기 핸들로 드래그하여 완성해보아요.

 마우스가 ➕ 로 바뀌고 아래쪽으로 드래그하면 빠른자동 채우기를 완성할 수 있어요. 1씩 증가하는 숫자 입력이 가능해요

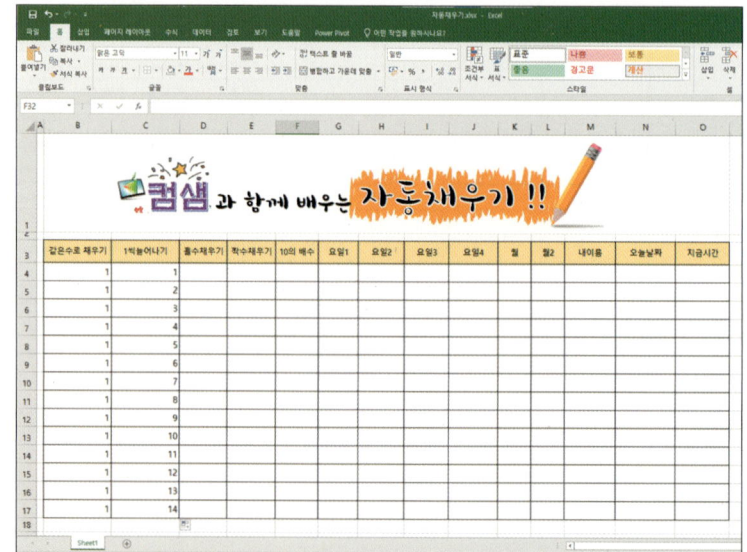

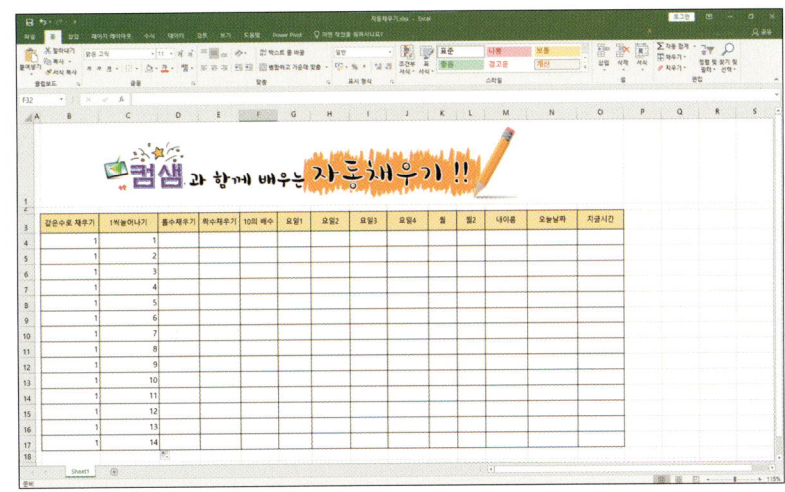

 규칙적으로 늘어나는 수 [홀수], [짝수], [10의 배수] 자동 채우기

01 셀 D4:D5 : '3', 셀 D4 : '3' 입력한 후, 셀 D4:D5를 블록으로 지정하여 자동 채우기 핸들로 드래그하면 홀수로 자동 채우기가 완성 돼요.

첫 번째 수와, 두 번째 수를 참조하여 두 번째 수가 늘어난 만큼 그 다음수가 자동으로 채워지는 기능이예요.

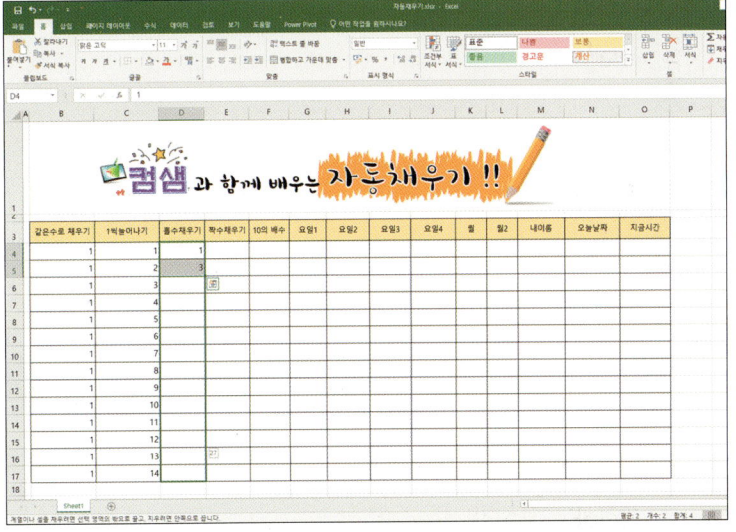

02 짝수와, 10의 배수도 같은 방법으로 자동 채우기를 완성해요.

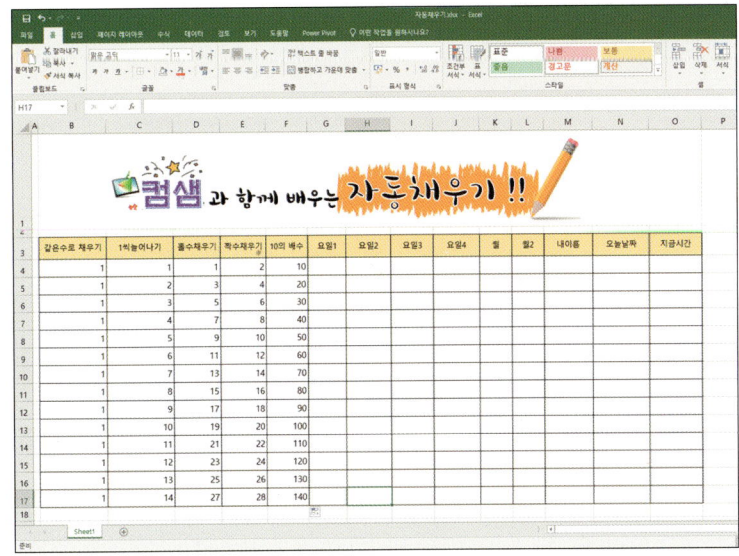

4차시 자동채우기 이용하여 쉽고 빠르게 문서작성하기

3 여러 형태의 데이터도 자동 채우기로 채우기

01 요일, 월, 같은 글자를 입력 후 자동 채우기로 완성해 봐요.

02 셀 N4에 현재 날짜 단축키 Ctrl + ;, 셀 O4에 현재 시간 단축키 Ctrl + Shift + ; 입력 후 [현재 날짜] 항목과 [현재 시간] 항목도 자동 채우기로 완성해요.

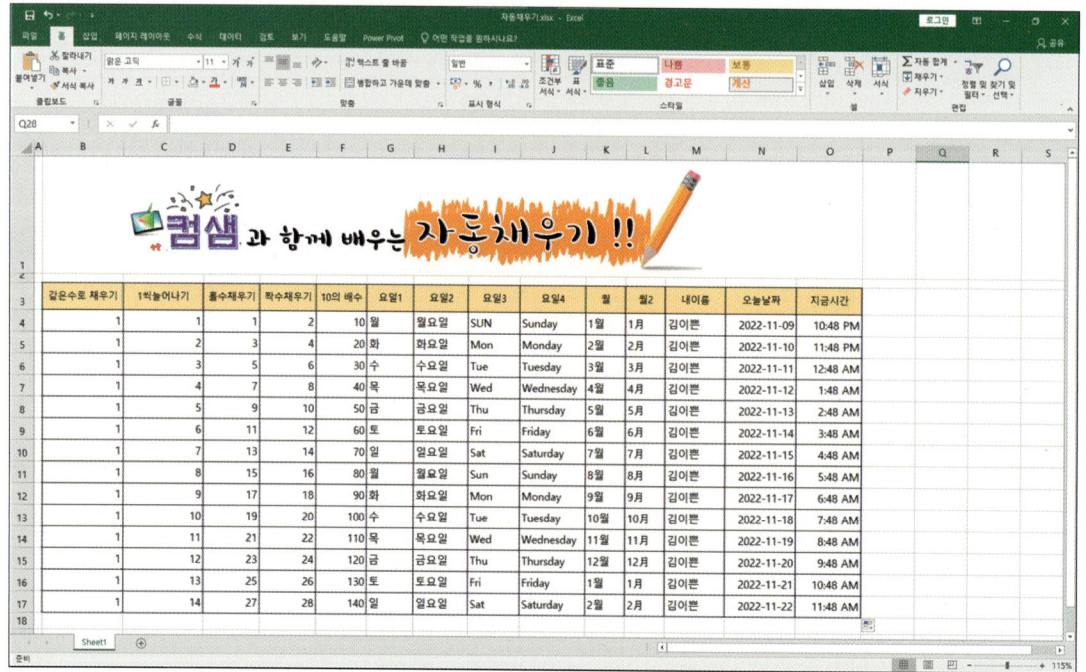

 자동 입력된 현재날짜에 "######"입력된 경우!! 결과값 이렇게 표시가 되면, "날짜를 표시할 셀의 너비가 부족합니다." 라는 메시지로 너비 자동맞춤으로 너비를 맞춰보아요.

01 ▶ 04 폴더에서 '주간일기예보.xls' 예제 파일을 열어 자동채우기 핸들로 드래그 하여 다음과 같이 완성해보아요.

● 예제파일 : 04 폴더/주간일기예보.xls   ● 완성파일 : 04 폴더/주간일기예보_완성.xls

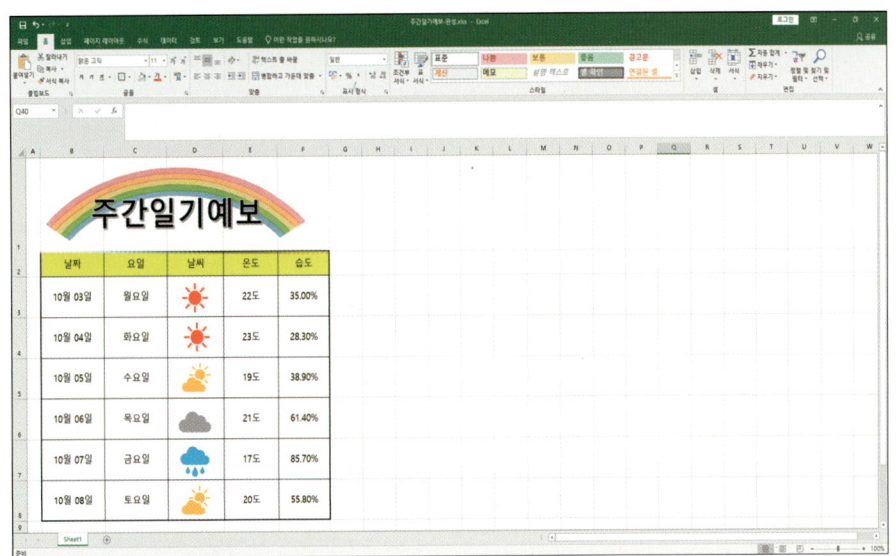

02 ▶ 날씨 아이콘을 삽입해 보아요.

[삽입] 탭 → [일러스트레이션] 그룹 → [아이콘] → 날씨와 계절 날씨아이콘을 삽입할 수 있어요.

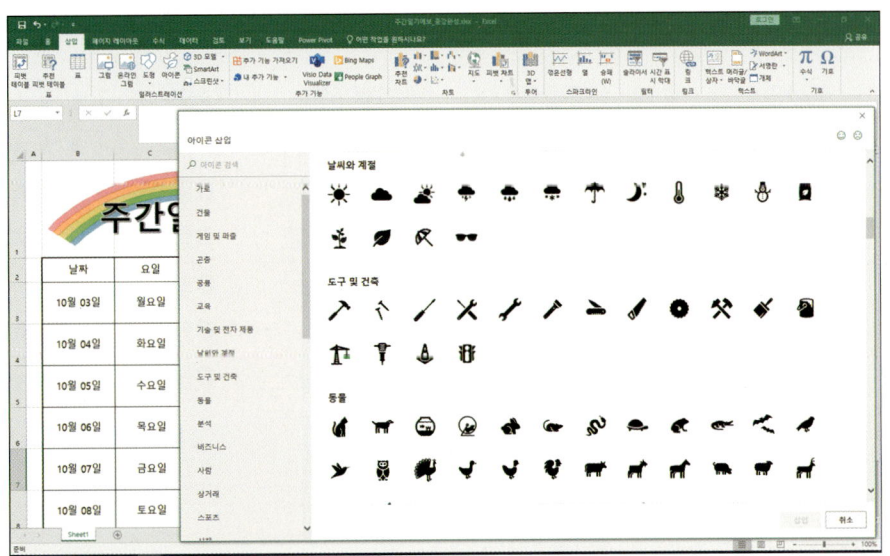

HOW! 날씨 아이콘 선택 후 서식에서 그래픽 채우기에서 아이콘의 색깔을 변경할 수 있어요. 엑셀2016으로 학습할 경우 04 폴더에 첨부된 날씨그림 파일로 삽입하여 완성해요.

5차시 수업: 표 서식을 이용하여 절친 메모장 만들기

표 서식을 이용하여 쉽고 간단하게 문서를 예쁘게 꾸미는 방법을 익혀보아요. 셀 서식의 다양한 여러 기능을 활용하여 문서의 출력 형태를 더욱 멋있게 만들어 보아요.

학습목표
1. 데이터를 입력하고 셀 형식을 이용하여 데이터의 형식을 바꿀 수 있어요.
2. 표 서식을 이용하면 표도 쉽고 간편하게 꾸밀 수 있어요.

[완성예제 미리보기]

● 예제파일 : 없음   ● 완성파일 : 05 폴더/절친메모장_완성.xlsx

절친메모장

NO	이름	전화번호	생일	혈액형	우정도
1	표세민	010-1234-5678	5월 5일	A형	★★★★☆
2	전우진	010-2222-1234	3월 18일	AB형	★★★★☆
3	최서준	010-9876-5432	9월 13일	O형	★★★☆☆
4	김현성	010-0070-1004	12월 25일	B형	★★★★☆
5	고유담	010-1255-8282	8월 15일	O형	★★☆☆☆
6	황시원	010-5959-2929	3월 3일	B형	★★★★☆
7	박한결	010-1004-5946	2월 24일	B형	★★★☆☆

HOW! 표 서식으로 표를 꾸밀 수 있어요.
셀 서식 Ctrl + 1 에서 날짜 표시형식을 변경해요.

 **1** 새 워크시트에 다음 예제를 입력하기

01 엑셀의 새 워크시트를 실행하고 다음과 같이 내용을 입력해요

 셀 B3:B9까지 → 셀 B3에 숫자 '1' 입력하고 [Ctlr] 누르며 자동채우기 핸들로 아래쪽으로 드래그하여 번호 입력.
셀 G3:G9까지 → 자음 'ㅁ' 누르고 [한자] 입력하여 별 '★☆' 입력

 **2** 표 서식을 이용하여 예쁘게 꾸미기

01 표 전체 (셀 B2를 클릭하고 [Ctrl]+[A])를 블록으로 지정하고, [홈] 탭→[스타일] 그룹→[표 서식]→[자세히 버튼]→'황금색 표 스타일 보통12'를 선택해요.

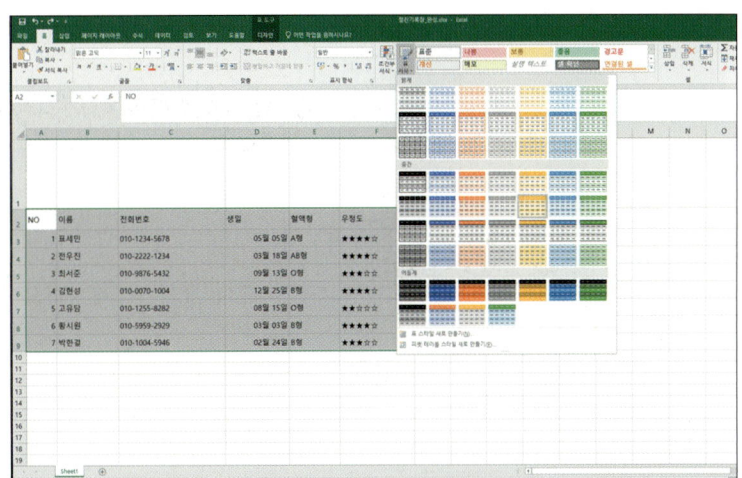

02 표 전체 (셀 B2를 클릭하고 [Ctrl]+[A])를 블록으로 지정하고 셀 서식 [Ctrl]+[1] [테두리] 탭→[선 스타일]→[테두리]글꼴 'HY옆서M', 글자크기 '14', '가운데 정렬'로 지정해요.

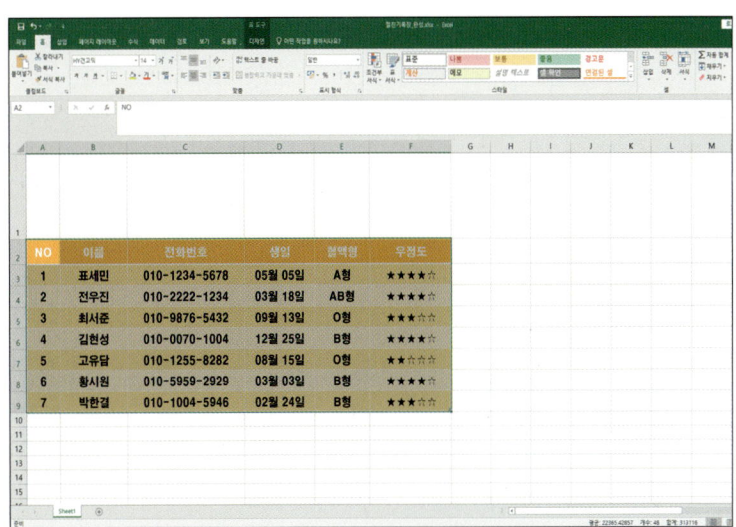

5차시 표 서식을 이용하여 절친 메모장 만들기 **33**

 **3 타이틀 꾸미기**

01 1행 높이 '100'으로 설정하고 [삽입] 탭→[일러스트레이션] 그룹→[그림]에서 05 폴더에서 '제목이미지.png' 그림 파일을 삽입해요.

> 힌트 [워드아트] 삽입 후 무늬채우기→ '파랑 강조1' 선택 후, '절친메모장' 이라고 입력해요. 글꼴 'HY옆서M', 글자크기 '40', '진하게', 글자색 '흰색'

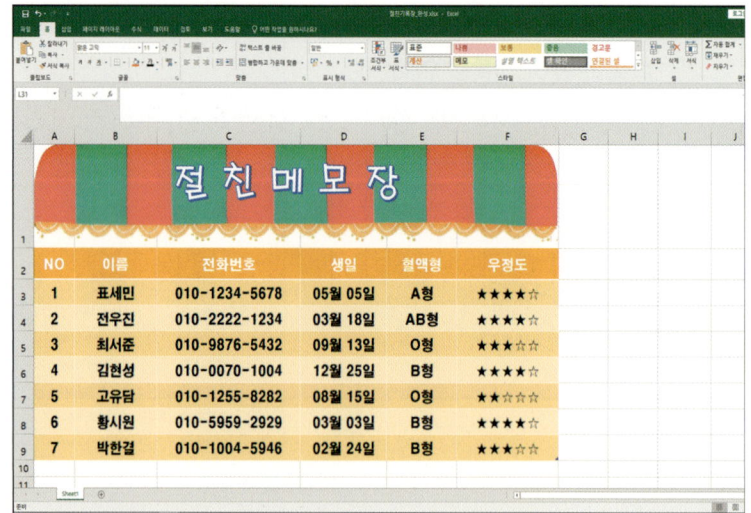

 **4 생일항목 날짜형식 변경하기**

01 생일항목의 날짜 형식을 변경하기 위해 셀 D3:D9까지 블록으로 지정 후, 셀 서식 Ctrl + 1 에서 [표시형식] 탭→[날짜]→[형식]→ '3월 14일' 형식 으로 선택 후, [확인] 버튼을 클릭해요.

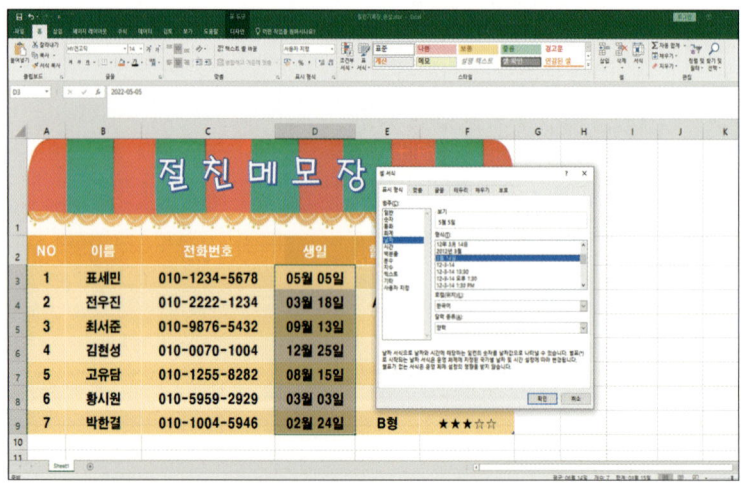

02 날짜의 표시형태가 변경된 것을 확인할 수 있어요.

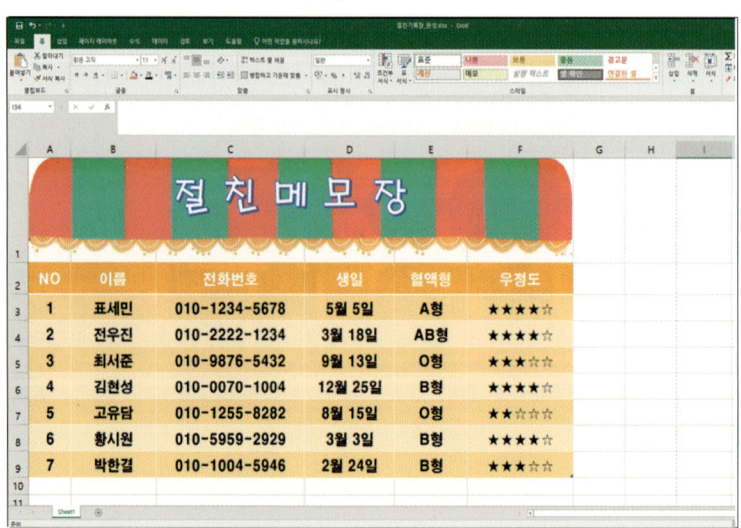

01 ▶ 05 폴더에서 '문화센터.xlsx' 예제 파일을 열어 다음과 같이 문서를 완성해보아요.

● 예제파일 : 05 폴더/문화센터.xlsx   ● 완성파일 : 05 폴더/문화센터_완성.xlsx

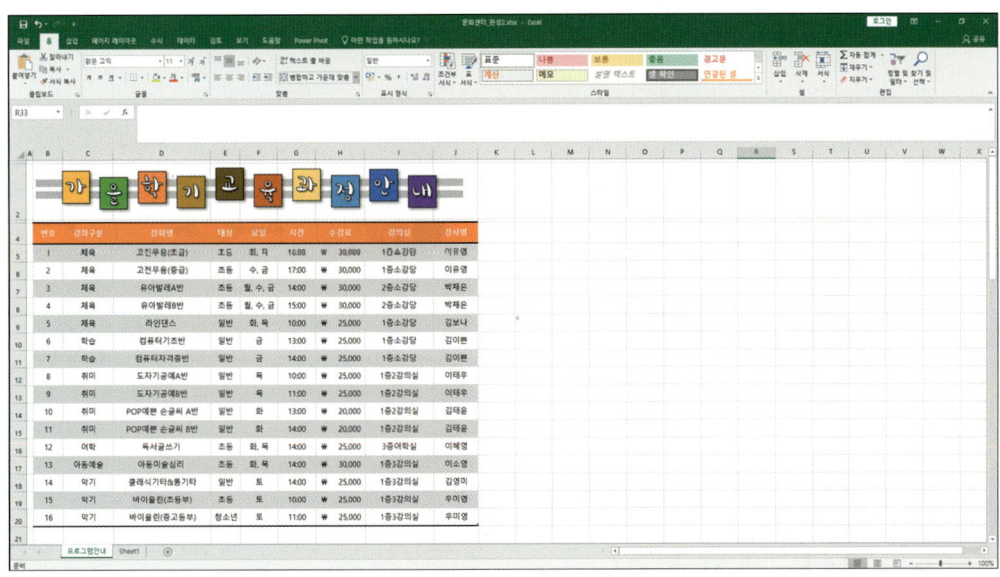

1. 표서식 – '주황 표스타일 보통17'
2. 수강료항목 – 셀 서식 Ctrl + 1 → [표시형식] 탭 → [회계] → 기호 '₩'
3. 시간항목 – 셀 서식 Ctrl + 1 → [표시형식] 탭 → [시간] → 형식 '13:30'

02 ▶ 다른 표 서식을 적용하여 표 서식을 변경해 보아요.

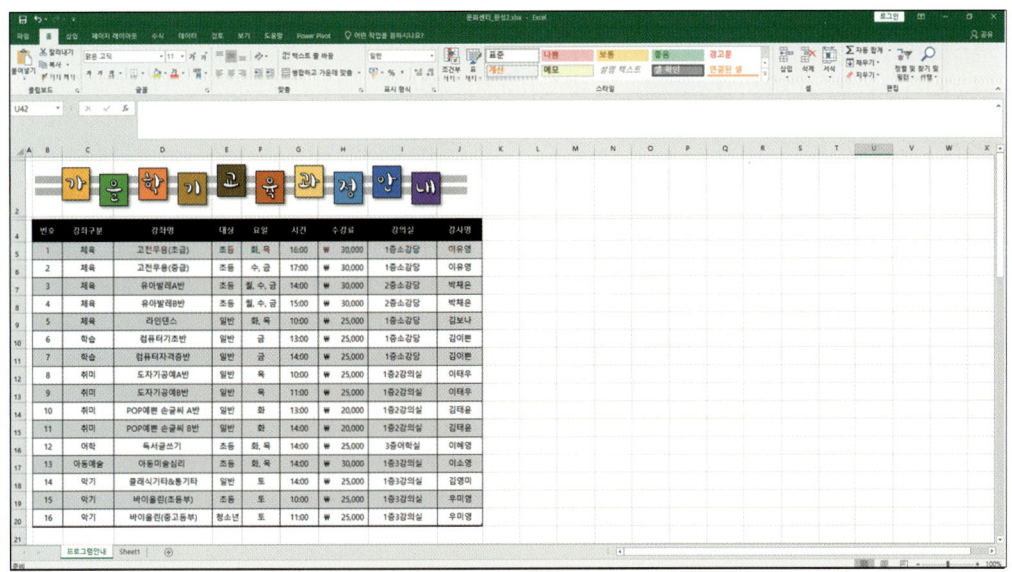

6차시 사자성어 노트 만들기

수업

엑셀 프로그램을 이용하면 실생활에서 활용 가능한 많은 문서들을 간단하게 만들 수 있습니다. 그 중 이번 수업시간에는 사자성어 학습 노트를 직접 만들어 보고, 한자를 입력하는 방법과 한자 사전 사용하는 방법을 알아보도록 해요.

1. 한자 변환하는 방법과 한자를 여러 형태로 입력하는 방법에 대해 알아보아요.
2. 한자 사전을 사용하는 방법을 알아보아요.

[완성예제 미리보기]

● 예제파일 : 없음   ● 완성파일 : 06 폴더/8급 사자성어_완성

HOW!
1. `한자` 키로 한글을 한자로 변환할 수 있어요.
2. '자전보이기' 기능으로 한자를 확인할 수 있어요.
3. 셀 서식 `Ctrl`+`1` 에서 [채우기]탭과 [테두리] 탭 으로 노트테두리를 설정해요.

1 새 워크시트로 한글입력하기

01 엑셀을 실행하고 새 워크시트를 열어 각 셀에 다음과 같이 입력하고 행과 열의 너비와 높이를 설정해요.
A열, F열 너비 3, 3행 높이 : 10, 4행 높이 : 55

셀 G4:j5 까지 블록으로 잡고, '병합하고 가운데 맞춤', '삼삼오오' 입력 후 [Alt]+[Enter] , '셋 또는 다섯씩 모여 있음.' 입력해요.

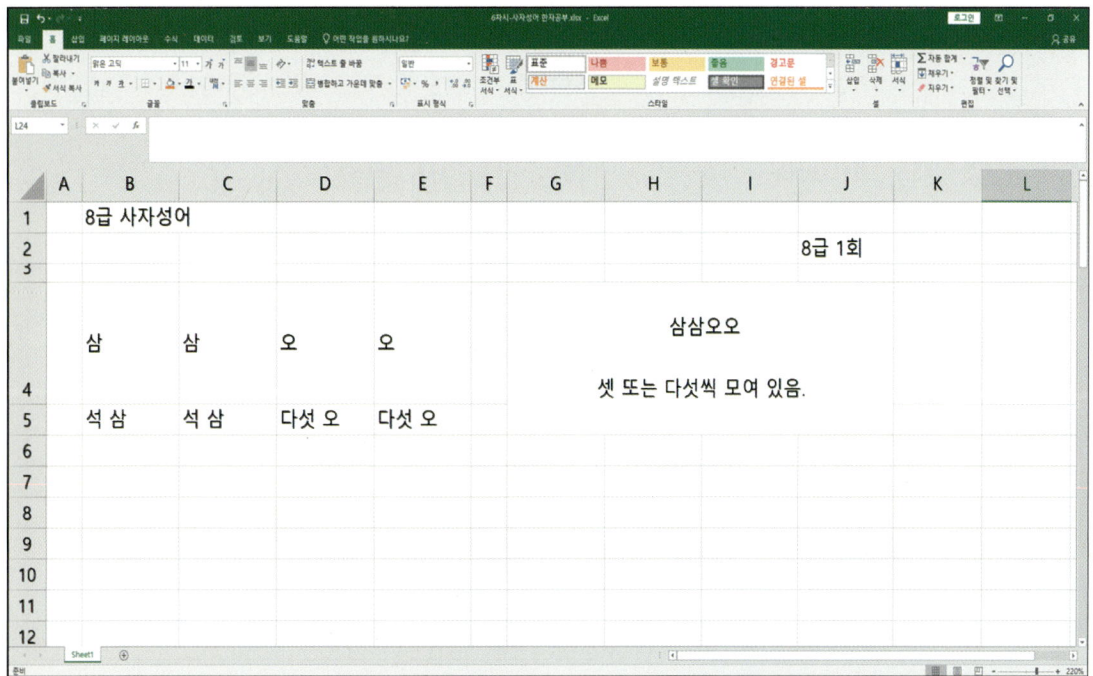

02 다음과 같이 각각의 글자를 서식으로 지정해요.

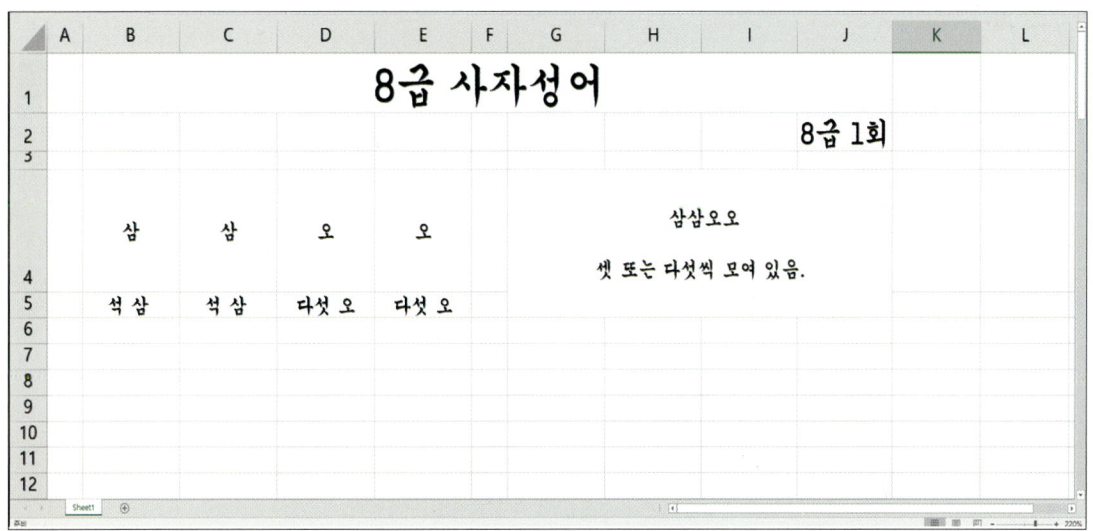

1. 셀 A1:J5까지 블록으로 지정 : 글꼴 '궁서', '가운데 정렬'
2. '8급 사자성어'(B1:J1) : 글자크기 '24', '진하게', '병합하고 가운데 맞춤'
3. 셀 J2의 '8급 1회' : 글자크기 16, 셀 G4의 '삼삼오오' 글자크기 '20', '진하게', 글자색깔 '파랑'

6차시 사자성어 노트 만들기 **37**

2 사자성어 한문으로 변환하고 틀 만들기

01 셀 B4을 더블클릭한 후, [한자] 키를 누르고 [한글/한자 변환] 창이 나오면 해당 한자를 찾아 선택하고 [변환] 버튼을 클릭해요. 한자 '三三五五'로 변환 후 글자크기 '36', '진하게'로 지정해요.

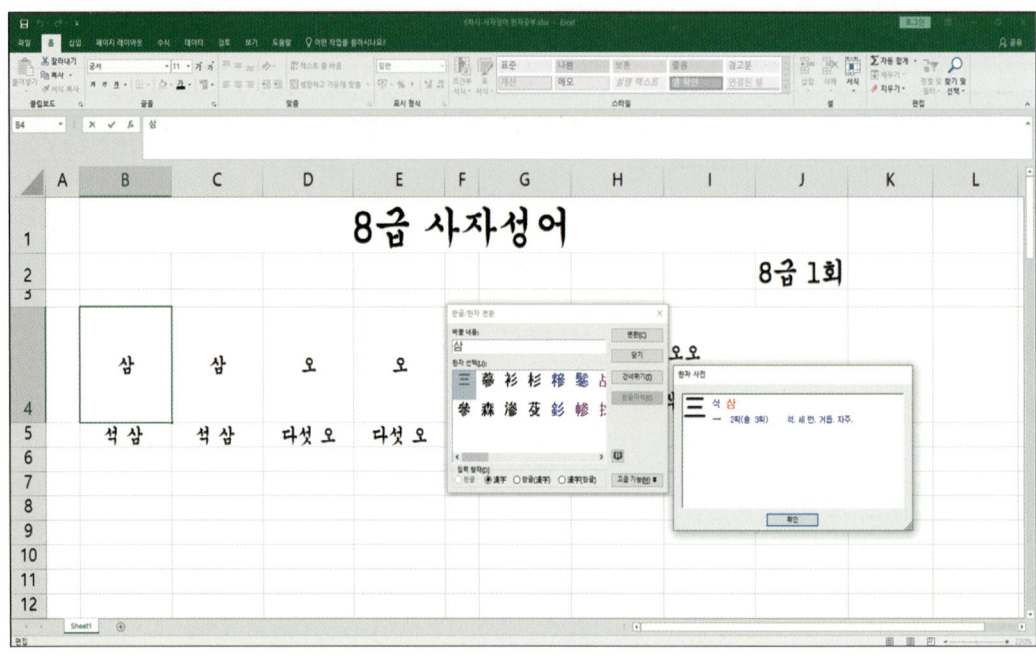

 한자사전 📖 아이콘을 클릭하면 한자사전 기능이 실행돼요.

02 셀B4 클릭 후 Ctrl+A 눌러 셀 B4:E5를 블록으로 지정하고 셀 서식 Ctrl+1 에서 [테두리] 탭→[선스타일]→[미리설정] '윤곽선'과 '안쪽'을 선택하고 [확인]을 클릭해요.

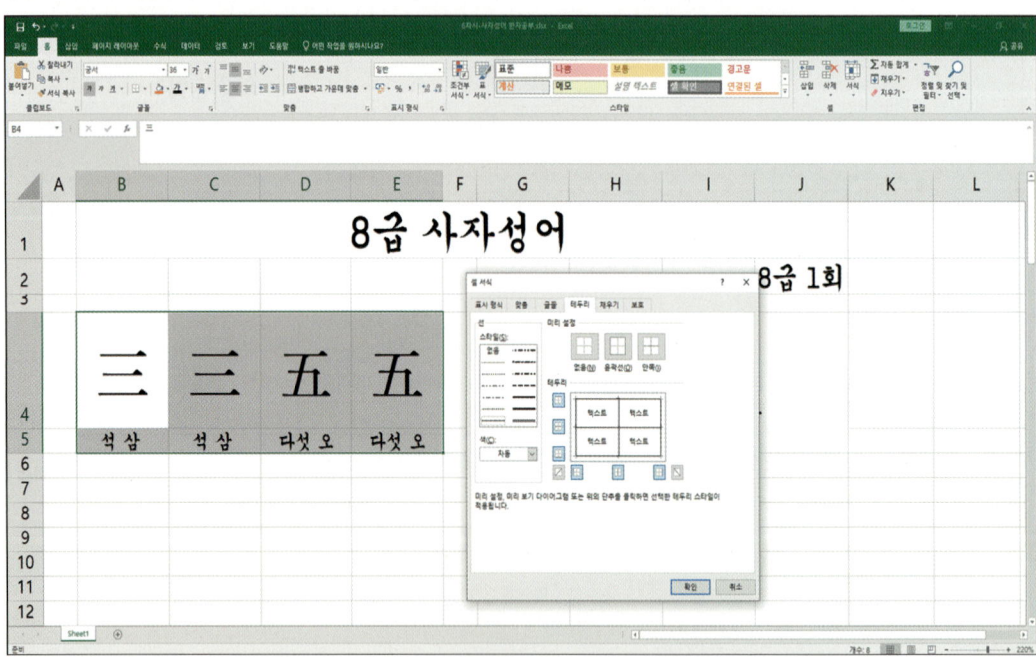

38

03 같은 방법으로 한자 풀이 셀 G4도 테두리를 지정해 보세요.

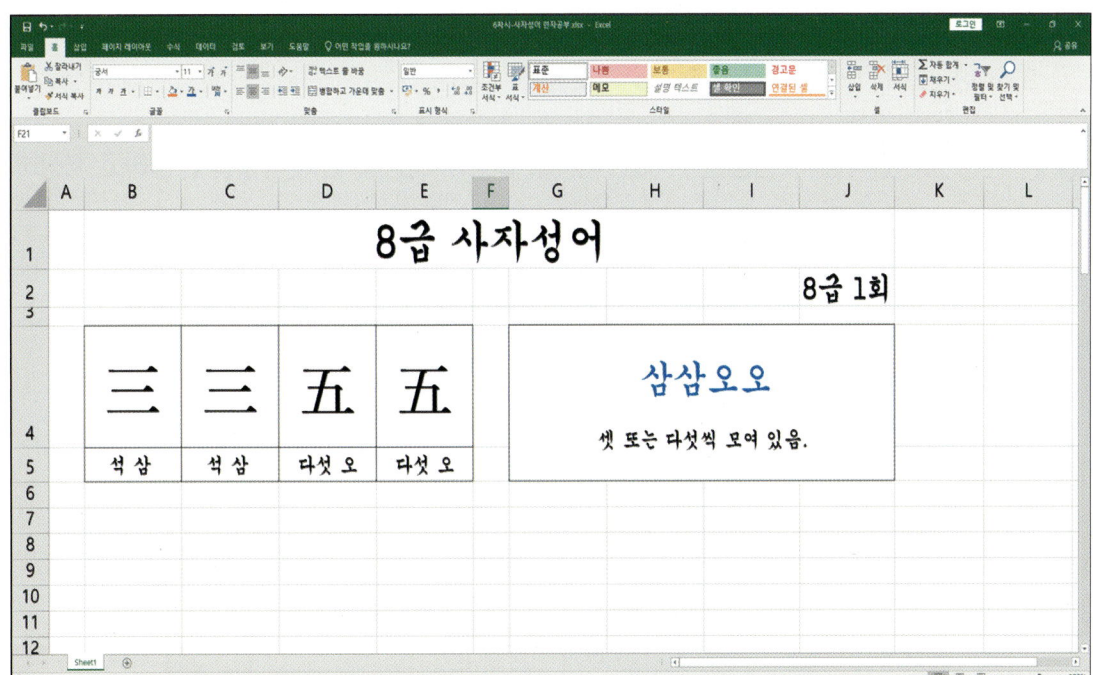

 **사자성어 한문으로 변환하고 틀 만들기**

01 셀 B4:E4를 블록으로 지정 후 복사하기 Ctrl + C , 셀 B7에 붙여넣기 Ctrl + V 한 후, 셀 B8:E9 까지 자동 채우기 하고 글자색을 '회색'으로 지정해요.

풀이부분과 G7:J9까지 셀 서식 Ctrl + 1 에서 [테두리] 탭 '모든 테두리', [채우기] 탭에서 각각의 셀에 색 채우기로 예쁘게 색을 채워 완성해요.

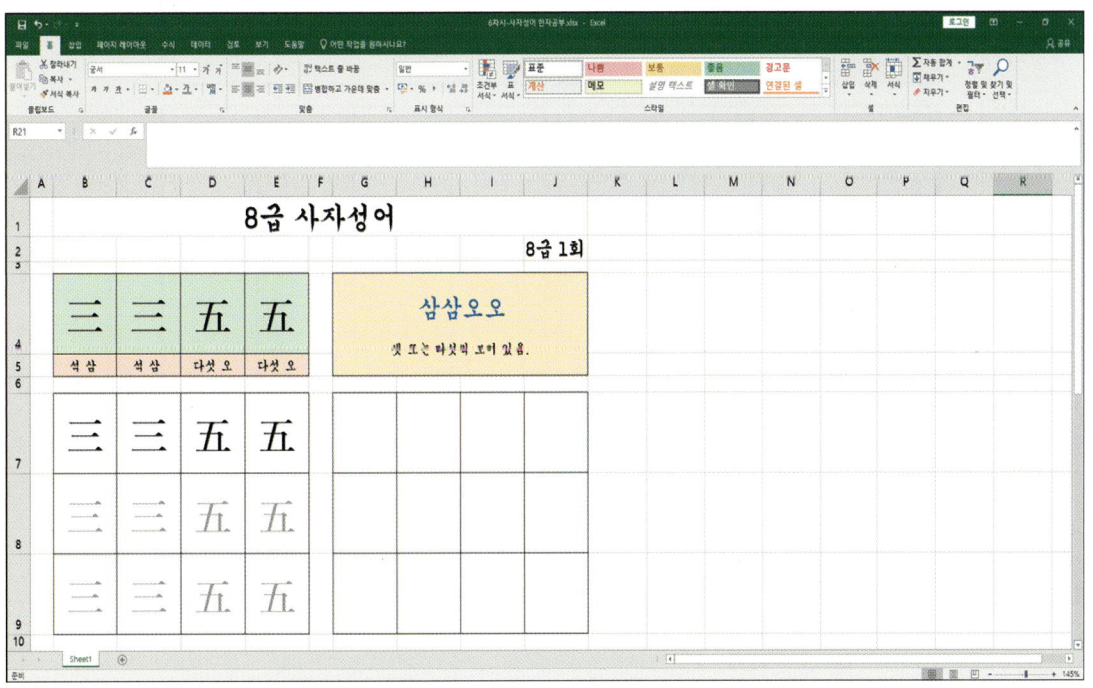

6차시 사자성어 노트 만들기 **39**

01
▶ 06 폴더에서 '십중팔구.xlsx' 예제를 열어서 다음과 같이 파일을 완성하고 저장하세요.

● 예제파일 : 06 폴더/십중팔구.xlsx   ● 완성파일 : 06 폴더/십중팔구_완성.xlsx

8급 사자성어

8급 1회

三	三	五	五
석 삼	석 삼	다섯 오	다섯 오

삼삼오오
셋 또는 다섯씩 모여 있음.

十	中	八	九
열 십	가운데 중	여덟 팔	아홉 구

십중팔구
열 번 가운데 여덟이나 아홉 번
그러하듯이 거의 틀림없음

오늘 학습한 내용을 다시 한번 복습해 보면서 사자성어 '십중팔구'를 만들어 보아요.

7차시 수업
도형을 활용하여 컴퓨터실에서 지켜야 할 규칙 만들기

엑셀 프로그램에서 도형 삽입하여 문서를 만들고 서식을 지정하는 방법은 물론, 도형을 정렬하고, 복사하며 도형모양을 변형하고 변경하는 고급 기능까지 배우고 학습해 보아요.

 **학습목표**
1. 도형을 삽입하고 도형속성을 변경해 보아요.
2. 도형 복사하고 정렬할 수 있어요.
3. 도형의 모양을 변경할 수 있어요.

[완성예제 미리보기]

● **예제파일** : 07 폴더/컴퓨터실예절.xlsx   ● **완성파일** : 07 폴더/컴퓨터실예절_완성.xlsx

1. [도형스타일]을 이용하여 서식을 지정할 수 있어요
2. [Ctrl]+[Shift]를 누르고 마우스를 드래그하면 정렬 복사할 수 있어요.
3. 도형 정렬기능을 이용하면 도형과 도형의 간격을 균등하게 정렬할 수 있어요

1 문서에 그림과 도형 배치하기

01 07 폴더의 컴퓨터실예절.xlsx 파일을 열고, [삽입] 탭→[일러스트레이션] 그룹→[그림] 클릭 후, 07 폴더의 '그림1.png' 파일을 삽입하고 중앙에 배치해요.

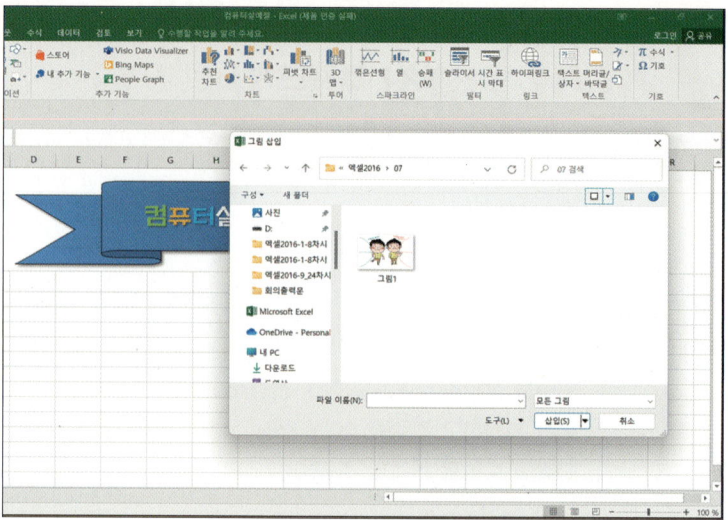

02 [삽입] 탭→[일러스트레이션] 그룹→[도형] 에서 '모서리가 둥근 사각형'을 삽입해요.

03 도형위에서 마우스 오른클릭 후 [도형 서식] 클릭하여 [도형옵션] 탭→[크기 및 옵션]→높이 '2.5', 너비 '9'로 지정해요.

42

04 도형을 정렬복사 할 땐, Shift + Ctrl +드래그하면 정렬 복사가 실행돼요. 복사가 완료되면, 각각의 도형을 클릭하여 컴퓨터실의 규칙을 입력하면 돼요.

힌트: 도형을 복사 할 때, Shift + Ctrl +드래그 하면 수직이나, 수평으로만 정렬 복사가 돼요.

05 도형을 클릭하고 [서식] 탭 → [도형스타일] 그룹 → [도형채우기] 색을 골라 지정해요.

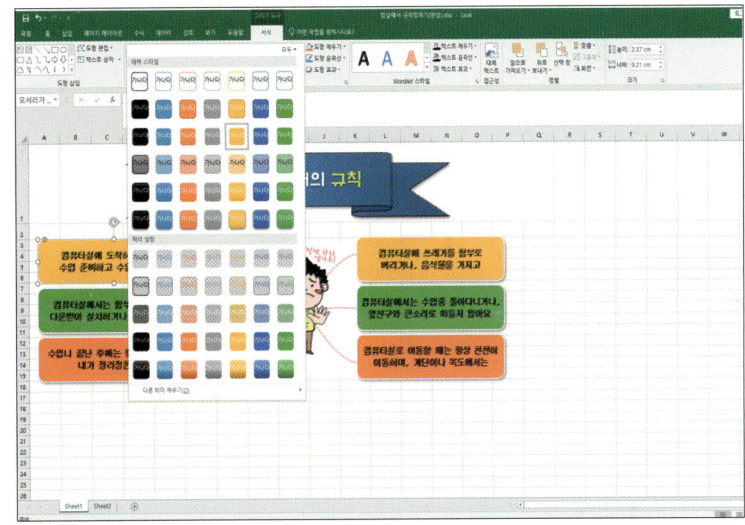

06 [서식] 탭→[도형스타일] 그룹→[도형효과]→그림자 효과를 도형에 주면 더욱 입체감을 줄 수 있어요.

힌트: [Shift]키를 누른 상태에서 다른 도형을 클릭하면 여러 도형에 한꺼번에 도형 효과를 지정할 수 있어요

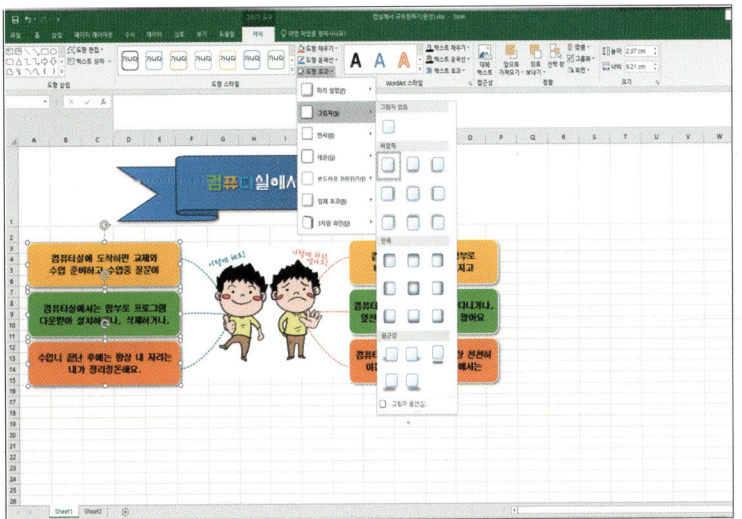

7차시 도형을 활용하여 컴퓨터실에서 지켜야 할 규칙 만들기 **43**

2 도형 정렬하기

01 왼쪽의 도형들의 세로 간격을 균등하게 배치하기 위해, 왼쪽의 노란색 도형을 먼저 클릭하고 Shift 누른 상태에서 초록색 도형, 주황색 도형을 선택해요.

[서식] 탭→[정렬] 그룹→[맞춤]→'가운데맞춤' 클릭, 그 상태에서 한 번 더, [서식] 탭→[정렬] 그룹→[맞춤]→'세로간격 동일하게' 클릭해요.

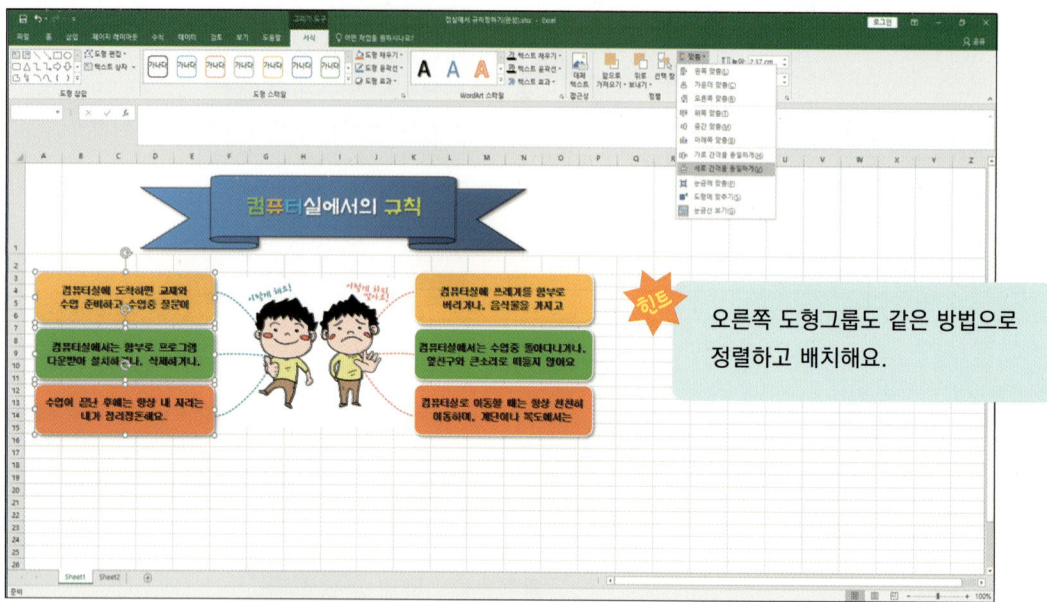

힌트: 오른쪽 도형그룹도 같은 방법으로 정렬하고 배치해요.

3 완성된 도형의 모양만 변경하고 싶을땐...

01 변경할 도형을 먼저 선택한 후, [서식] 탭→[도형 삽입] 그룹→[도형 편집]→[도형 모양 변경]에서 도형을 찾아 변경하면 도형의 모형만 변경돼요.

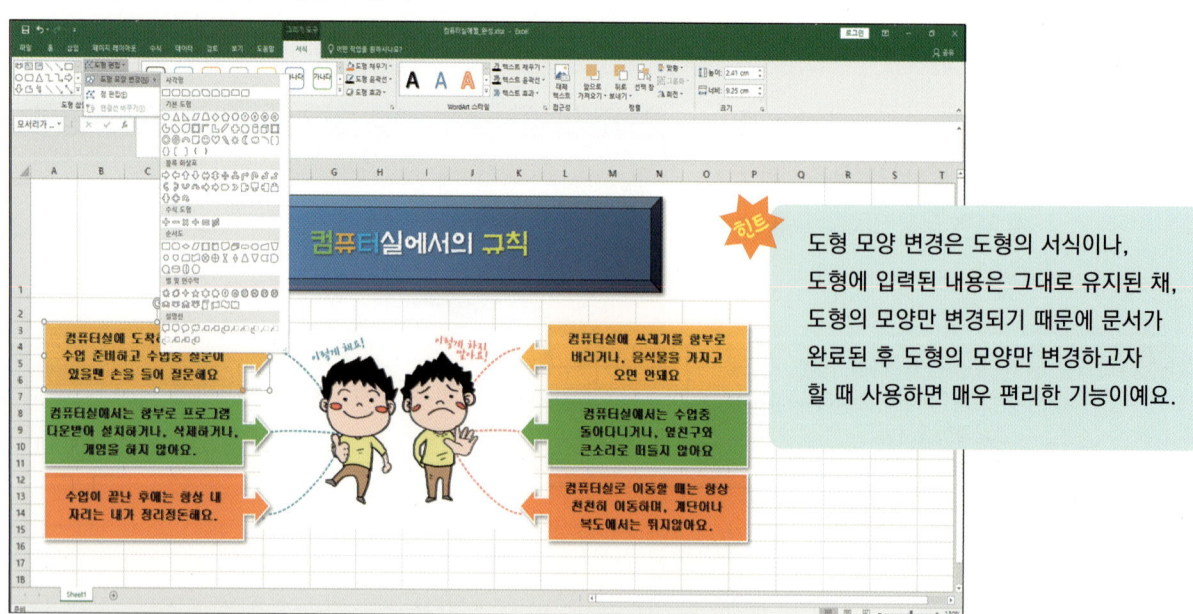

힌트: 도형 모양 변경은 도형의 서식이나, 도형에 입력된 내용은 그대로 유지된 채, 도형의 모양만 변경되기 때문에 문서가 완료된 후 도형의 모양만 변경하고자 할 때 사용하면 매우 편리한 기능이예요.

01 ▶ 다음 07 '축생일.xlsx' 예제파일을 열어 도형변경 명령을 이용해 생일케익을 완성해 보아요

● 예제파일 : 07 폴더/축생일.xlsx   ● 완성파일 : 07 폴더/축생일_완성.xlsx

[예제 파일]

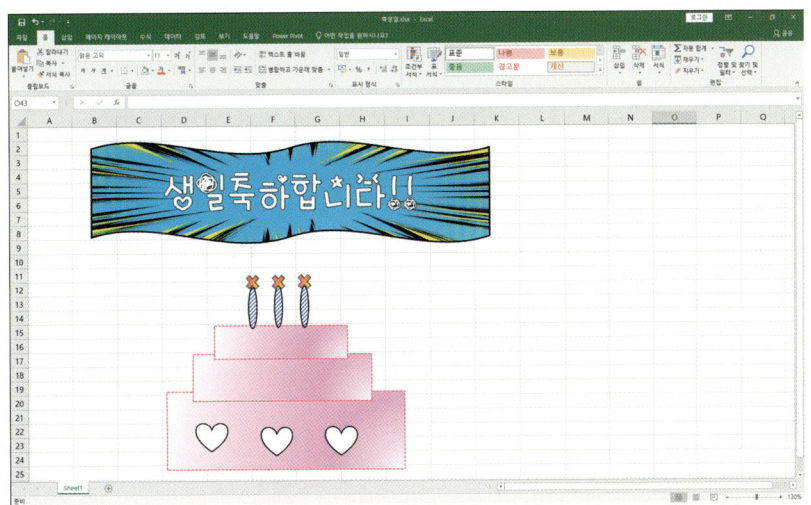

[완성된 파일]

HOW
1. [서식]탭 → [도형 삽입] 그룹 → [도형 편집] → [도형 모양 변경]에서 각각의 도형을 찾아 변경 완료하면 돼요.
2. 생일축하 현수막 : [별 및 현수막] – '두루마리모양 : 가로로말림' 도형
3. 케익 : [기본도형] – '원통형'
4. 초 : [블럭화살표] – '설명선 : 위쪽화살표'
5. 촛불 : [기본도형] – '눈물방울'

8차시 수업: 도형과 한자를 이용해 내 도장 만들기

도형과 한자, 글상자 기능을 이용하여 나만의 개성 있는 예쁜 도장을 만들어 이미지 파일로 저장해 보아요.

 학습목표
1. 도형을 이용하여 도장을 만들어 보아요.
2. 글 상자를 이용하여 도형외 원하는 위치에 글자를 넣을 수 있어요.
3. 도장을 완성하고, 이미지 파일로 저장할 수 있어요.

[완성예제 미리보기]

● 예제파일 : 없음   ● 완성파일 : 08 폴더/도장_완성.xlsx

 HOW! 정원 또는 정사각형을 그릴 땐 Shift 를 사용해요.
한글을 먼저 입력하고 한자 변환키 F9 를 사용해요.
도형이나, 아이콘으로 예쁘게 꾸미고, 이미지로 저장해요.

46

 **도장 틀 만들기**

01 [삽입]탭 → [일러스트레이션] 그룹→ [도형]을 클릭하고 '타원'을 선택하여 원을 그려요.
원을 선택하고 마우스 오른버튼 클릭, [도형 서식]을 선택하고, 채우기 '채우기 없음', 선 '실선',
선색 '빨강', 너비 '5pt' 설정해요.

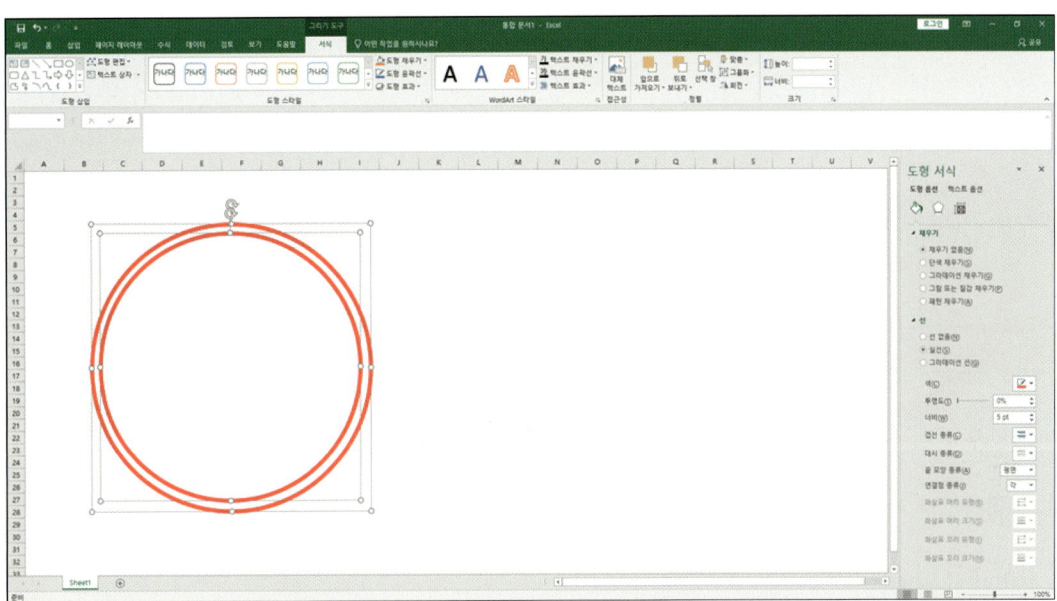

 Shift 를 누르고 원을 그리면 정원이나, 정사각형, 직선을 그릴 수 있어요.

02 원을 하나 더 복사하기 Ctrl+C, 붙여넣기 Ctrl+V 한 후, Shift 를 누르고 크기만 조금 줄여서 안쪽 원을
만들어 배치해요.

안쪽 원의 도형서식 : 선 너비 '5', 겹선의 종류 '삼중'

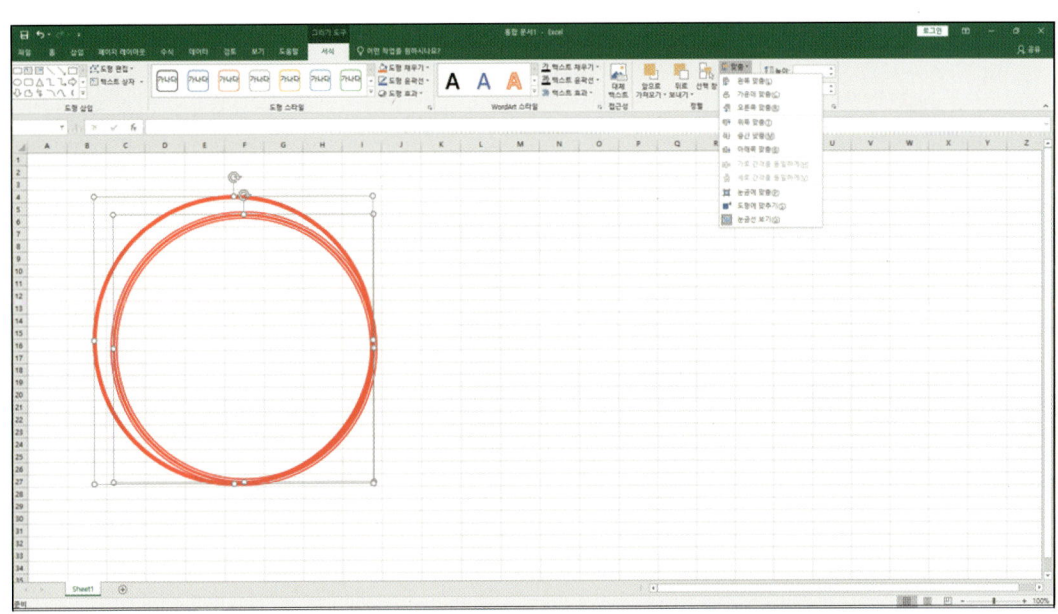

03 Shift를 누르고 두 개의 원을 선택, [서식] 탭→[정렬] 그룹→[맞춤]→'중간 맞춤' 후, 다시 한번 더, [서식]탭 → [정렬]그룹 → [맞춤] → '가운데 맞춤'하여 두 개의 원이 정중앙이 맞춰지게 배치해요.

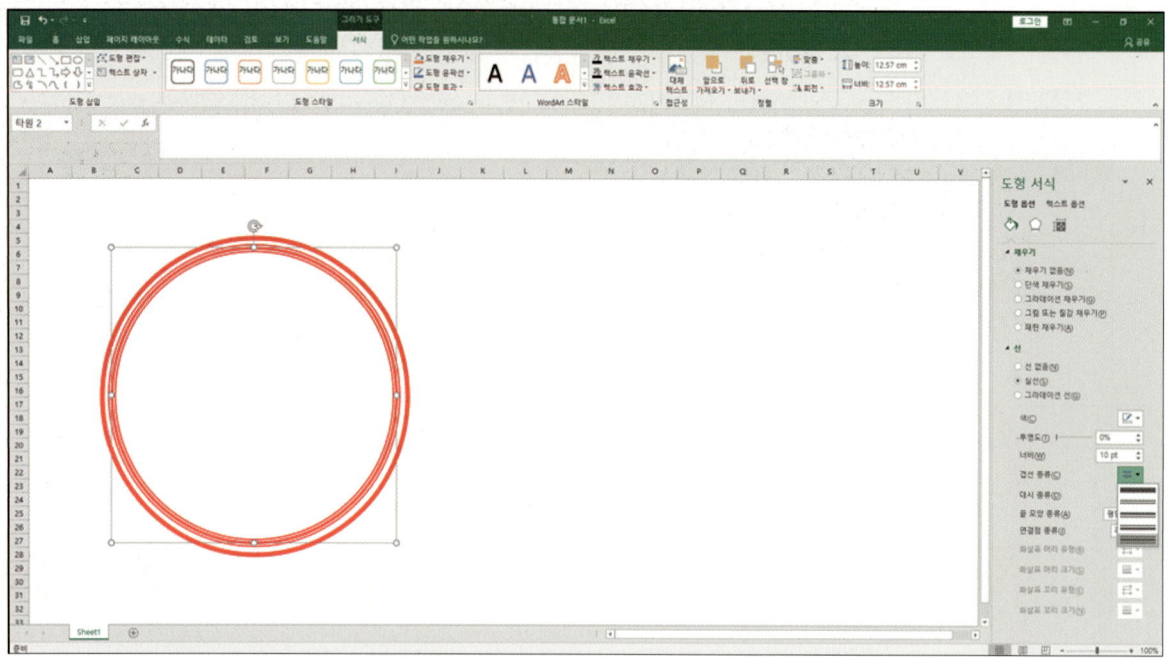

> **힌트** [서식] 탭→[정렬] 그룹→[그룹화]→ [그룹]하여 두 개의 원을 하나의 그룹으로 묶어주고 다음 작업을 하면 원이 움직이지 않아 작업하기 편리해요.

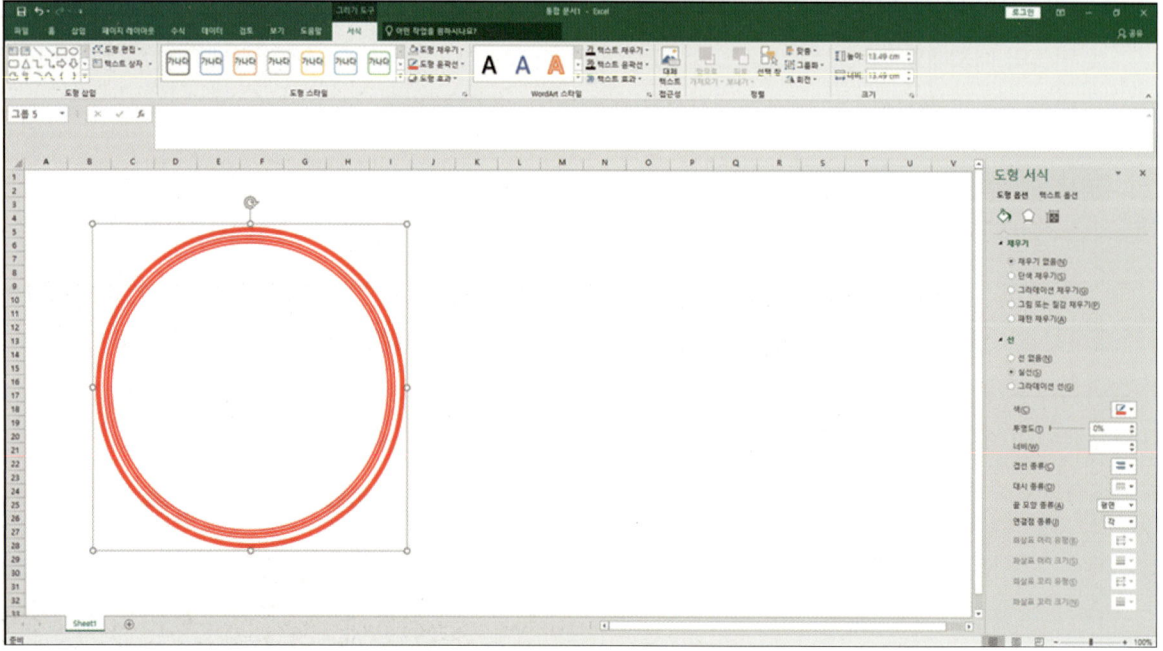

 **2 글 상자로 자기 이름 입력하기**

01 [삽입] 탭 → [텍스트] 그룹 → [텍스트상자] → [가로텍스트 상자]를 삽입해요.

예) 내 이름이 "이태우" 라면 위에 글 상자에는 이름의 "첫 글자"와 "끝 자"를 입력하고, 글자의 속성을 지정해요 글꼴 '휴먼옛체', 글자색 '빨강', 글자 크기 '96'

입력한 글상자를 복사하기 Ctrl+C, 붙여넣기 Ctrl+V 한 후, 두 번째 글상자에는 "가운데 글자"와 "인" 자를 입력해요.

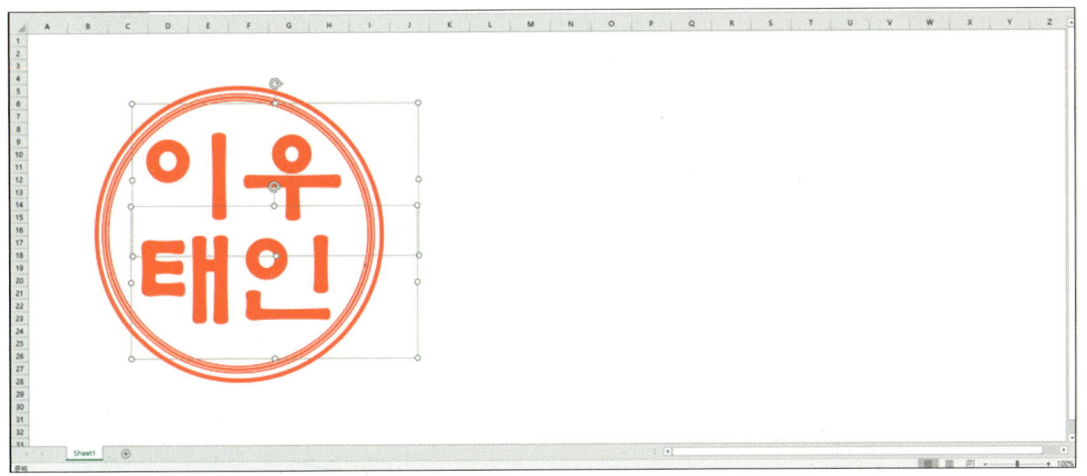

힌트: 글자의 크기가 원의 크기에 맞지 않으면 글꼴 크기 크게, 글꼴 크기 작게 버튼을 이용하면 크기를 쉽게 조정할 수 있어요.

 **3 "인"자 한문으로 변환하고 이미지로 저장하기**

01 '인'자를 그래그하여 블록으로 지정한 후, 한자 를 누르고 한문 印(도장 인)을 선택하고 [바꾸기] 버튼을 클릭해요.

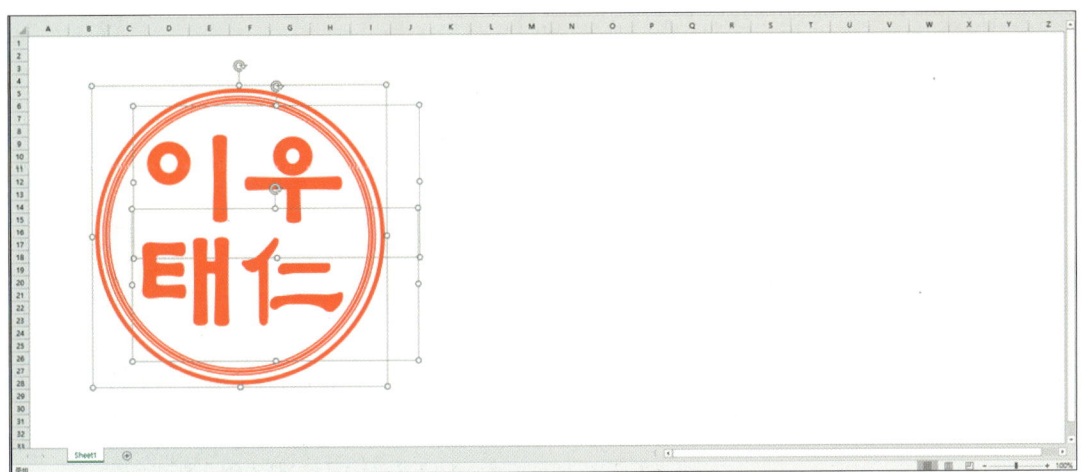

02 모든 개체를 [Shift]를 누르고 전체 선택한 후 마우스 오른클릭후 →[그룹화]→ [그룹]을 선택하여 모든 도형을 그룹하고, 복사하기 [Ctrl]+[C] 해요.

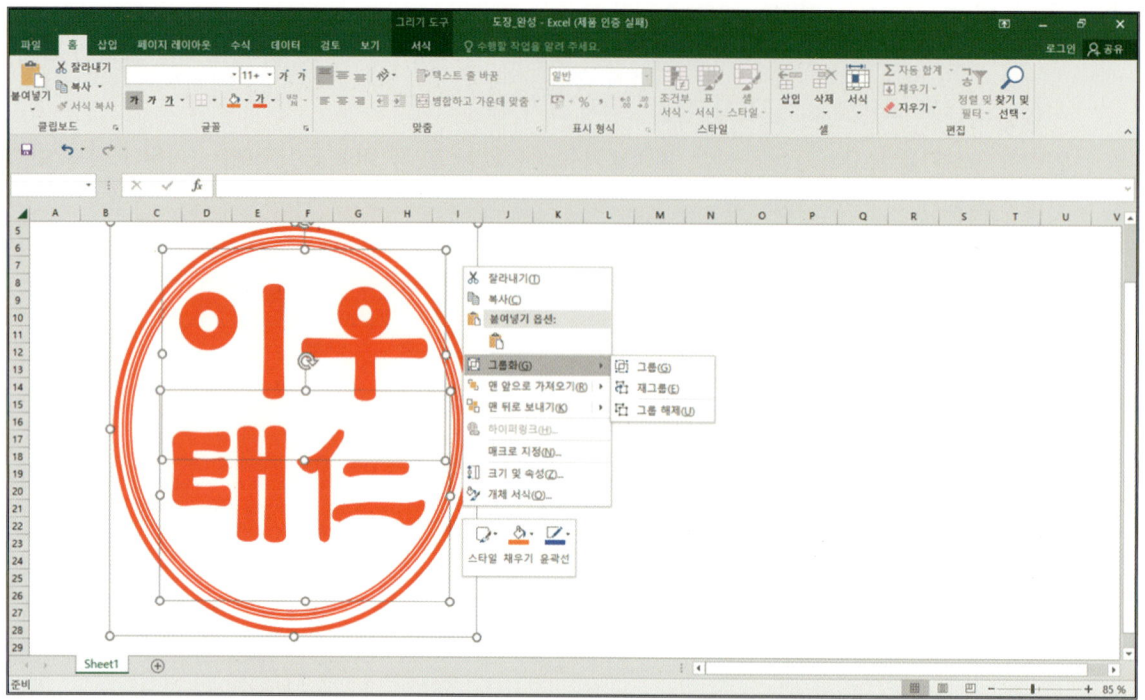

03 파워포인트나, 한글프로그램을 실행한 후, 붙여넣기 [Ctrl]+[V] 한 후, 마우스 오른쪽 클릭하여 이미지로 저장하면 나만의 도장(png 파일)으로 저장돼요.

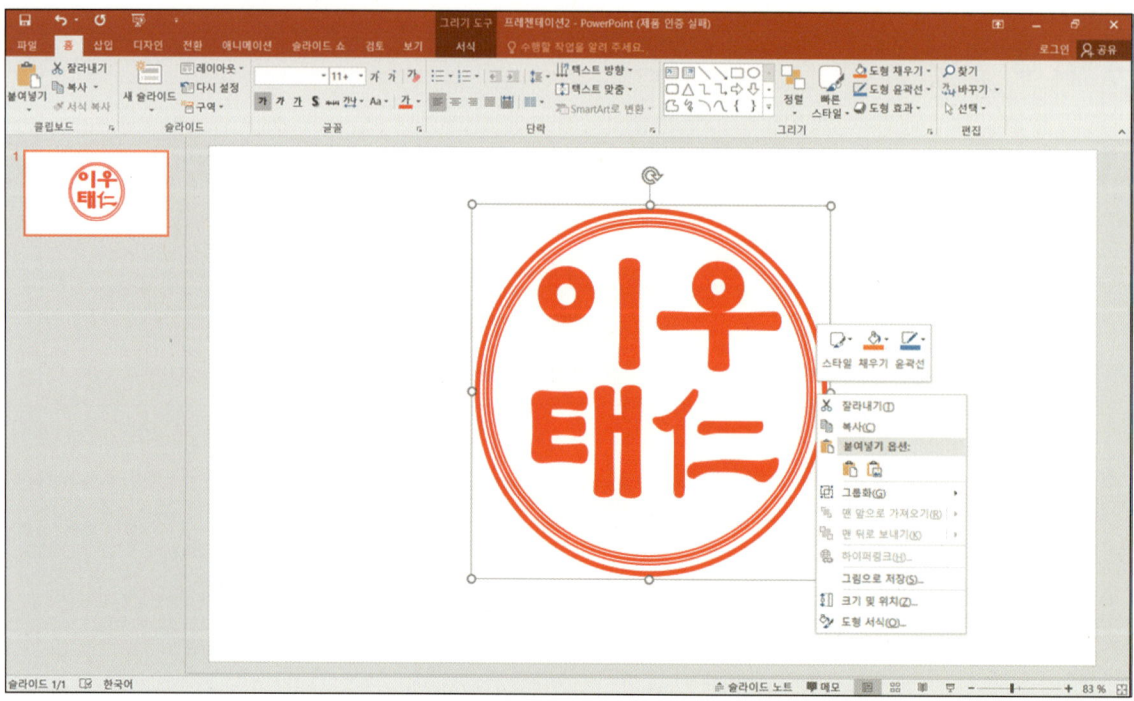

01 ▶ 다음 도장 디자인을 참고하여 도형을 이용하여 자기 자신의 도장을 디자인 해보고 이미지로 저장해 보아요.

1. 테두리는 원이나 사각형을 이용해서 도장 틀을 만들어요.
2. 도형을 이용하여 디자인하거나 office 2018은 [아이콘] 그림을 입력하여 디자인해요.
3. 도장 디자인이 끝나면 모든 도형을 선택한 후 그룹 해요.

9차시 수업
그림 삽입하고 스타일 지정하기, 서식 지우기

문서와 관련 있는 그림을 포함하여 문서를 작성하고 그림 스타일을 이용하여 그림에 여러 효과를 주는 방법에 대해 알아보아요. 복사된 내용 중 서식만 지우거나, 내용만 지우거나, 부분적으로 선택해서 지우는 방법에 대해 알아보도록 해요.

1. 그림을 삽입하고 그림 스타일을 지정해요.
2. 지우기 명령에서 내 맘대로 선택하여 지울 수 있어요.
3. 떨어져 있는 데이터 선택은 [Ctrl], 연속된 데이터 선택은 [Shift] 키를 사용해요.

[완성예제 미리보기]

● 예제파일 : 09 폴더/각국가별정보.xlsx   ● 완성파일 : 09 폴더/각국가별정보_완성.xlsx

 그림 스타일을 지정해서 그림을 멋있게 꾸밀 수 있어요.
그림을 정렬하고 그림 효과로 더욱 눈에 띄게 만들 수 있어요.

1 그림의 세부설정과 스타일 지정하기

01 09 폴더에서 '각국가별정보.xlsx' 예제파일을 열어, 셀 B7:C11까지 블록으로 지정한 후 복사하기 Ctrl+C 셀 E7, 셀 H7에 각각 붙여넣기 Ctrl+V 한 후 각 나라의 정보를 다음과 같이 입력해요. 셀 서식 Ctrl+1 - [채우기] 탭에서 나라별로 색을 다르게 채워요.

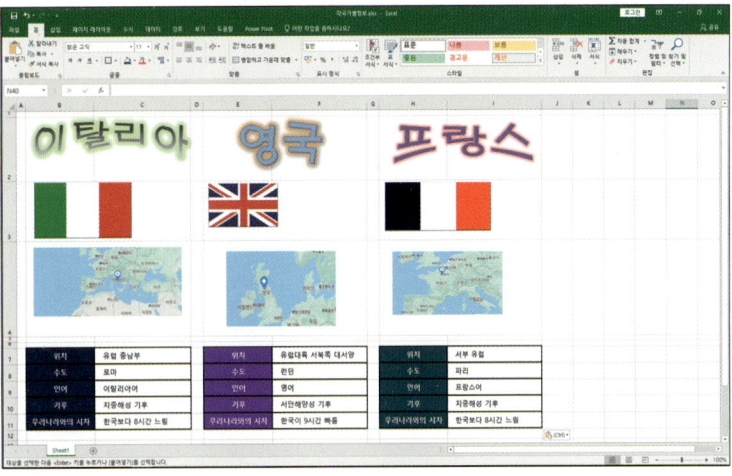

02 각각의 나라별 국기를 Shift 를 이용하여 선택하고, 셀 서식 Ctrl+1 을 실행해요.

03 [그림 서식] → [크기 및 속성] 탭→'가로 세로 비율고정 해제', '원래크기에 비례하여 '해제' 후, 크기를 높이 '3', 너비 '5'로 설정해요

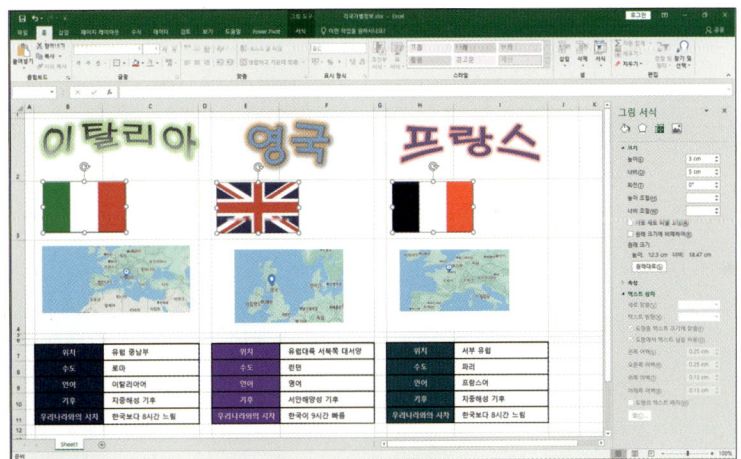

04 각 나라의 국기에 그림자 효과를 주기위해 [서식] 탭→[그림 스타일] 그룹→'단순형 프레임, 흰색' 선택, [그림 효과]→[그림자] '오프셋 : 오른쪽 아래'를 선택해요.

05 셀 B4에 있는 '이탈리아 지도 그림' 셀 C4에 맞춰 크기를 조절해요

> **힌트** 나라별 지도는 Alt 를 눌러 크기를 조절하면 셀의 크기에 맞추기가 돼요.

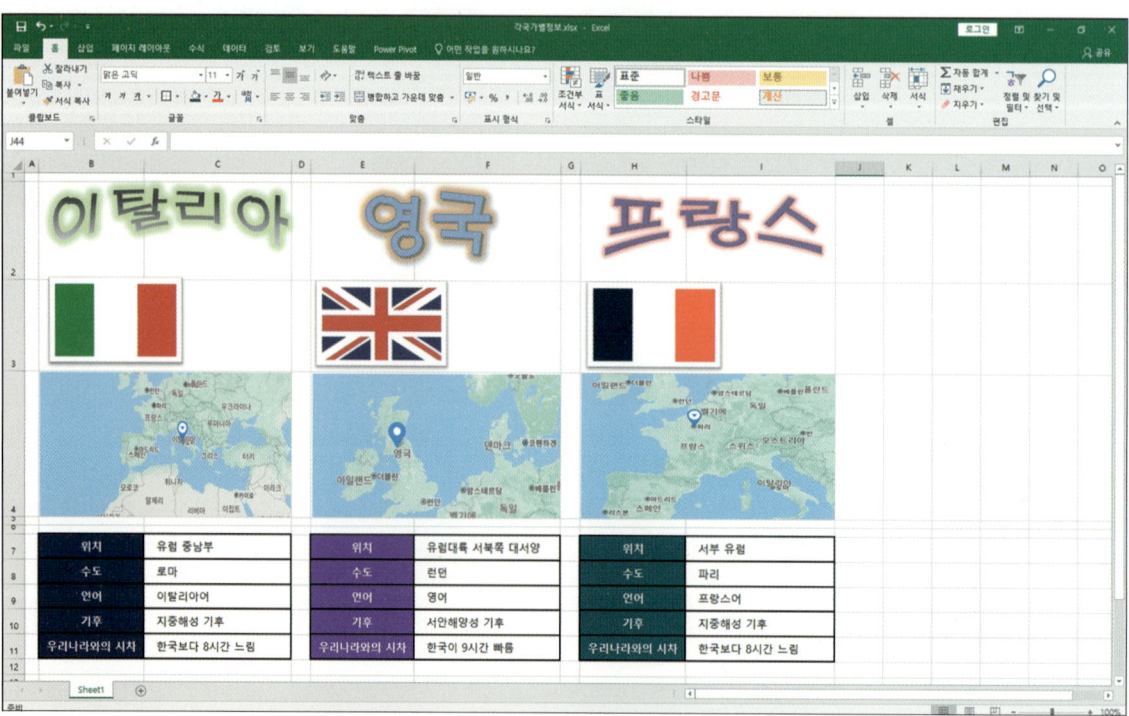

06 각 나라의 '위치 그림'을 [Shift]를 눌러 선택하고, [서식] 탭→[그림 스타일] 그룹→[그림 효과]→[부드러운 가장자리] '10포인트'로 설정해요

07 B2 셀의 '이탈리아', B3 셀의 '이탈리아 국기', B4 셀의 '이탈리아 위치'의 각각 개체를 [Shift]를 이용하여 선택하고, [서식] 탭→[정렬]→[맞춤]의 '가운데 맞춤' 선택해요.

08 각 나라의 이름과, 국기, 지도가 정렬이 되면 문서가 완성돼요.

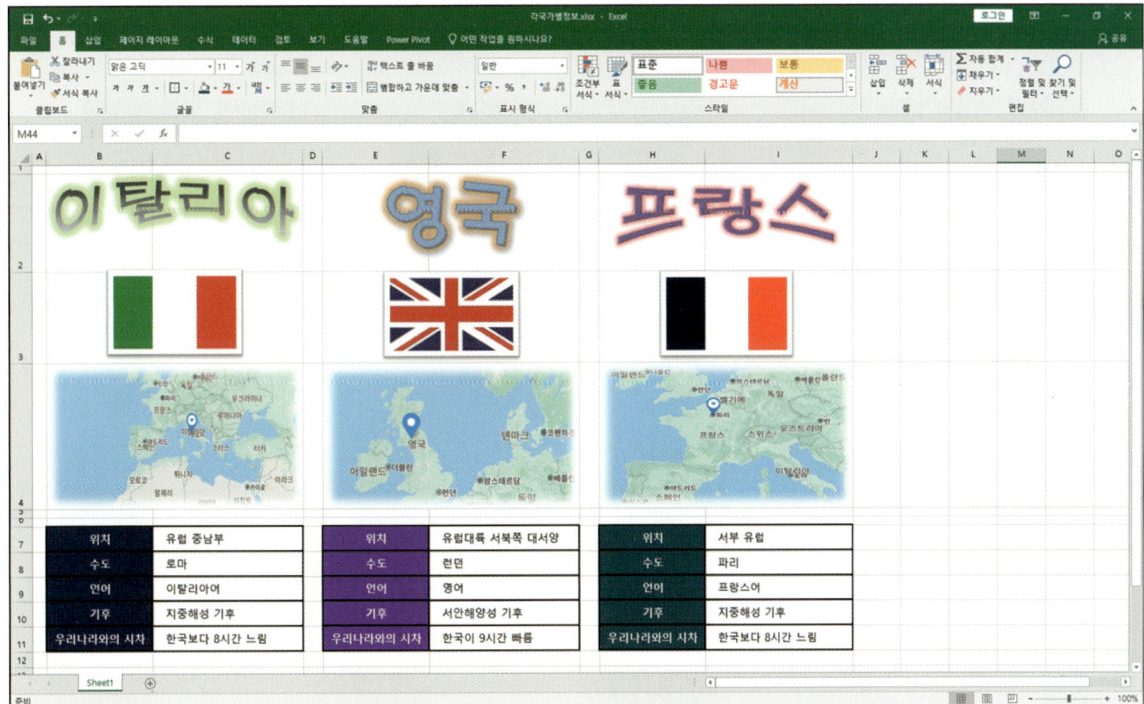

 **2 지우기 명령도 내 맘대로 선택하여 지우기**

01 지우기 명령을 사용하면, 선택해서 서식과 내용을 나눠서 지울 수 있어요.

셀 B7:C11까지 범위로 지정하고, [홈] 탭→[편집] 그룹→[지우기] 명령을 각 항목에 맞게 지워보세요.

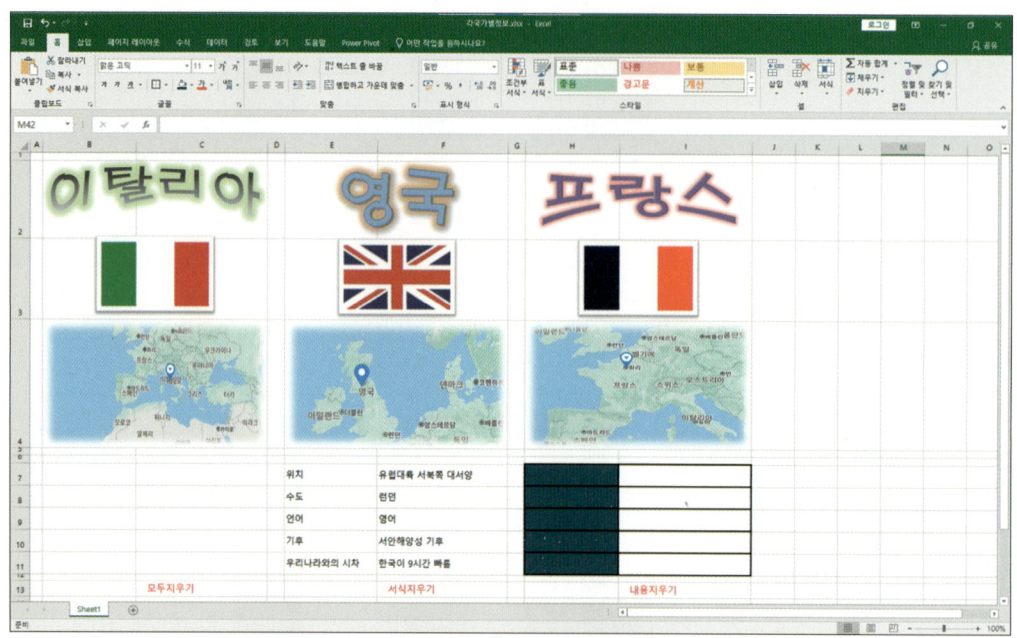

 **3 떨어져 있는 셀은 [Ctrl], 연속된 셀은 [Shift]**

01 떨어져 있는 데이터의 셀을 여러 개 선택해야 할 땐 Ctrl 를 누른 상태에서 원하는 셀을 클릭해요.

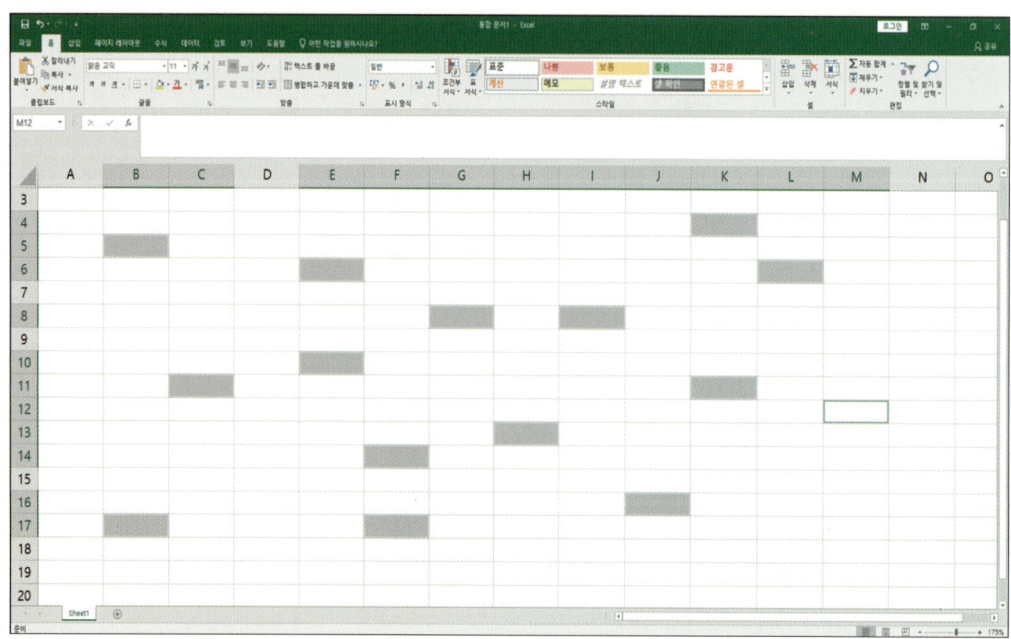

02 연속된 데이터를 범위를 지정할 때는 Shift를 사용해요. 셀 B2를 먼저 선택하고 Shift를 누른 상태에서 셀 B16을 클릭해요.

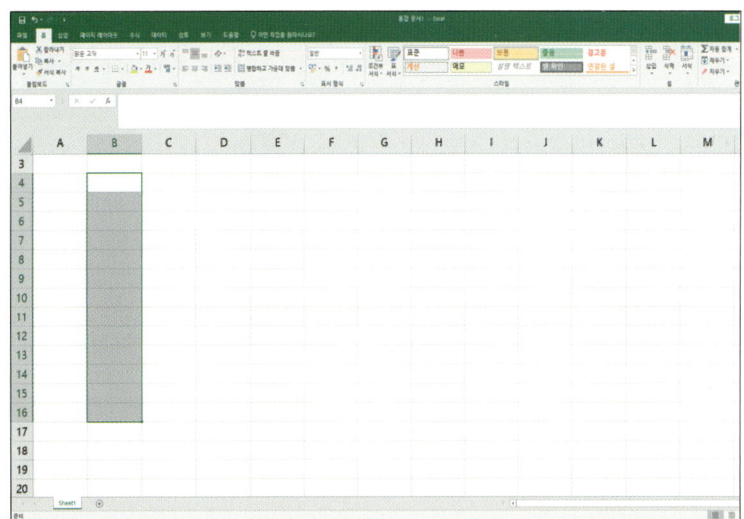

4 한꺼번에 많은 데이터를 입력하고 지우기

01 먼저 Ctrl 이용하여 입력할 여러 셀을 선택하고 마지막 셀에 '컴퓨터'를 입력하고, Ctrl + Enter를 입력하면 선택된 셀에 같은 내용이 한꺼번에 입력돼요.

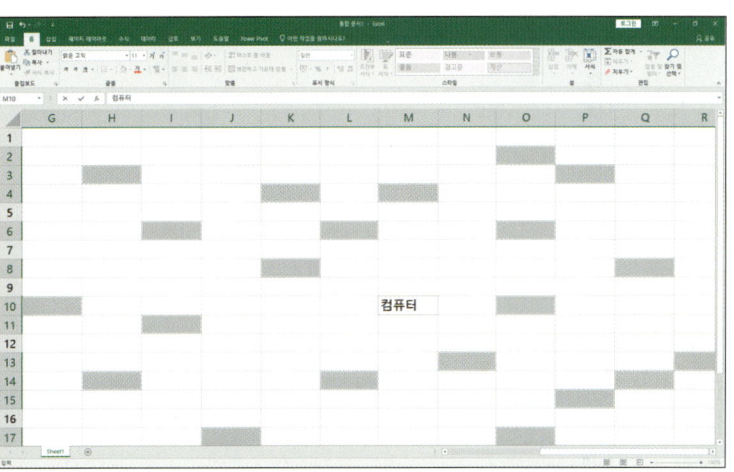

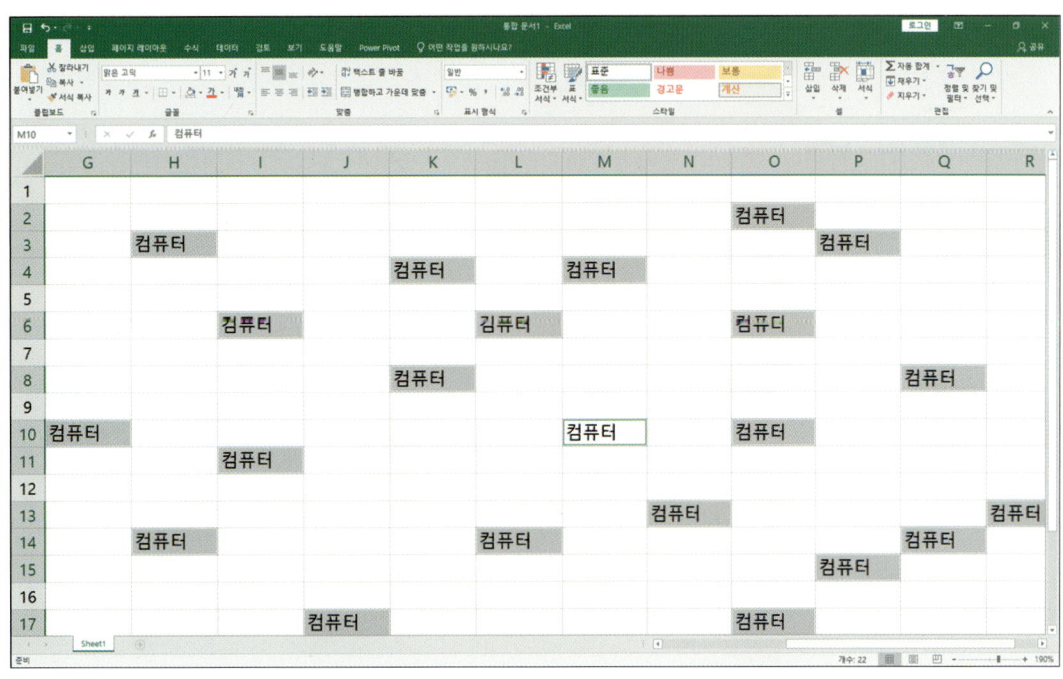

9차시 그림 삽입하고 스타일 지정하기, 서식 지우기 **57**

01 ▶ 09 폴더의 '하트.xlsx' 예제파일을 열어서 다음과 같은 색으로 채우고 저장해 보아요.

● 예제파일 : 09 폴더/하트.xlsx   ● 완성파일 : 09 폴더/하트_완성.xlsx

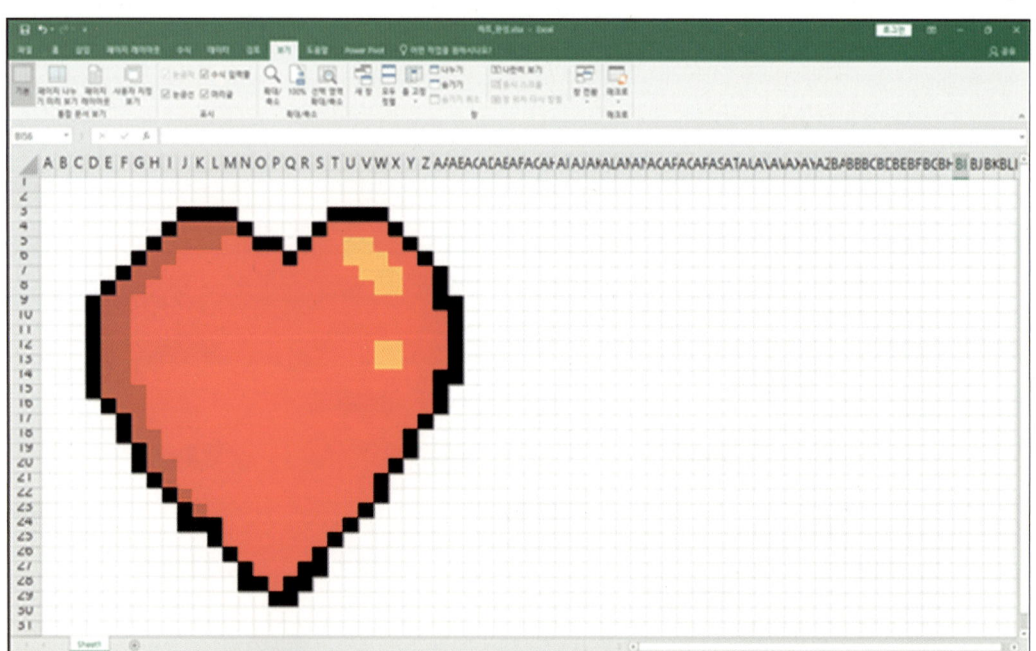

 [Ctrl], [Shift] 를 잘 사용하면 편리하게 완성할 수 있어요.

10차시 수업 픽셀아트 디자인하기

픽셀아트 디자인을 인터넷에서 검색해보고, 검색한 이미지를 문서에 삽입하는 방법과 삽입한 디자인을 직접 픽셀아트로 디자인하고 저장해 보아요.

학습목표
1. 인터넷에서 픽셀아트를 검색하여 엑셀로 이미지를 가져오는 방법을 알아보아요.
2. 가져온 디자인을 엑셀에서 디자인하고 저장해요.

[완성예제 미리보기]

● 예제파일 : 없음　　　　● 완성파일 : 10 폴더/픽셀아트.xlsx

HOW!
- F4 : 방금 실행했던 동작을 여러 번 빠르게 실행해요.
- Ctrl : 떨어져 있는 셀을 선택할 때 사용해요.

 **1 픽셀아트 연습하기**

01 10 폴더에서 '픽셀아트.xlsx' 예제파일을 열고 그림을 완성해요.

예제파일 : 픽셀아트.xlsx

완성예제 : 픽셀아트_완성.xlsx

 픽셀아트 디자인할 때 Ctrl , Shift 를 잘 사용하면 디자인 좀 더 쉽고 빠르게 완성 할 수 있어요

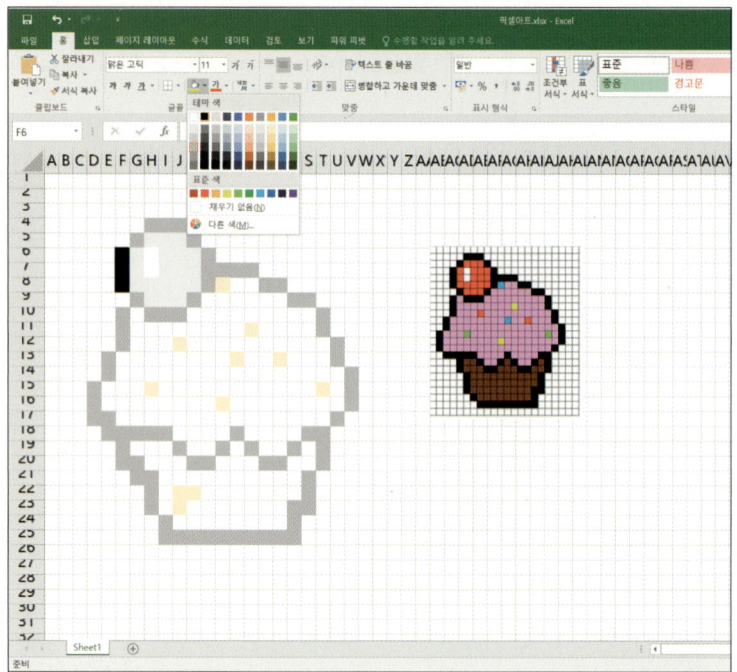

 **2 내가 좋아하는 캐릭터 픽셀아트 디자인 검색하기**

01 인터넷을 실행하고 네이버 검색란에 '픽셀아트' 로 검색해 보아요.

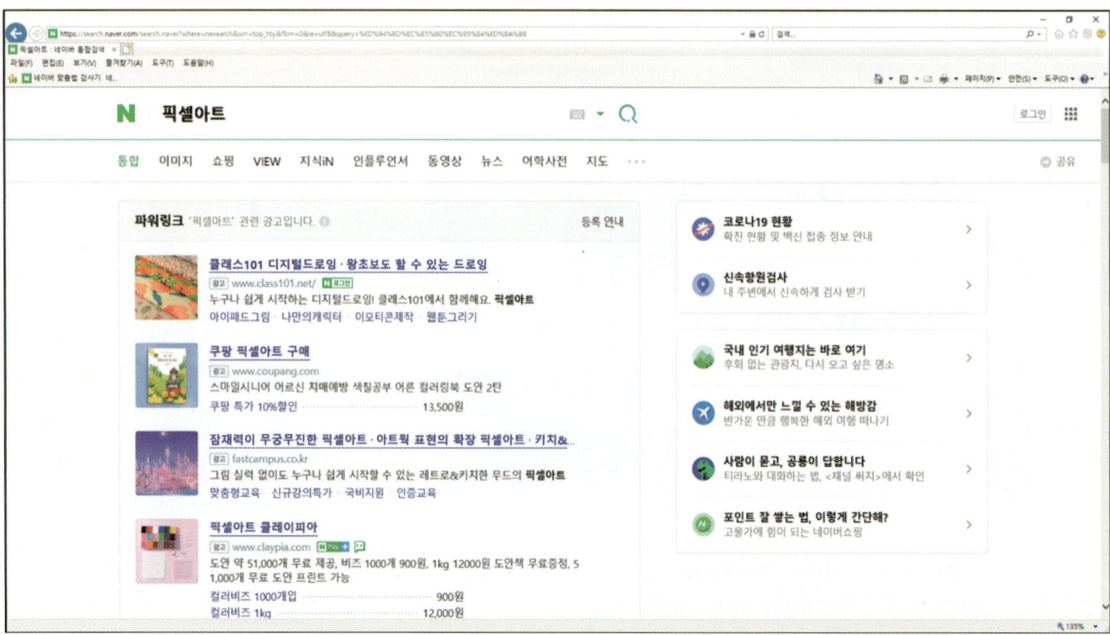

02 [이미지] 탭에서 마음에 드는 픽셀아트 디자인 선택하고, 그 그림 위에서 마우스 오른클릭 한 다음 [이미지 복사]를 클릭해요.

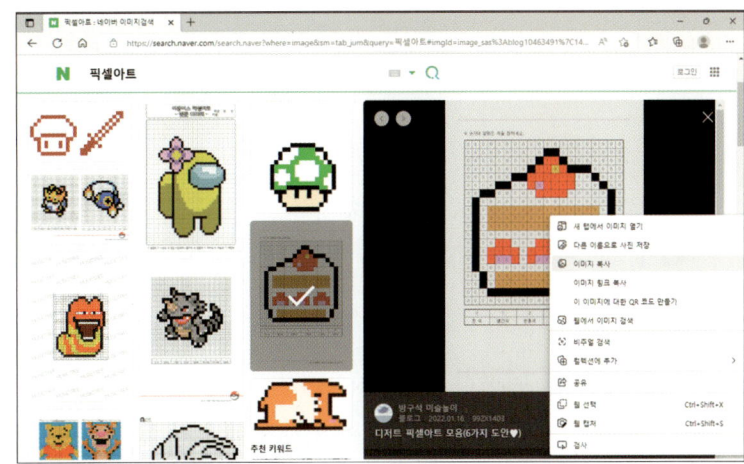

03 엑셀을 실행하고 새 워크시트를 열어, 워크시트 전체를 선택하고 열 너비 '1', 행 높이 '10' 으로 설정 한 후, 붙여넣기 Ctrl+V 를 눌러 복사된 그림을 붙여넣기 해요.

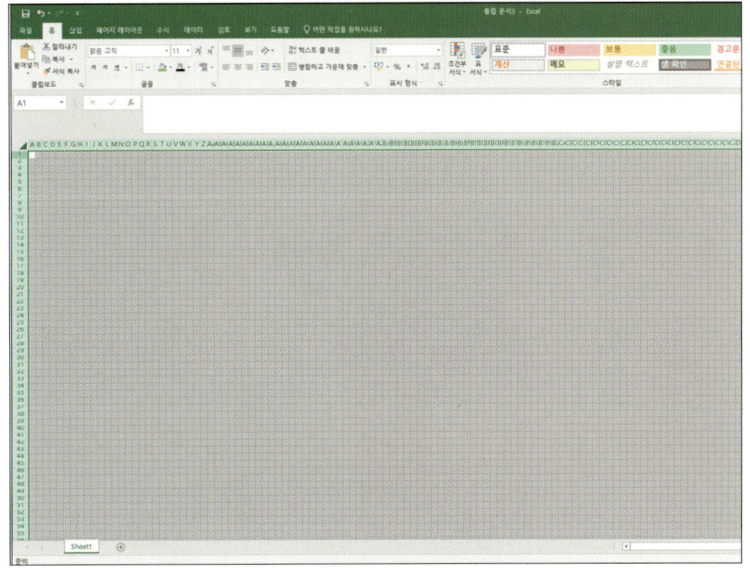

04 이 디자인을 참고하여 예쁘게 픽셀아트로 디자인해요.

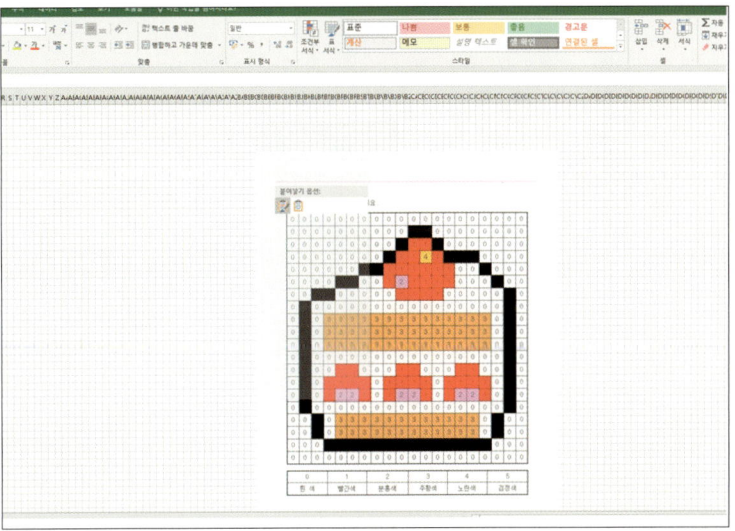

 붙여넣기 명령 중 '원본 서식 유지'로 붙여넣기 명령을 클릭해요.

01 ▶ 좋아하는 픽셀아트 디자인을 찾아 엑셀로 완성해 보아요.

[픽셀아트 디자인 예제]

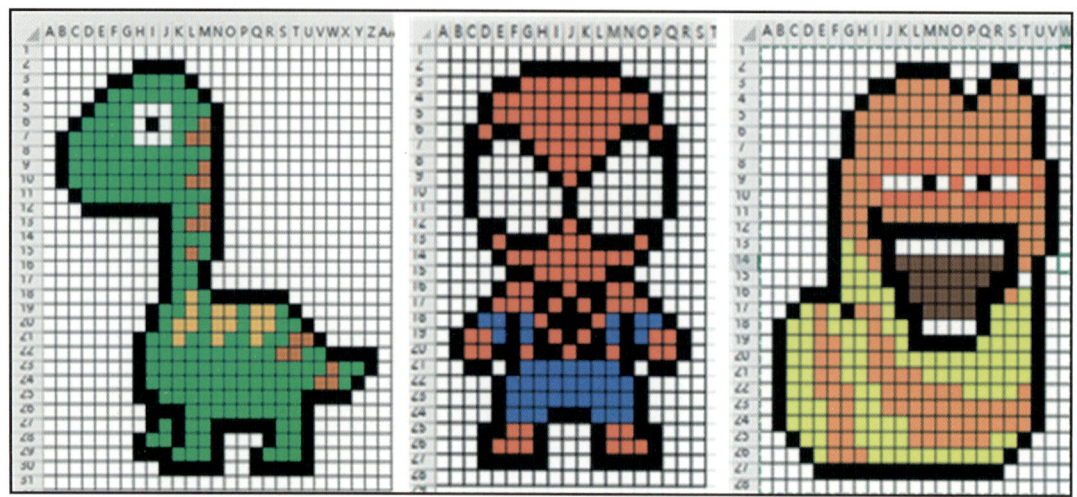

11차시 부루마불 게임판 만들기

엑셀에서는 이미지를 삽입하고 필요한 부분만 잘라 배치하는 그림 편집 기능이 있어요. 셀 속성을 지정하고 그림 편집 기능을 이용해서 보드게임의 대명사 부루마불 게임판을 직접 만들어 보아요.

1. 그림 편집 기능을 이용해서 필요한 부분만 자르는 방법을 알아보아요.
2. 인터넷으로 필요한 이미지를 검색하고 배경색을 없애는 기능을 알아보아요.
3. 셀 테두리 기능을 활용해서 주사위를 만들어 보아요.

[완성예제 미리보기]

● 예제파일 : 11 부루마불.xlsx ● 완성파일 : 11 부루마불_완성.xlsx

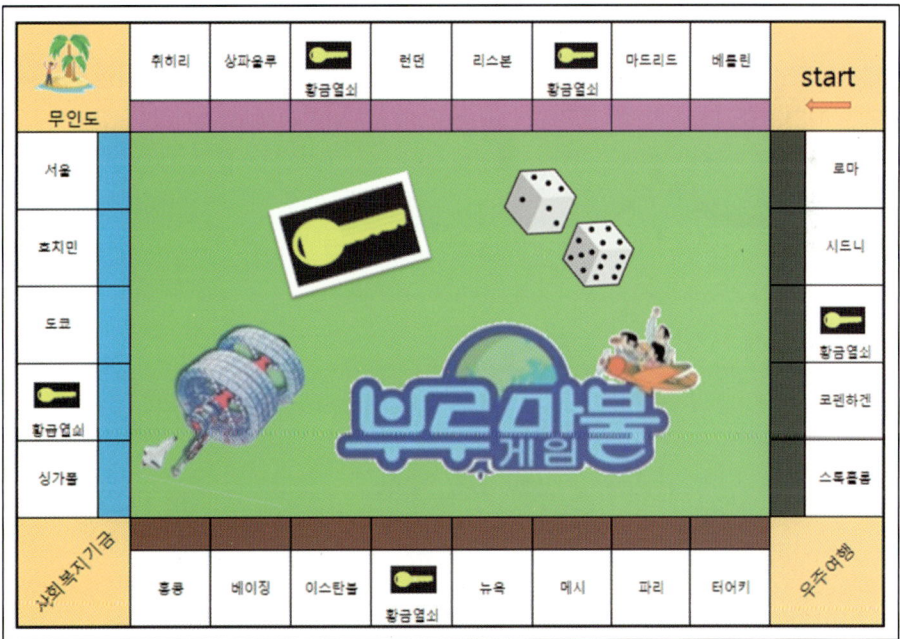

> **HOW!** 이미지에서 필요한 부분만 자르기 기능으로 편집했어요.
> [일러스트레이션] 그룹→[온라인 그림]을 선택하고 '황금열쇠'를 검색했어요.
> 셀서식의 [맞춤] 탭에서 텍스트 방향을 지정해서 글자를 입력했어요.

11차시 부루마불 게임판 만들기 **63**

1 로고 삽입하고 이미지 자르기

01 11 폴더에서 '부루마불.xlsx' 파일을 열고 [삽입] 탭→[일러스트레이션] 그룹→[그림( )]을 클릭해요.
11 폴더에서 '로고.png'를 선택하고 [삽입]을 클릭해요.

02 [서식] 탭→[크기] 그룹→[자르기( )]를 선택한 다음 부루마불 글자를 제외한 아래쪽을 없애기 위해 조절점을 드래그해요. 다시 한번 [자르기( )]→자르기를 선택해요.

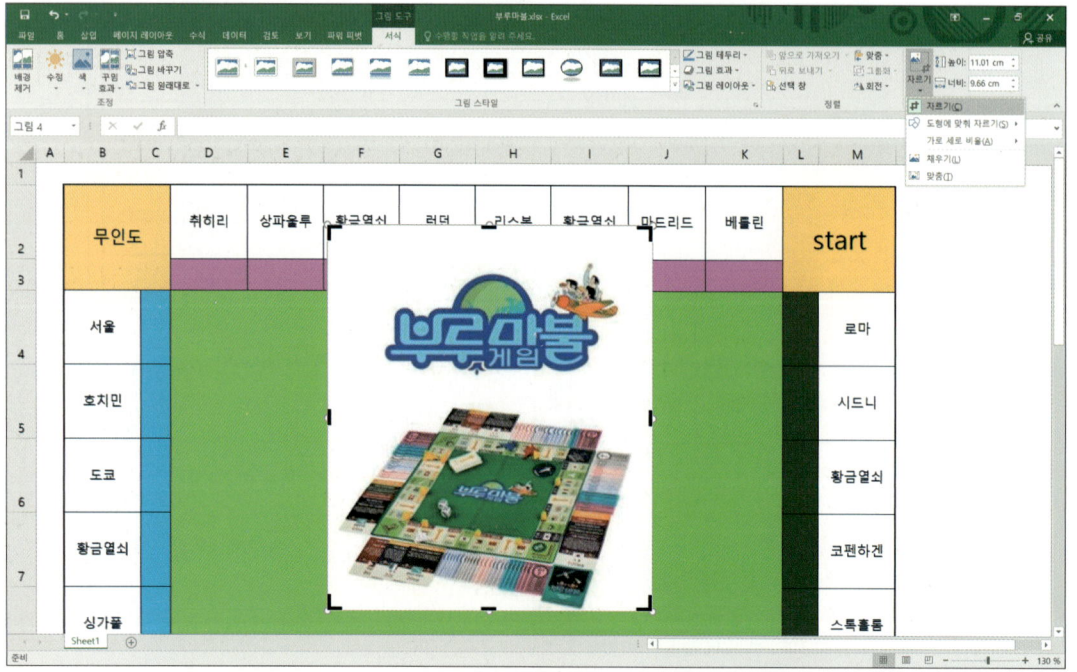

> 힌트: 자르기 조절점은 검정색으로 되어 있는데 모서리, 가로, 세로의 조절점을 드래그하면 이미지를 자를 수 있어요.

03 [서식] 탭→[조정] 그룹→[색]→[투명한 색 설정]을 선택한 다음 로고의 배경을 클릭하면 투명하게 설정돼요.

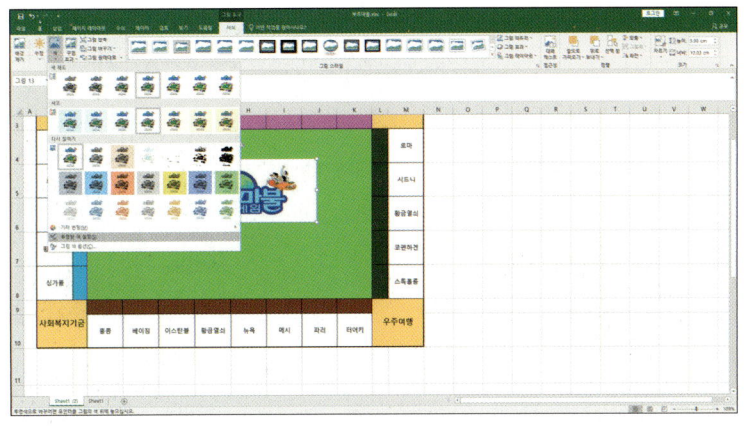

04 같은 방법으로 11 폴더의 '우주정거장.png', '주사위.png' 그림을 삽입하고 배경을 투명하게 처리하고 배치해요.

 **2** 온라인 그림 넣기

01 [삽입] 탭→[일러스트레이션]→[온라인 그림()]을 선택하고 검색란에 '황금열쇠'라고 입력 한 후 [Enter]를 눌러요.

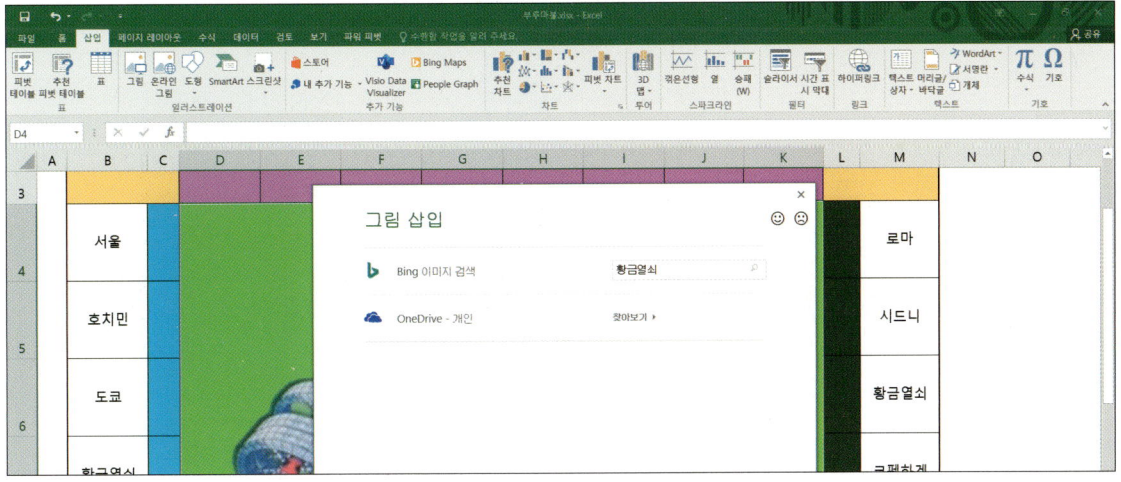

02 마음에 드는 황금열쇠 이미지를 선택하고 [삽입]을 클릭해요.

1. 보드판의 황금열쇠 글자 셀을 Ctrl 키 누르며 클릭해요.
2. 셀 서식 Ctrl + 1 을 누르고 [맞춤] 탭→[세로] '아래쪽' 선택, 황금열쇠 그림을 Ctrl 을 누르고 드래그하여 복사 해요.

03 '황금열쇠 그림' 클릭 후 그림 스타일에서 '단순한 프레임 흰색' 선택, 회전 버튼에서 약간 회전하여 황금열쇠 카드를 배치를 해요.

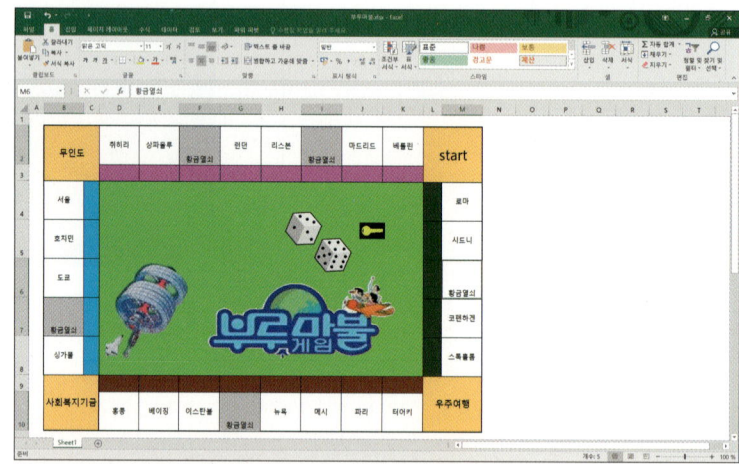

 **3** 나머지 완성하기

01 '무인도' 그림과 '주사위' 그림을 [온라인 그림]으로 검색하여 삽입 후 [start] 셀에 도형의 화살표 삽입해요.
사회복지기금과 우주여행은 셀 서식 Ctrl + 1 [맞춤] 탭→'텍스트 방향 45'를 선택하고 완성해요.

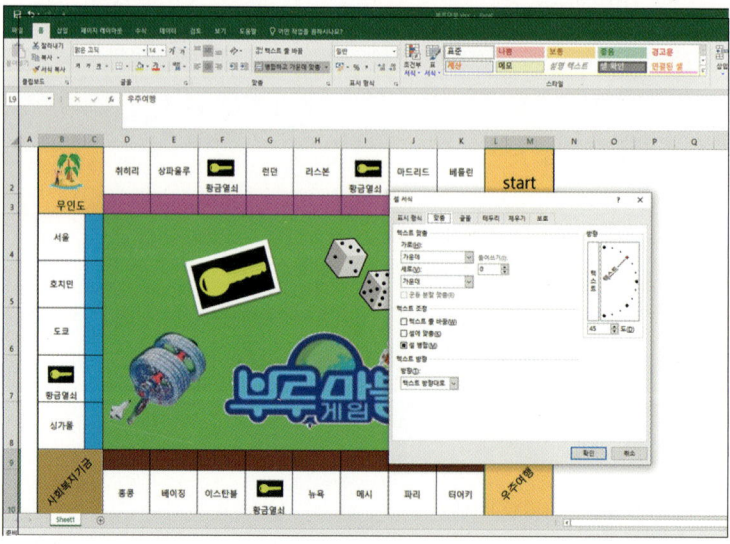

01 ▶ 11 폴더에서 '주사위1.xlsx' 예제파일을 열어 부루마불에 필요한 주사위를 만들어 보아요.

● **예제파일**: 11 폴더/주사위1.xlsx   ● **완성파일**: 11 폴더/주사위1_완성.xlsx

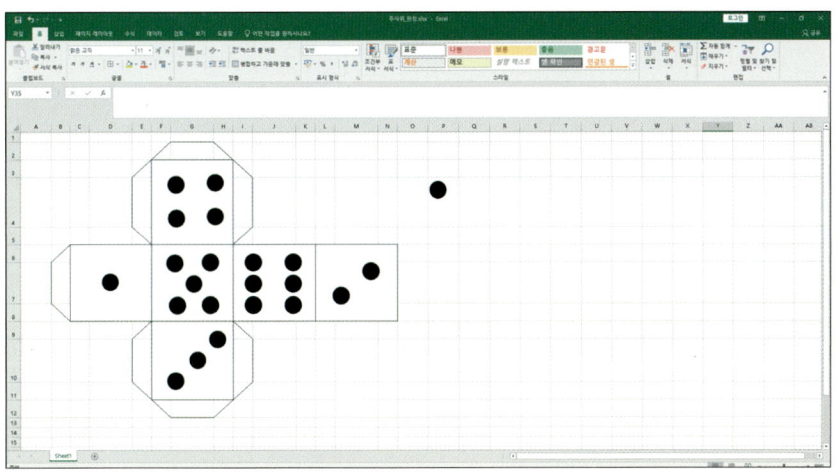

HOW!
1. 셀 서식 [Ctrl] + [1] [테두리] 탭 - 테두리의 대각선과 테두리로 주사위 도면을 완성해요.
2. 까만 원은 [Ctrl] 키 누르면서 드래그하면 복사돼요.

 복사가 너무 어려운 친구를 위해 주사위 그림은 예제파일로 준비되어 있으니, 그림으로 삽입해서 주사위를 완성해요.

02 ▶ 11 폴더에서 '주사위2.xlsx' 예제파일을 열어 주사위를 내가 원하는 그림이나 도형을 넣어 주사위를 꾸미고 저장해 보아요

● **예제파일**: 11 폴더/주사위2.xlsx   ● **완성파일**: 11 폴더/주사위2_완성.xlsx

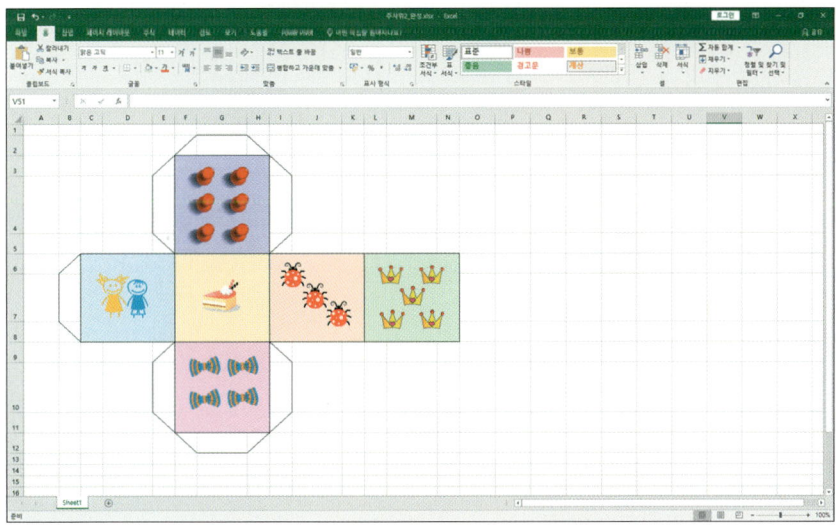

12차시 수업
워크시트 여러 기능을 활용하여 지점별 매출구하기

엑셀 문서는 시트 별로 작성하는 경우가 많이 있어요. 그래서 우선 기본 시트를 하나 만들고 동일하게 여러 개를 복사하는 때도 많고요. (예) 월별 [1월, 2월, 3월, … …], 지점별 [A 지점, B 지점, C 지점, … …] 등등, 워크시트를 복사하고 이동하고 계산하는 방법에 대해 학습해 보고, 선택하여 붙여넣기 기능에 관해 공부해 보아요.

1. 워크시트를 복사, 이동, 이름 바꾸기 기능에 대해 학습해 보아요.
2. 붙여넣기 기능 중 선택하여 붙여넣기 기능을 학습해 보아요.

[완성예제 미리보기]

● 예제파일 : 12 월별매출.xlsx   ● 완성파일 : 12 월별매출_완성.xlsx

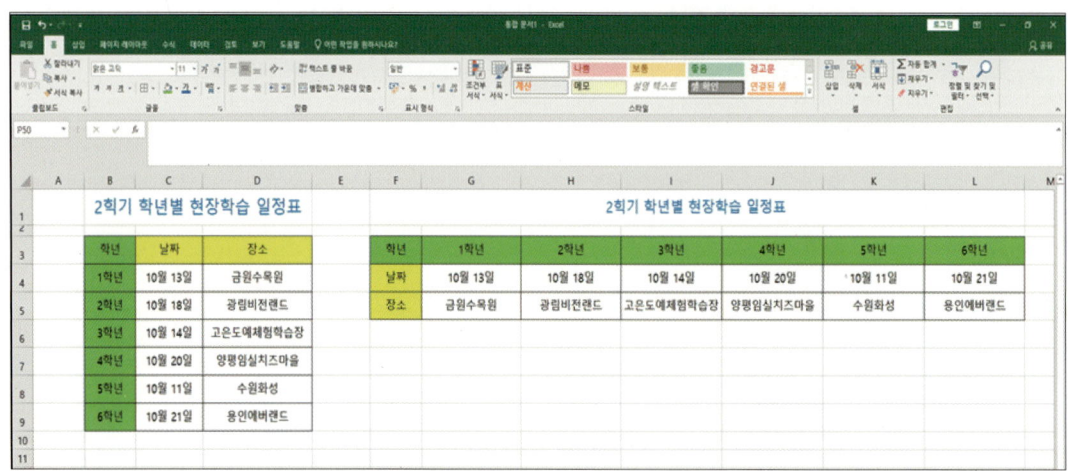

 선택하여 붙여넣기 Ctrl + Alt + V 원하는 부분만 선택하여 붙여넣을 수 있어요.

1 월별 매출현황표 작성하기

01 12 폴더에서 '월별매출.xlsx' 예제를 열어 다음과 같이 월별 매출현황표를 작성해요.

워크시트 이름을 변경하기 위해 [Sheet1]에서 더블클릭하면 간단하게 워크시트의 이름을 '1월'로 수정할 수 있어요.

2 1월 워크시트 복사하기

01 엑셀에서 시트를 복사하는 방법으로 2가지 방법을 많이 사용해요.

HOW! [1월]시트 선택후 마우스 오른클릭 후, '이동/복사'를 클릭해요.

HOW! 이동/복사 대화상자가 나타나면, [다음시트 앞에]→'끝으로 이동'을 선택하고, '복사본 만들기' 체크박스 선택하고 [확인]을 클릭해요

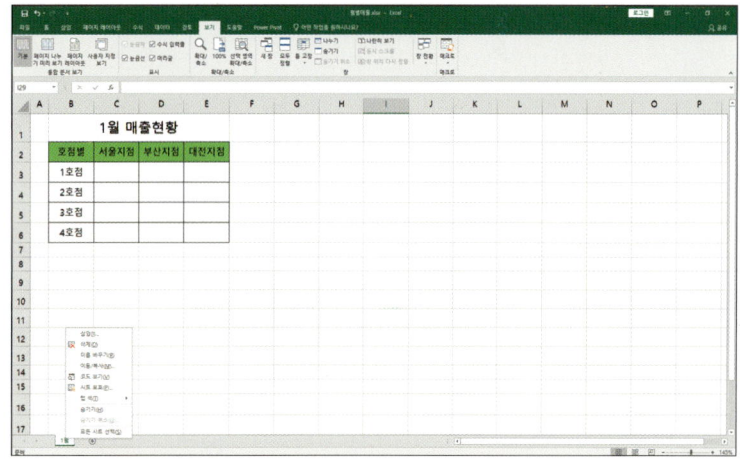

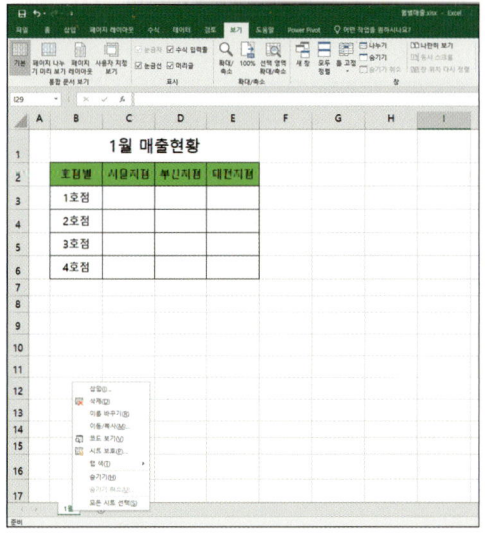

12차시 워크시트 여러 기능을 활용하여 지점별 매출구하기 **69**

02 단축키를 사용하는 방법으로는 복사하려는 '1월' 시트 선택한 후 Ctrl 키 누르면서 드래그하면 시트가 복사되어 삽입돼요.

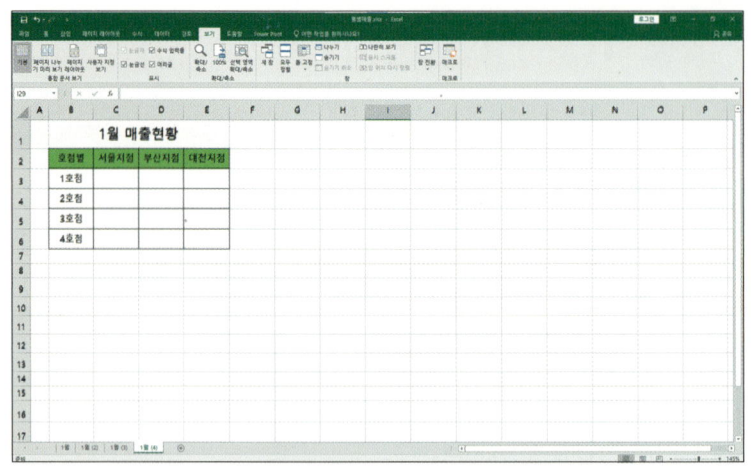

03 같은 방법으로 워크시트 3번 더 복사하여 복사된 워크시트의 이름을 '2월', '3월', '월별합계'로 변경해요.

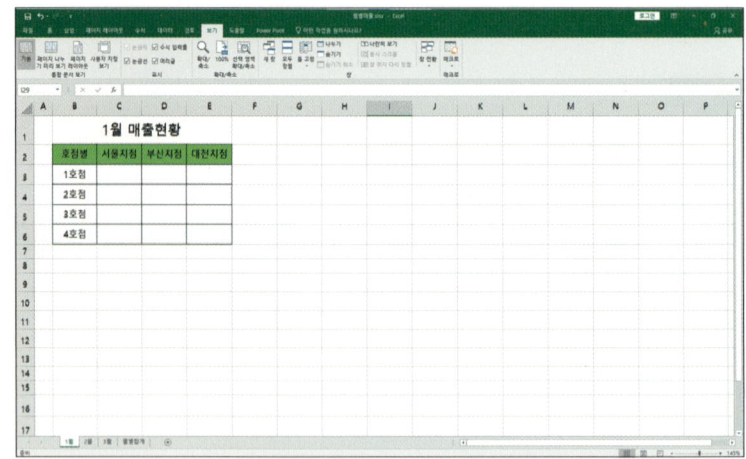

 **3** 각각의 워크시트에 매출현황 입력하고 월별합계 구하기

01 각각의 워크시트의 제목을 시트명과 같게 수정해요.

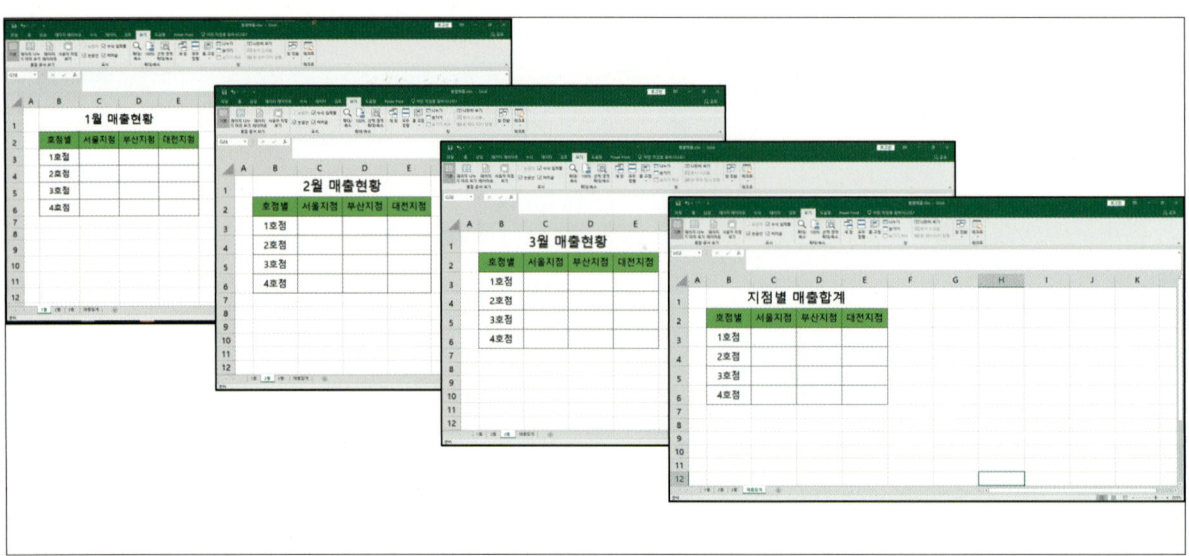

02 각각의 시트명을 원하는 색으로 변경할 수 있어요.

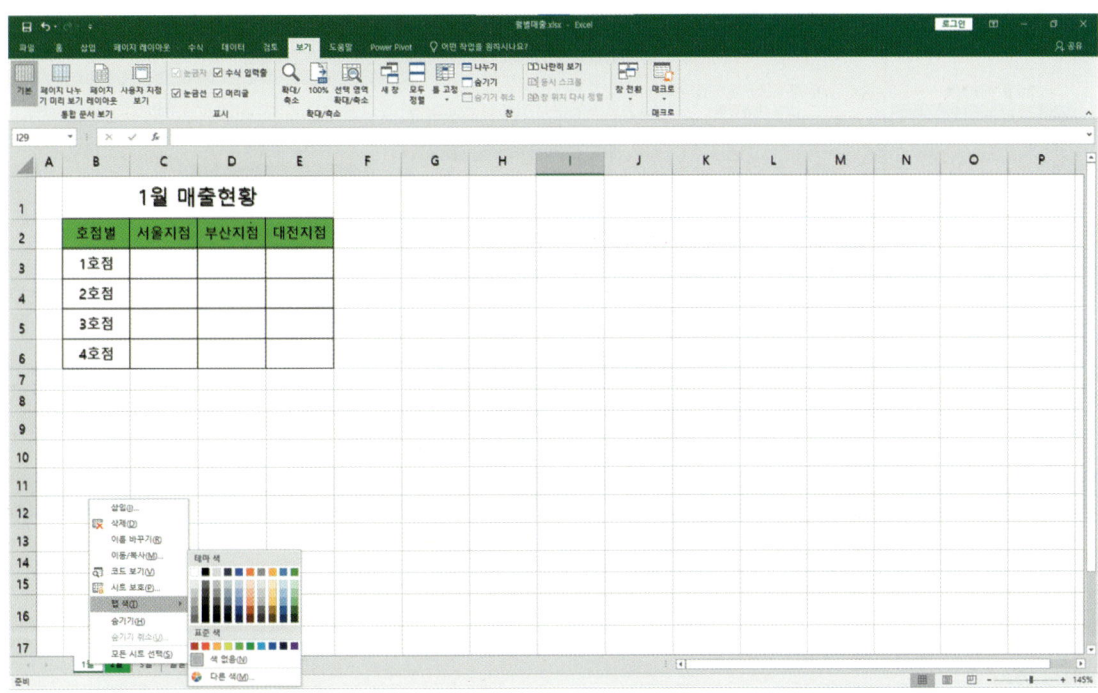

03 [1월] Sheet에 매출현황을 입력하기 C3:E6 까지 블럭을 지정하고, C3에 숫자 '1'을 입력하고 [Ctrl]+[Enter]를 입력, 모든 셀이 숫자 '1'로 채워져요.

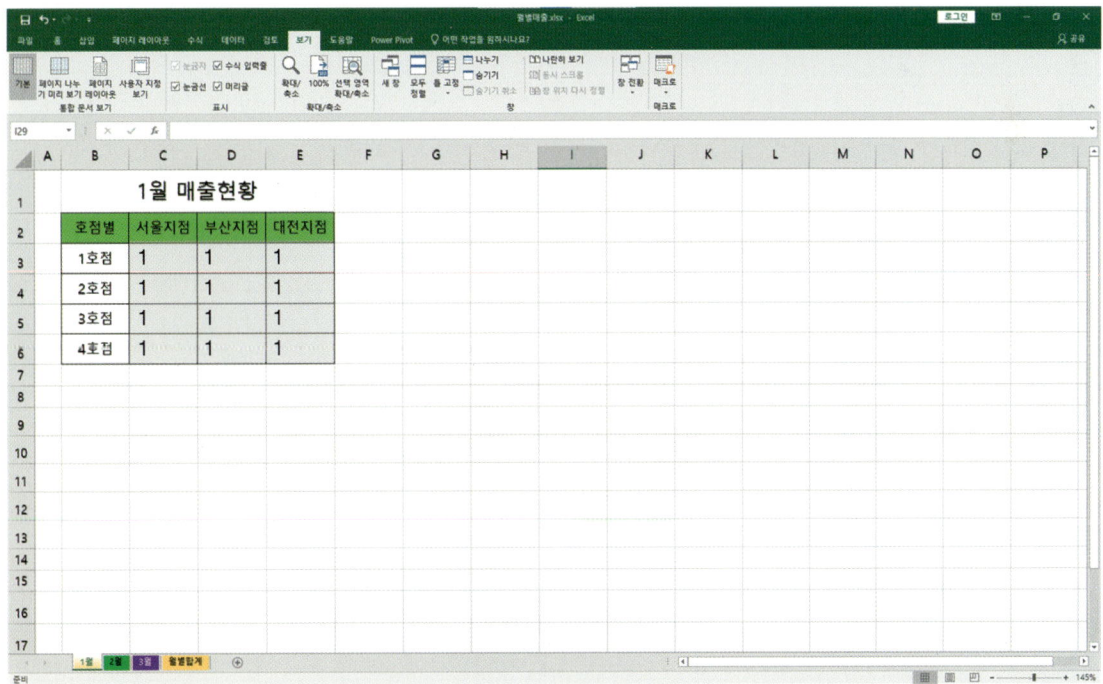

 블럭을 선택한 상태에서 C3셀에 숫자 '1'을 입력하고 [Ctrl]+[Enter]를 입력한다.

12차시 워크시트 여러 기능을 활용하여 지점별 매출구하기

04 [2월] Sheet에 숫자 '2', [3월] Sheet에 숫자 '3'로 매출현황을 입력해요.

05 [1월] Sheet의 셀 C3:E6을 블록으로 지정하고, 복사 [Ctrl]+[C] 후, [월별합계] Sheet를 클릭, 셀 C3을 클릭 후, 선택하여 붙여넣기 [Ctrl]+[Alt]+[V] 한 후, [연산]에서 '더하기' 선택 후, [확인]을 클릭해요.

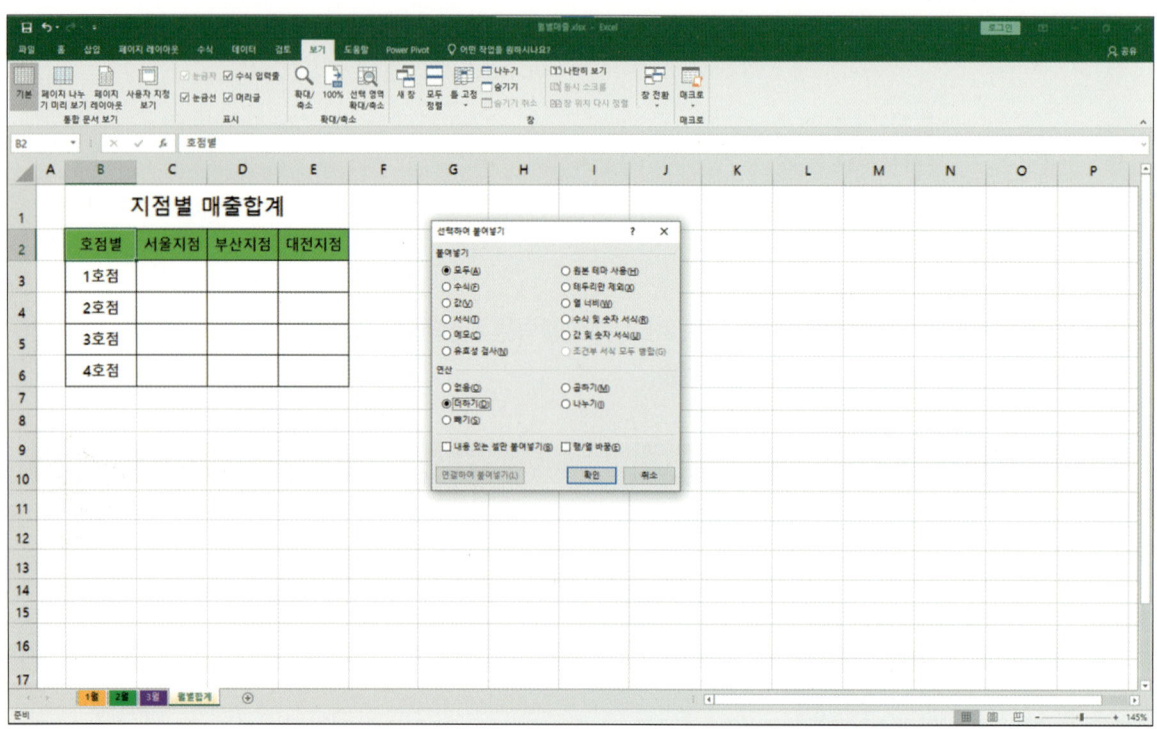

06 '선택하여 붙여넣기'하여 [월별합계] Sheet에 1월, 2월, 3월의 매출합계를 구해요.

[선택하여 붙여넣기]를 이용하여 매출합계를 구한 결과화면

01 ▶ 12 폴더에서 '현장학습일정표.xlsx' 열어서 다음과 같이 작성해 보아요.

● 예제파일 : 12 폴더/현장학습일정표.xlsx   ● 완성파일 : 12 폴더/현장학습일정표_완성.xlsx

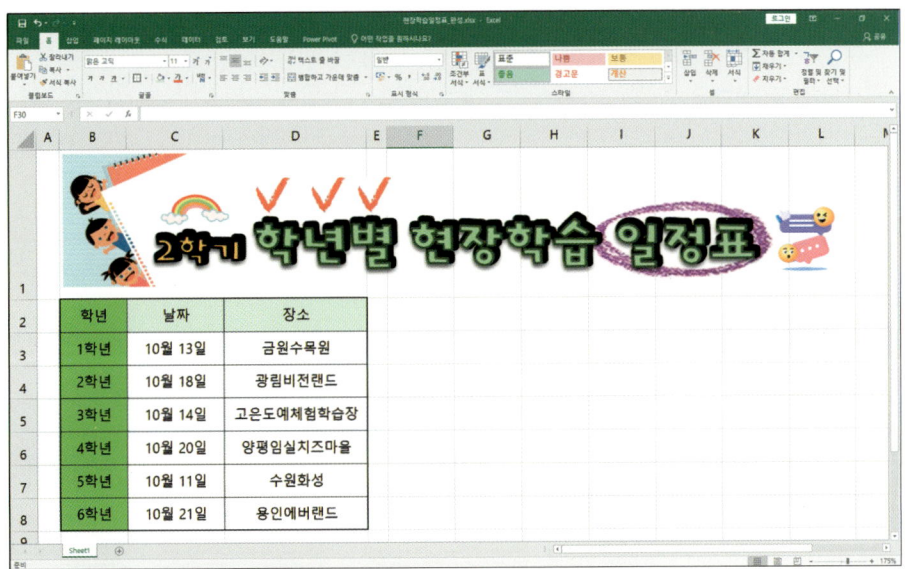

02 ▶ 입력한 후 복사하기 후 [선택하여 붙여넣기]→'행/열바꿈'으로 붙여넣기 해보아요.

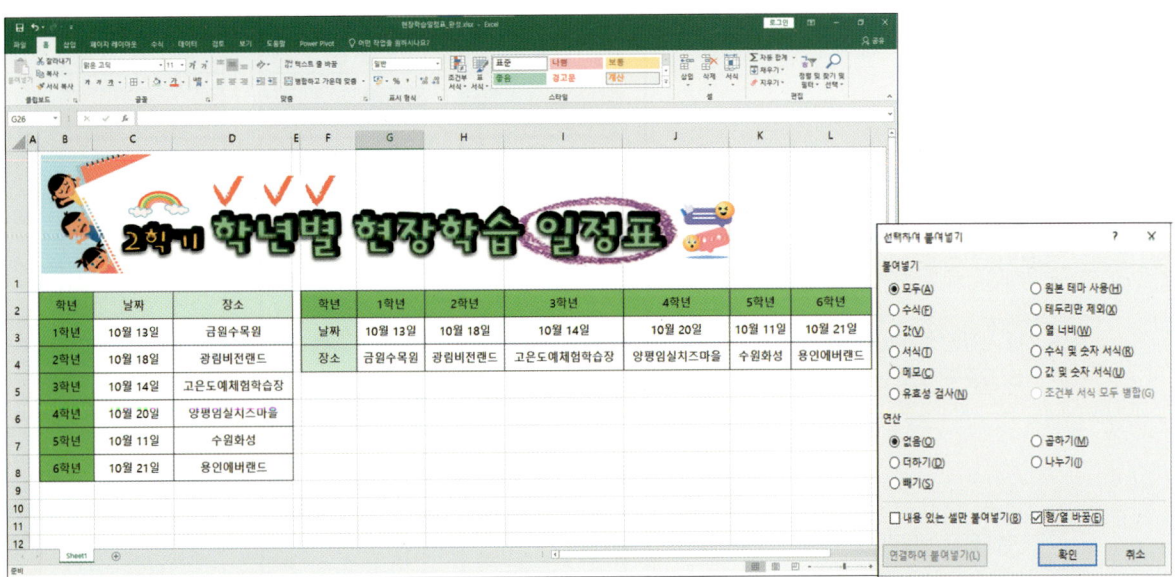

1. 셀 B2에서 표전체 Ctrl + A 선택
2. 복사하기 Ctrl + C , 선택하여 셀 F2을 클릭하여 선택하여 붙여넣기 Ctrl + Alt + V

13차시 수업 구구단표 만들기

엑셀의 강력한 기능인 수식기능에 대해 공부하면서, 구구단표를 직접 만들보아요. 이때 수식 기능을 이용하면 직접 계산하는 것보다 훨씬 빠르고 정확하게 계산의 결과값을 구할수 있어요.

학습목표
1. 수식을 입력하는 방법에 대해 알아보아요.
2. 절대번지와 상대번지의 개념에 대해 알아보아요.

[완성예제 미리보기]

- **예제파일** : 13_구구단.xlsx
- **완성파일** : 13_구구단_완성.xlsx

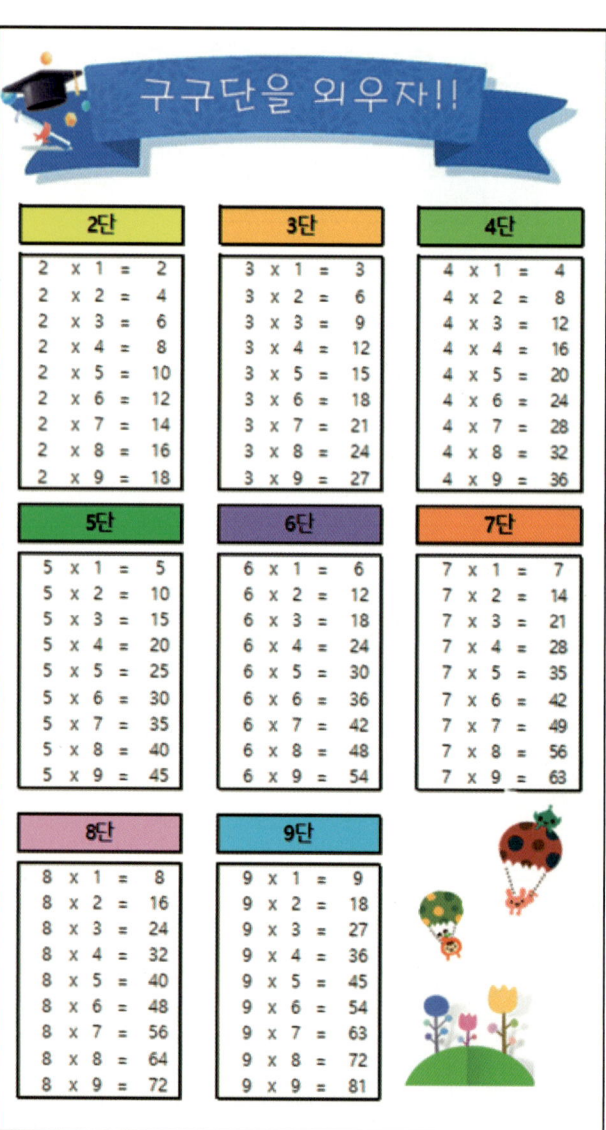

HOW! 셀 서식 단축키 Ctrl + 1 셀형식을 G/표준'단'으로 변경

HOW! 셀 F5 : '=B5*D5'

 **1 구구단 타이틀 만들기**

01 13 폴더에서 '구구단표만들기.xlsx' 예제파일을 열고, '제목.png' 그림화일을 배치해요.

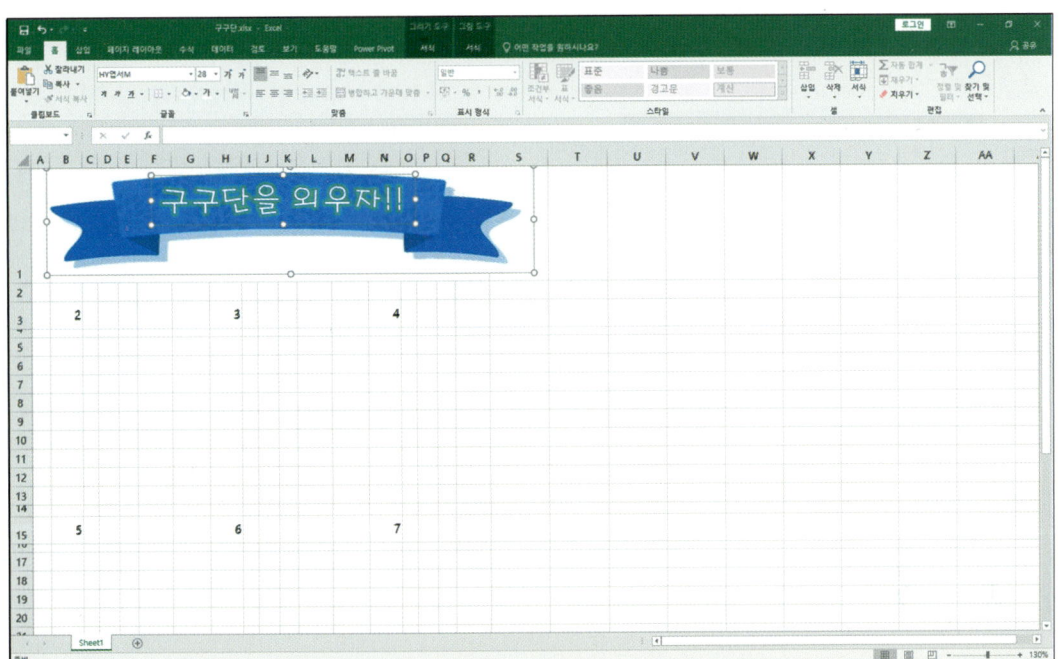

 **2 구구단 2단 완성하기**

01 셀 B3에 '2단' 이라고 입력한 후, 셀 B3:F3 까지 블럭으로 지정 후, '셀 병합후 가운데 정렬' , '굵은바깥쪽 테두리' 선택, 셀채우기 '노랑' 선택

각셀에 다음과 같이 입력해요. B5 : '2', C5 : 'X', D5 : '1', E5 : '=', F5 : '=B5*D5'

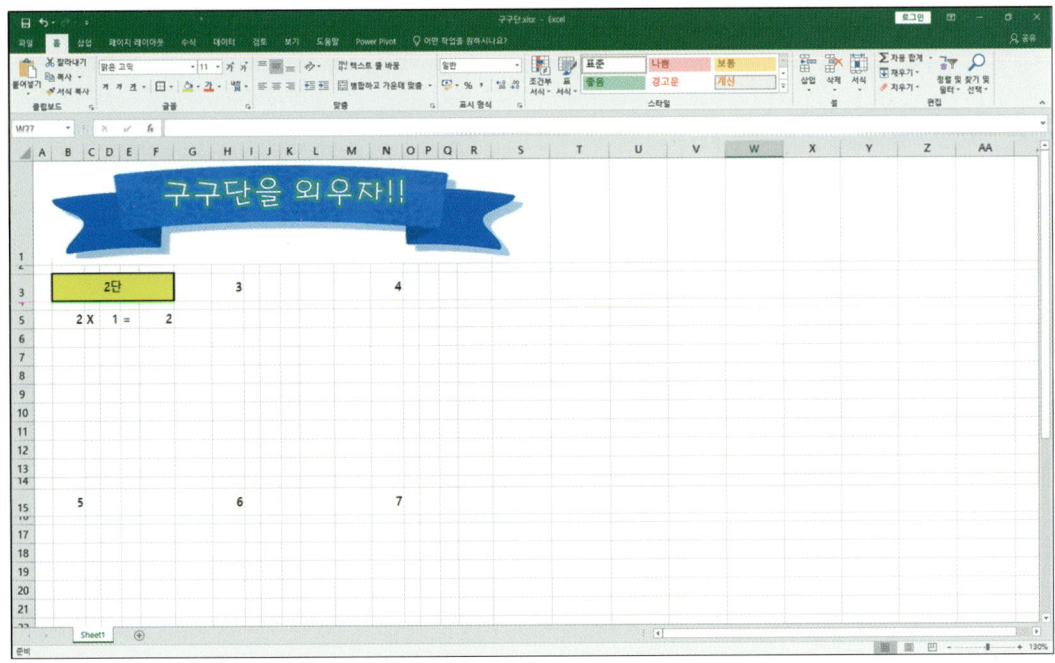

02 자동채우기를 13행까지 완성해요. (셀 D5는 Ctrl + 드래그하면 1씩 자동 늘어나며 채워지게 할 수 있어요.)
셀 B5:F13까지 블록으로 지정한 후, '가운데 정렬' 하면 2단이 완성돼요.

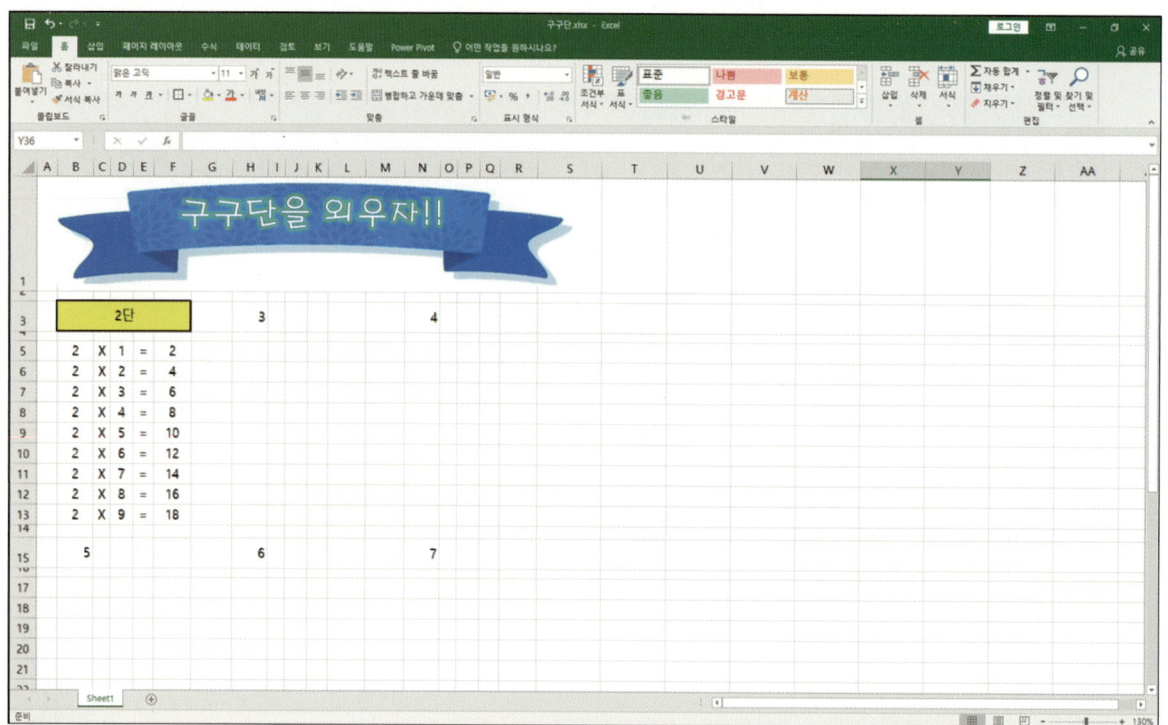

 **나머지 구구단도 완성하기**

01 2단 셀범위 B5:F13 블록으로 지정하고, 복사하기 Ctrl + C , H3 클릭, 붙여넣기 Ctrl + V
각 단의 시작위치(셀H5, 셀N5, 셀B17, 셀H17, 셀N17, 셀B29, 셀N29)에 붙여넣기 해요.

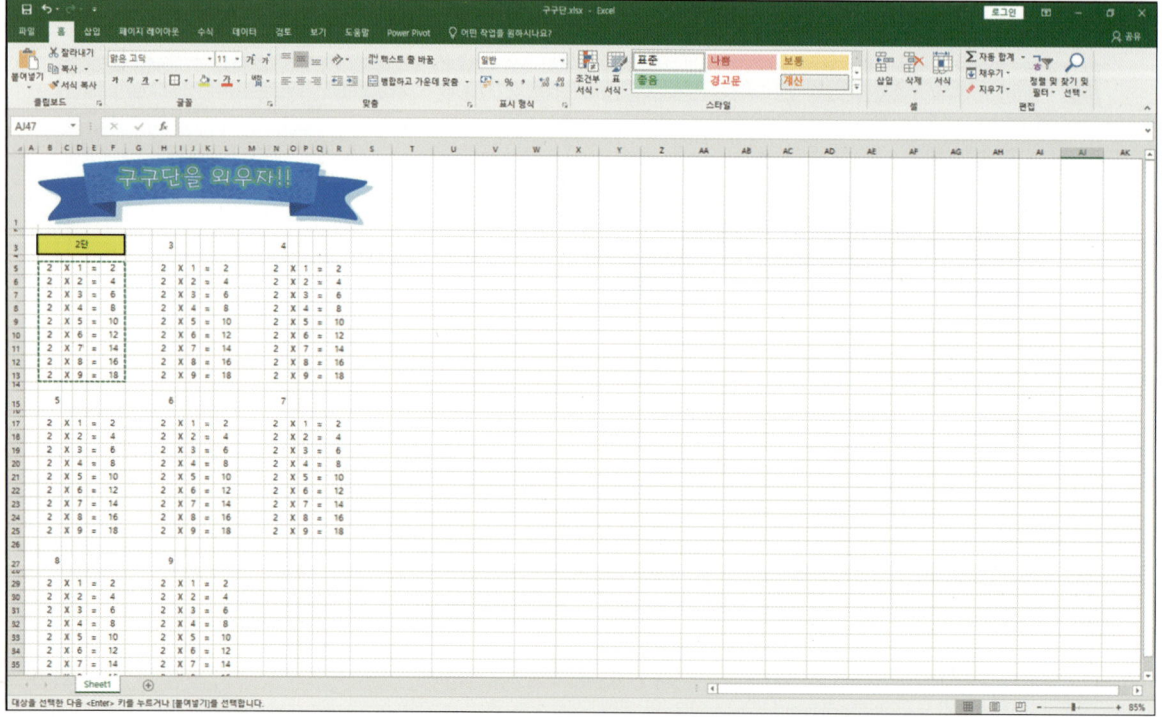

02 3단은 셀 H5를 '3'으로, 4단은 셀 N5를 '4'로...각단에 맞게 숫자를 바꿔줘요.

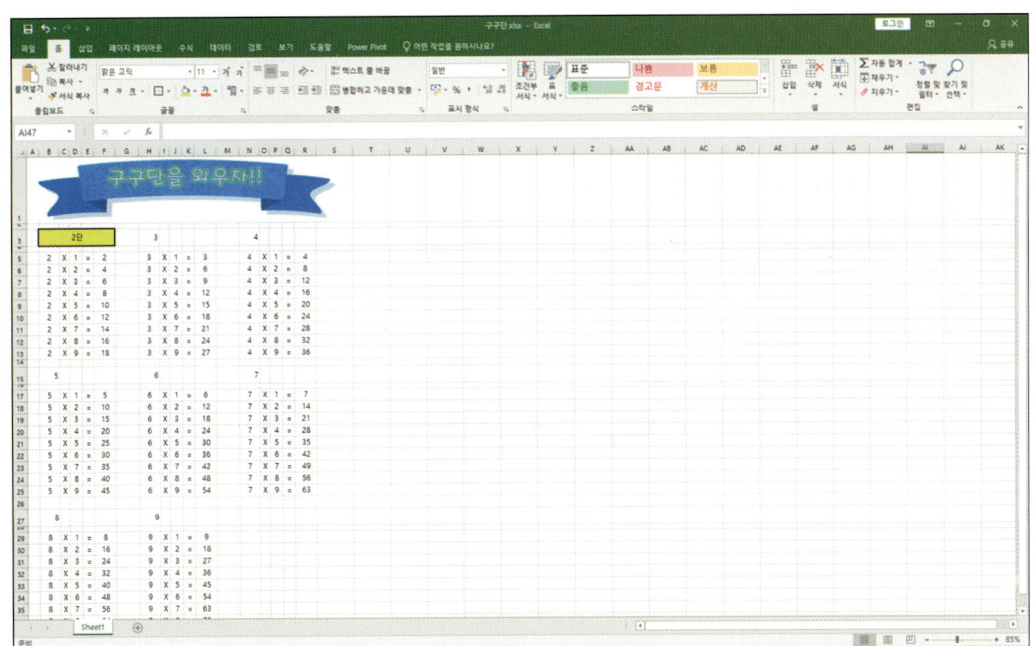

4 각 단의 이름 모양 내기

01 셀 B3을 클릭하고 셀 서식 [Ctrl]+[1] 을 실행하고 [표시형식] 탭 – [사용자 지정 형식]을 클릭 후 'G/표준 "단"' 이라고 입력 후 [확인]을 클릭해요.

셀 B3을 복사하기 [Ctrl]+[C], 3이라고 적혀있는 셀 H3을 클릭하고, 붙여넣기 [Ctrl]+[V], 나머지 단도 똑같이 진행 해주고 '3~9'로 숫자를 입력하고 셀의 색을 채워요.

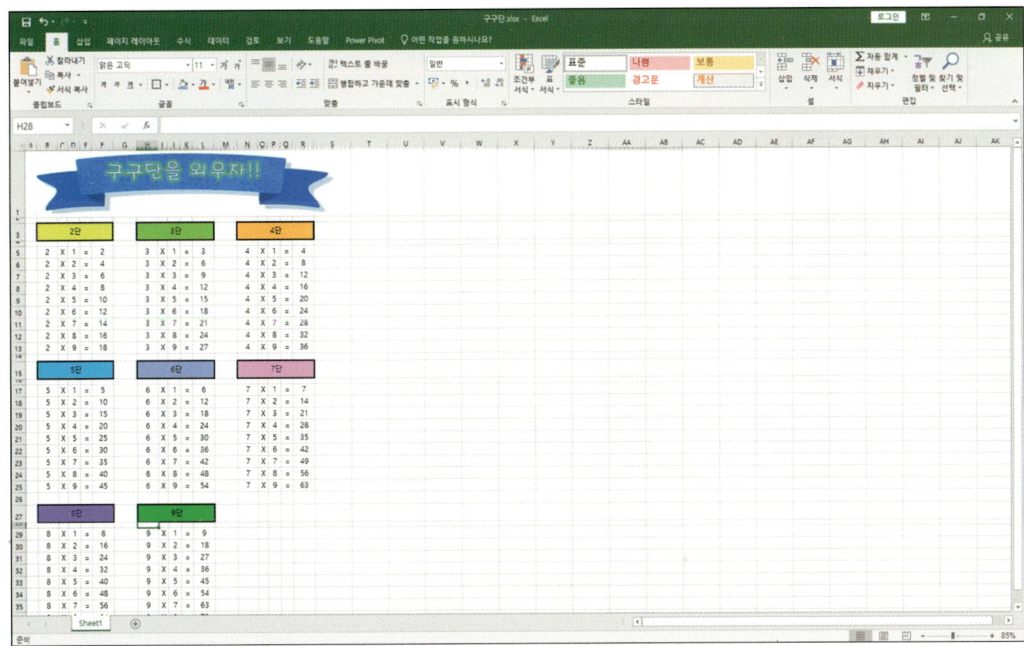

13차시 구구단표 만들기 **77**

02 셀B5 클릭하고 Ctrl+A 를 눌러 굵은 바깥쪽 테두리 선택해서 테두리를 설정해요.

표 시작셀을 클릭하고 Ctrl+A 를 누르면 표부분만 선택돼요.
셀 H5셀을 클릭하고 Ctrl+A 키를 누르고, F4 눌러주면 테두리가 자동으로 그려져요.
F4 키는 내가 방금 사용했던 명령을 반복실행하는 키예요.

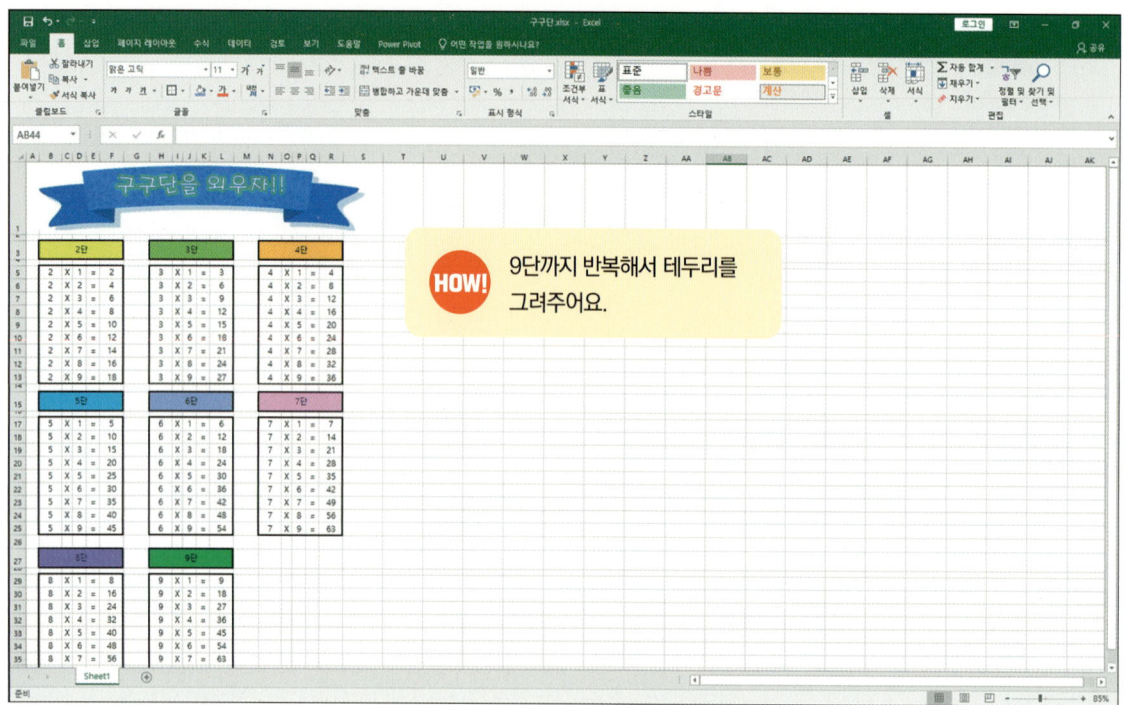

03 13 폴더에서 '그림1.png' 그림파일을 삽입하면 구구단표가 완성돼요.

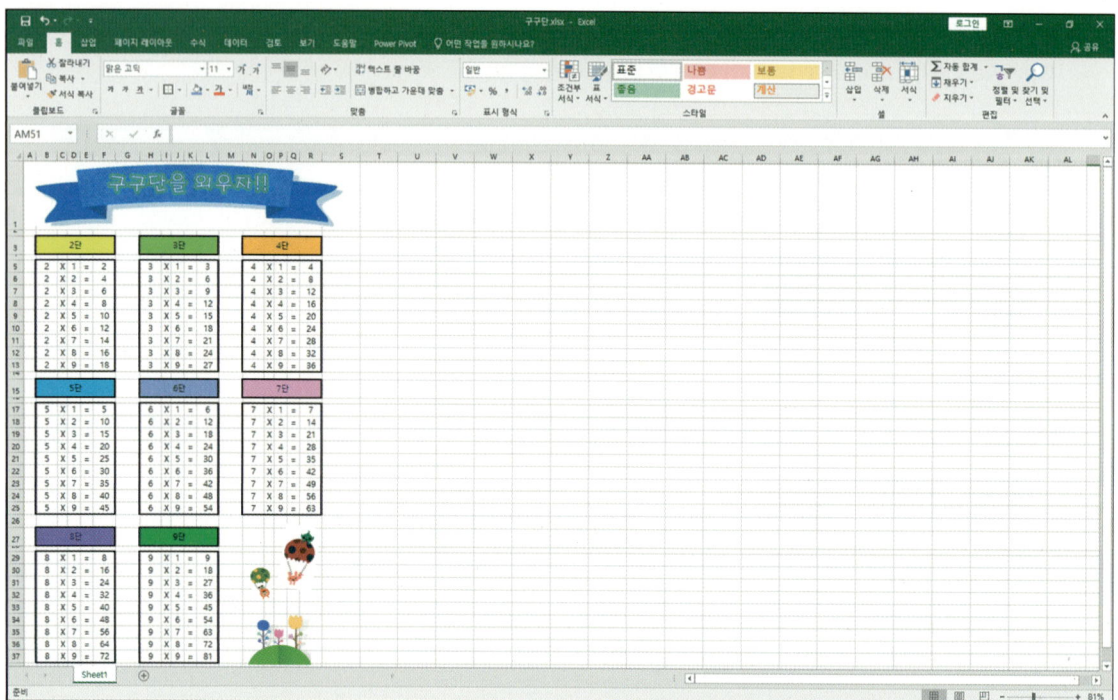

01 ▶ 엑셀 프로그램에 대해 배운 내용을 생각해 보고 빈칸을 채우세요.

● 예제파일 : 13 폴더/월급계산기.xlsx   ● 완성파일 : 13 폴더/월급계산기_완성.xlsx

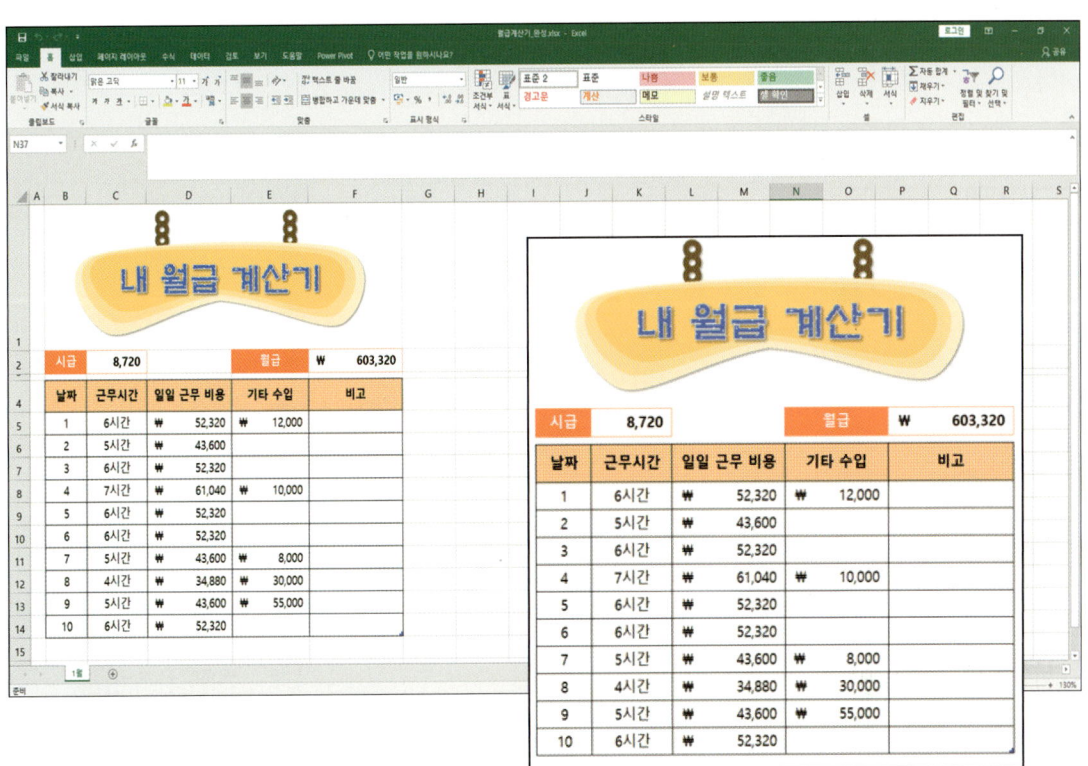

1. 일일 근무 비용 = 시급 × 근무시간 [Enter]
   셀 D5 '=C2*C5' 입력 후
2. 월급 : 셀 F2 '=SUM(D5:E14)' 입력 후 [Enter]

WHY?

1. 절대번지와 상대번지 이해하기

① 일반적으로 많이 사용되는 참조는 상대참조이고 조금 특수한 경우나 수식이 들어갔다면 절대참조라고 볼 수 있어요.
② 상대참조 : 셀에 수식을 작성하고 복사할 때 복사되는 위치에 따라서 셀 주소도 함께 바뀌어요.
③ 절대참조 : 셀에 수식을 작성하고 복사할 때 복사한 위치가 달라져도 수식에 사용된 셀 주소는 변하지 않고 고정값으로 나와요.
④ 혼합참조 : 상대 참조와 절대참조의 혼합된 상태를 혼합참조라고 해요.

13차시 구구단표 만들기 **79**

14차시 사칙연산을 활용하여 용돈기입장 만들기

수업

실생활에 필요한 용돈기입장을 직접 만들고 수식을 넣어 문서를 작성하면 편리한 점과 수식을 사용하는 방법과 결과값을 얻어보아요.
셀서식을 이용하여 결과값을 원하는 형식으로 변경할 수 있어요.

학습목표
1. 수식을 이용해 사칙연산에 대해 알아보아요.
2. 자동합계를 이용하여 합계를 구하는 방법에 대해 알아보아요.

[완성예제 미리보기]

● **예제파일** : 14 폴더/용돈기입장.xlsx　　● **완성파일** : 14 폴더/용돈기입장_완성.xlsx

용돈기입장

날짜	내용	들어온돈	나간돈	남은돈
2022-03-05	한달용돈	₩ 35,000		₩ 35,000
2022-03-06	학용품 구매		₩ 1,800	₩ 33,200
2022-03-07	할머니가 용돈주심	₩ 20,000		₩ 53,200
2022-03-08	간식-핫도그		₩ 1,500	₩ 51,700
2022-03-09	학용품 구매-공책		₩ 2,000	₩ 49,700
2022-03-10	과자구입		₩ 3,000	₩ 46,700
2022-03-11	교통비		₩ 1,600	₩ 45,100
2022-03-12	햄버거셋트사먹음		₩ 5,800	₩ 39,300
2022-03-13	아르바이트-아빠 심부름	₩ 5,000		₩ 44,300
2022-03-14	친구생일선물		₩ 5,000	₩ 39,300
2022-03-15	아이스크림		₩ 2,000	₩ 37,300

HOW!
1. 엑셀에서 수식을 입력하려면 반드시 '='를 입력해야 해요.
2. 금액부분에 '₩'형식을 표시하기 위해 [홈] 탭→[표시형식] 그룹→'쉼표스타일', 회계표시형식 ₩ 한국어 에서 '₩ 한국어 %'를 선택해요.

1 수식을 이용하여 계산하기

01 14 폴더에서 '수식계산.xlsx' 파일을 열어 사칙연산 계산식을 입력해 보아요.

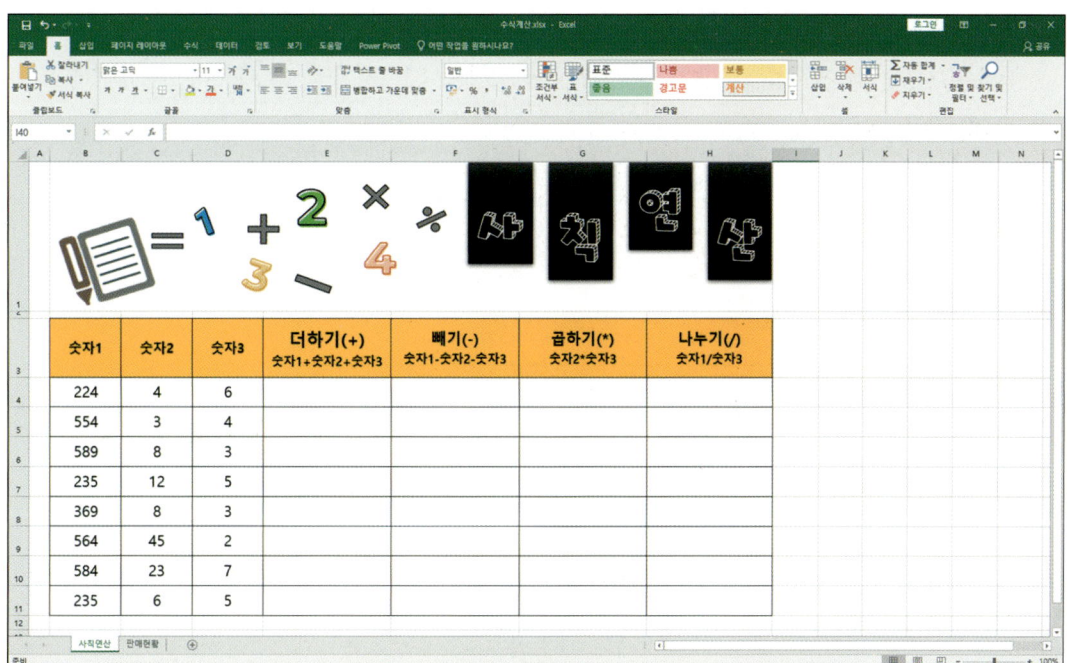

1. 더하기'+' 항목 : 셀 E4 '=B4+C4+D4'라고 수식을 입력하고 [Enter]
   숫자1 + 숫자2 + 숫자3 을 나눈 값의 결과를 셀 E4에 넣어요.
2. 빼기'-' 항목 : 셀 F4 '=B4-C4-D4' 입력하고 [Enter]
   숫자1 - 숫자2 - 숫자3 을 뺀 값의 결과를 셀 F4에 넣어요.
3. 곱하기'*' 항목 : 셀 G4 '=C4*D4' 입력하고 [Enter]
   숫자2*숫자3 을 곱한 값의 결과를 셀 G4에 넣어요.
4. 나누기'/' 항목 : 셀 H4 '=B4/D4' 입력하고 [Enter]
   숫자1/숫자3 을 더한 값의 결과를 셀 H4에 넣어요.
5. 각항의 계산식도 입력해서 완성해 보아요.

 수식을 입력할 때는, 무조건 '='을 넣어줘요. 그래야 컴퓨터가 계산을 하라는 신호로 알아들어요. 수식을 입력할 때는 셀 주소는 마우스로 클릭하면 자동으로 입력돼요.

숫자1	숫자2	숫자3	더하기(+) 숫자1+숫자2+숫자3	빼기(-) 숫자1-숫자2-숫자3	곱하기(*) 숫자2*숫자3	나누기(/) 숫자1/숫자3
224	4	6	234	214	24	37.33333333
554	3	4	561	547	12	138.5
589	8	3	600	578	24	196.3333333
235	12	5	252	218	60	47
369	8	3	380	358	24	123
564	45	2	611	517	90	282
584	23	7	614	554	161	83.42857143
235	6	5	246	224	30	47

14차시 사칙연산을 활용하여 용돈기입장 만들기

 **2 자동합계로 합계구하기**

01 [판매현황]sheet 로 이동한 후, 셀 G4를 클릭해요.

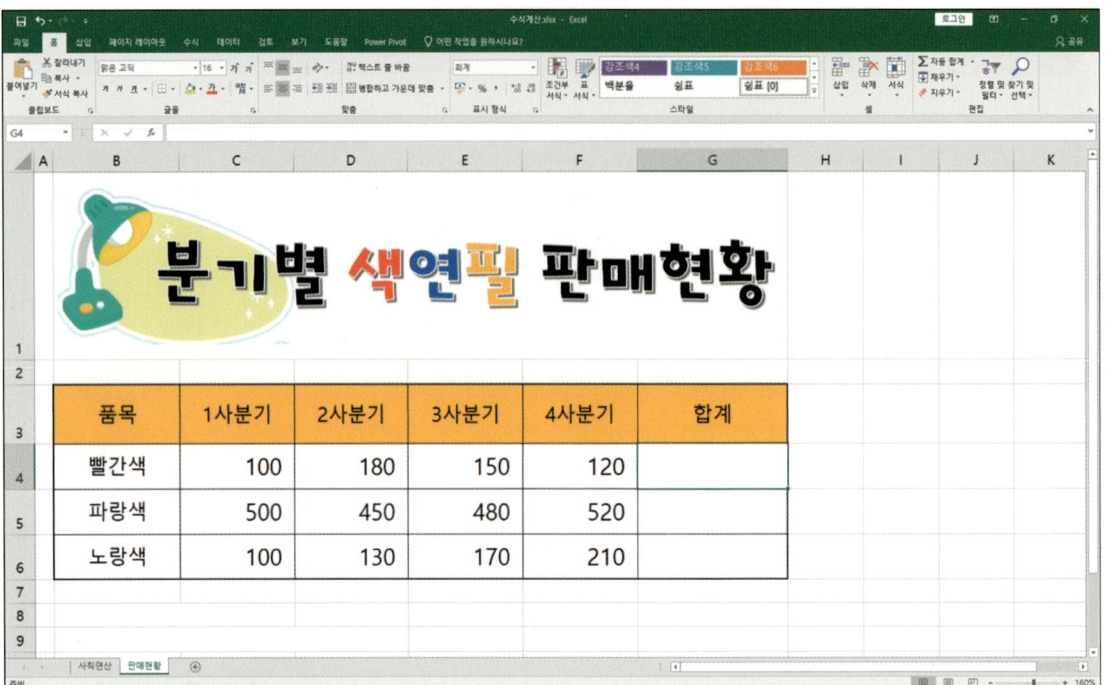

02 [홈] 탭→자동합계 ∑ 자동 합계 를 빠르게 두 번 클릭해요.

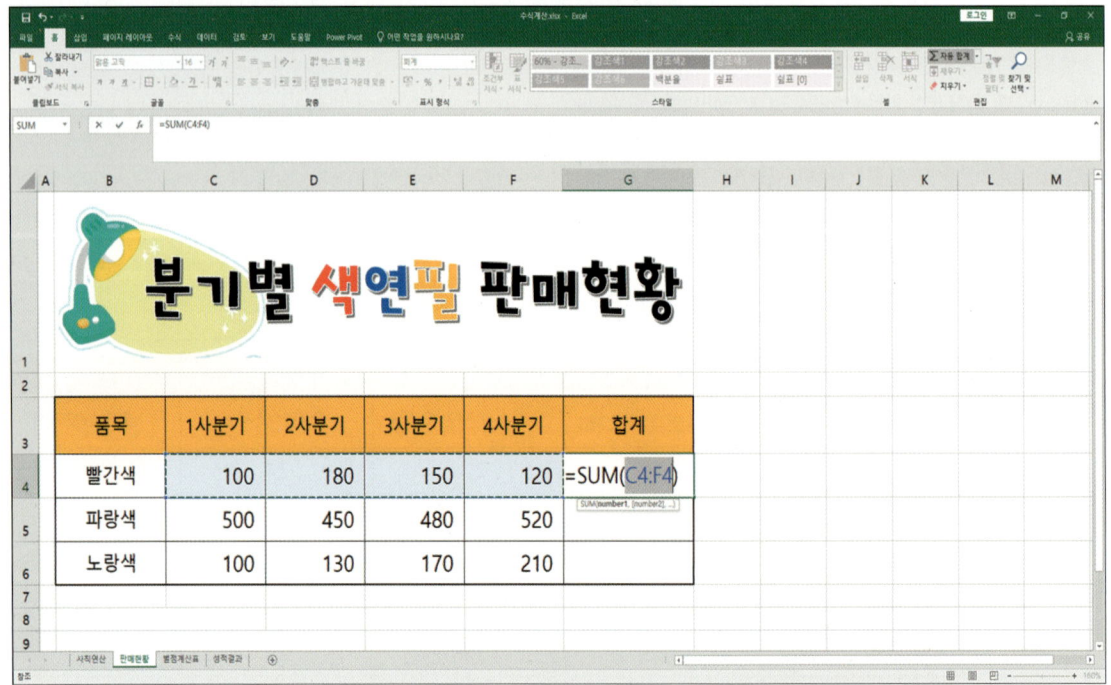

 자동합계 ∑ 자동 합계 를 한번 클릭하면 '합계가 구해지는 범위'를 확인, 다시 한번 클릭하면 '자동합계'가 구해져요.

 **3** 용돈기입장 만들기

01 14 폴더의 '용돈기입장.xls' 불러와 남은돈 항목 셀 F3에 '=D3-E3' 라고 입력 후 [Enter] 셀 F4에 '=F3+D4-E4' 라고 입력 후 [Enter], 나머지는 [F4]를 선택하고 자동채우기 핸들로 드래그하여 완성해요.

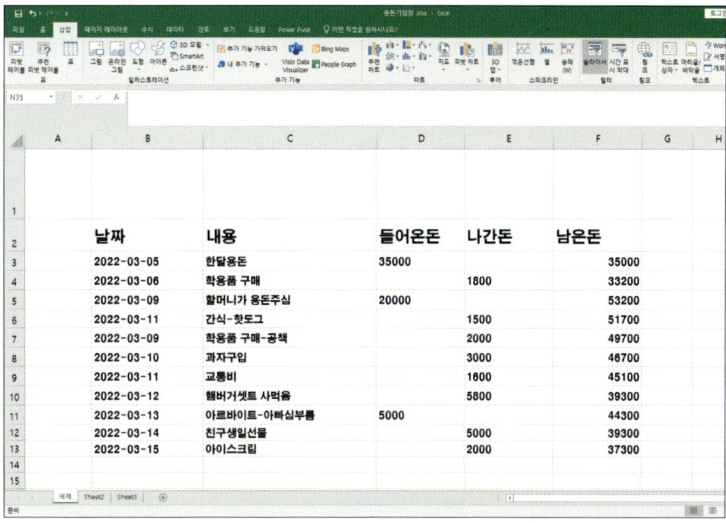

02 셀 B2 클릭후 [Ctrl]+[A] 표 전체 선택 후, 표서식 '주황 표스타일 14'로 선택해요.

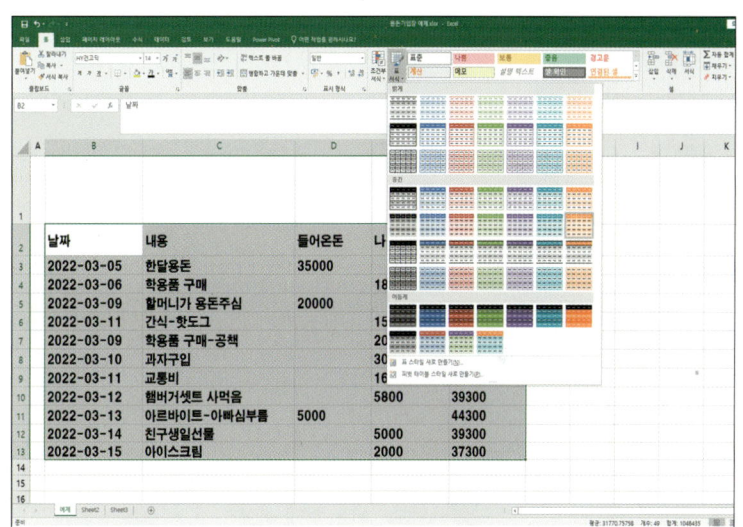

03 [표 서식] 대화상자가 나타나면, 표 서식을 적용할 범위를 확인하고 [확인]을 클릭해요.

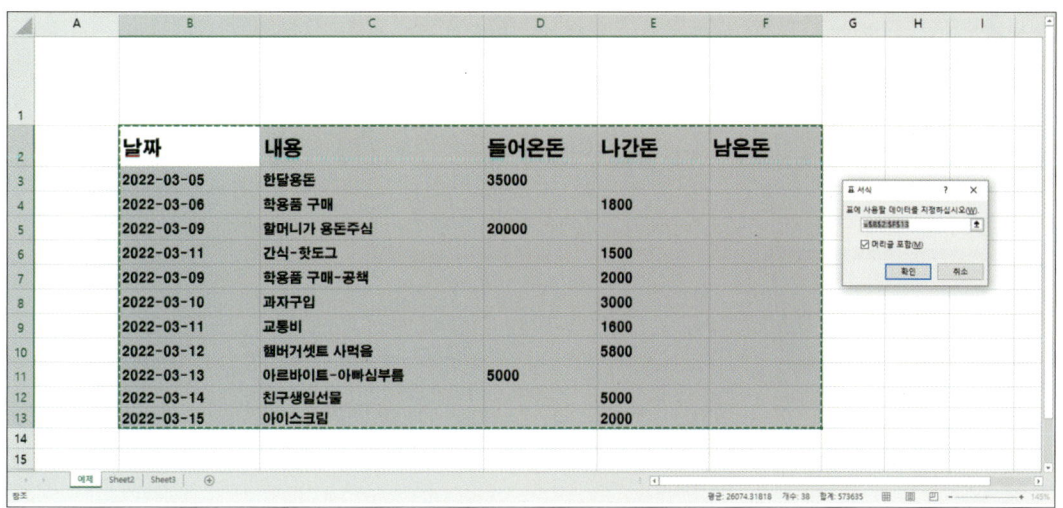

04 금액의 형식을 '₩ 8,000' 으로 바꾸기 위해 셀 D3:F13을 블록 지정 후, 셀 서식 Ctrl+1 에서 회계형 기호 '₩'를 선택 후 [확인]을 클릭해요.

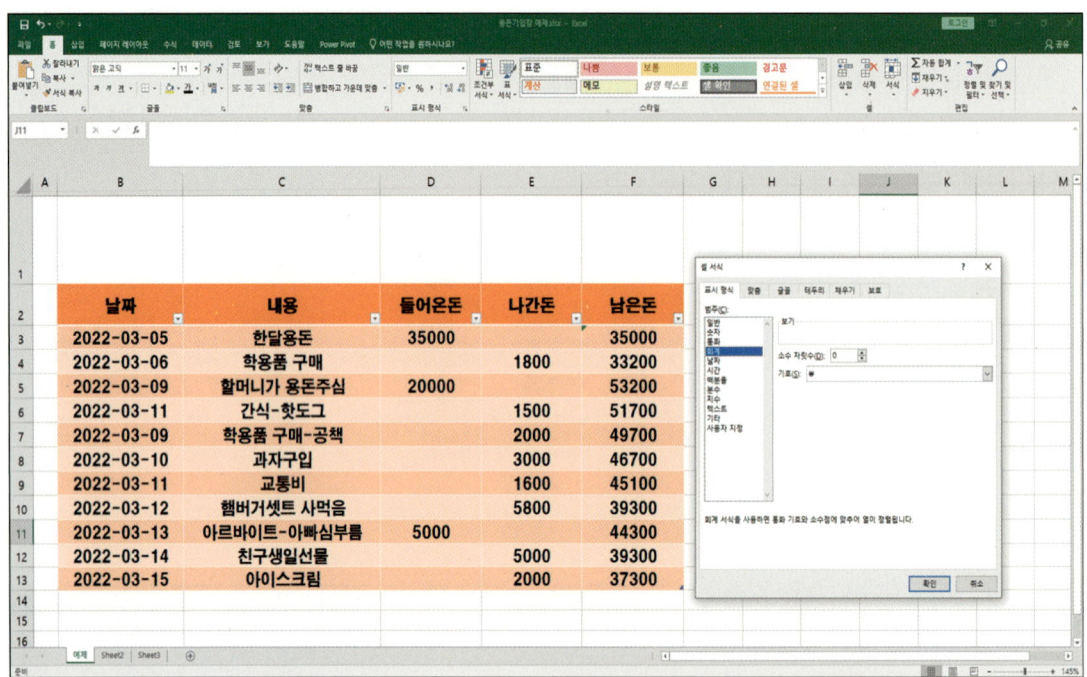

 **용돈기입장 제목입력하기**

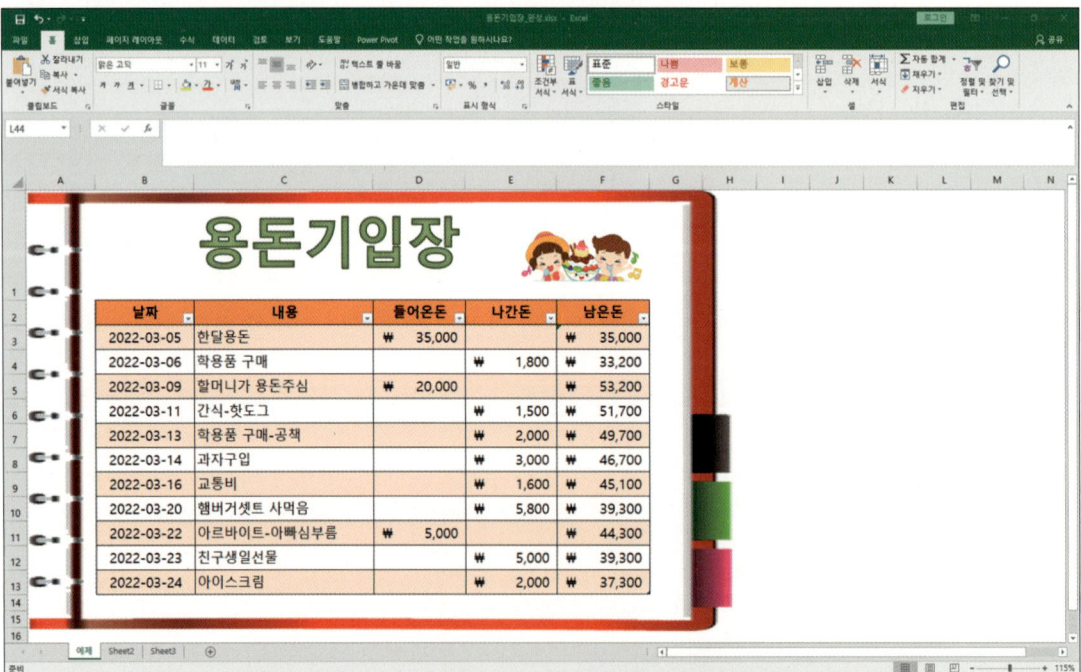

 HOW?
1. [삽입] 탭→[텍스트] 그룹→[워드아트] 삽입, 워드아트 스타일에서 원하는 스타일 골라 선택해요.
2. '용돈기입장' 이라고 입력한 후 글꼴과 글자색을 변경한 후, 14 폴더에서 '아이.png' 그림을 삽입하여 배치해요.
3. 맨 마지막 작업으로 14 폴더에서 '다이어리.png' 그림을 삽입하면 용돈기입장이 완성돼요.

01 ▶ 다음 엑셀문서를 작성하고 파일명을 '분기별전자제품판매현황.xlsx'로 저장해 보아요.

● **예제파일** : 14 폴더/분기별전자제품판매현황.xlsx   ● **완성파일** : 14 폴더/분기별전자제품판매현황_완성.xlsx

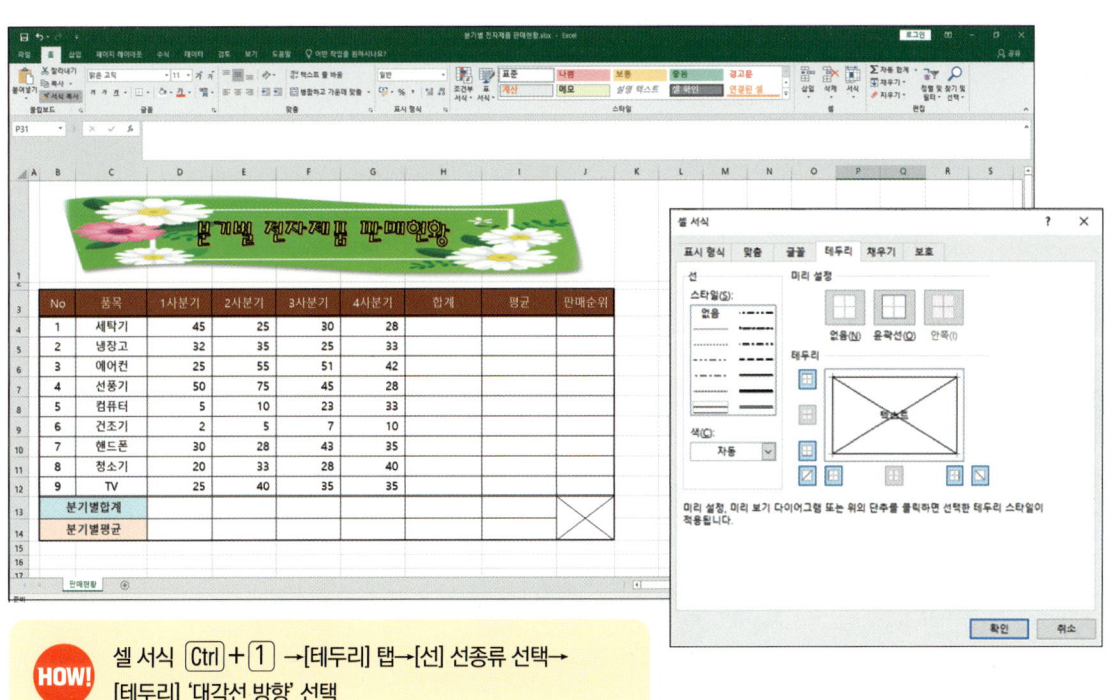

HOW! 셀 서식 `Ctrl`+`1` →[테두리] 탭→[선] 선종류 선택→
[테두리] '대각선 방향' 선택

 WHY? 연산자의 종류 살펴보기

① 산술연산자 - 사칙연산에 사용하는 연산자

연산자	의미	사용예	결과
+	더하기	=100+5	105
-	빼기	=100-5	95
*	곱하기	=100*5	500
/	나누기	=100/5	20
^	지수	=3^2	9
%	백분율	=100*5%	5

② 비교연산자 - 값이 같은지, 작은지, 큰지등을 비교하는 연산자를 비교연산자라고 합니다. 비교연산자를 사용하여 계산할 경우 결과값이 참 'TRUE' / 거짓 'FALSE'으로 나옵니다.

연산자	의미	사용예	결과
=	같다	=100=5	FALSE
>	크다	=100>5	TRUE
<	작다	=100<5	FALSE
>=	크거나 같다	=100>=5	TRUE
<=	작거나 같다	=100<=5	FALSE
<>	같지 않다	=100<>5	TRUE

③ 문자열을 연결하는 연산자 - 두 개의 문자열을 하나도 이어서 표시할 때 사용합니다.

연산자	의미	사용예	결과
&	문자열을 더한다	="나"&"너"	나너

15차시 수업: 셀서식을 내맘대로 컴퓨터 수강생현황

컴퓨터 수강생현황이라는 파일을 직접 만들고 셀 서식을 이용하여 데이터의 형태를 내가 원하는 형태로 바꾸고, 변경할 수 있어요. 셀 서식에서는 글꼴변경이나, 맞춤, 테두리 등을 더욱 자세하게 설정할수 있어요.

1. 도형안에 그림으로 채우기와 워드아트로 제목을 꾸밀 수 있어요.
2. 셀서식에서 데이터의 형식을 내가 원하는 형식으로 바꿀 수 있어요.

[완성예제 미리보기]

● 예제파일 : 15 폴더/컴퓨터수강생현황.xlsx   ● 완성파일 : 15 폴더/컴퓨터수강생현황_완성.xlsx

날짜 : 2022-10-21

과정명	수강료	수업요일	수업시간	수강생수	출석인원	결석인원	출석률
컴퓨터기초	34,000원	화목	1:00~1:50	30명	29명	1명	97%
파워포인트	34,000원	월금	1:00~1:50	30명	30명	0명	100%
창의코딩	51,000원	수	1:00~2:40	28명	26명	2명	93%
ITQ자격증	68,000원	월금	2:00~3:40	25명	25명	0명	100%
GTQ자격증	68,000원	화목	2:00~3:40	23명	23명	0명	100%
합계				136명	133명	3명	98%

HOW!
1. [도형]→사각형을 넣고, [도형 채우기]→'그림'으로 채우기해요.
2. 셀 C3에 오늘날짜 단축키 Ctrl + ; 를 입력해요.
3. 수강료 항목 : 셀 형식 '#,##0"원"'
4. 인원수 항목 : 셀 형식 'G/표준"명"'
5. 출석률 항목 : 셀 형식 '백분율'

1 타이틀 꾸미기

01 15 폴더의 '컴퓨터수강생현황.xls' 파일을 열고, [삽입] 탭→[일러스트레이션] 그룹→[도형]→ '사각형 ☐'을 넣고, 셀 B2:I2 까지 크기를 조정하여 삽입해요.

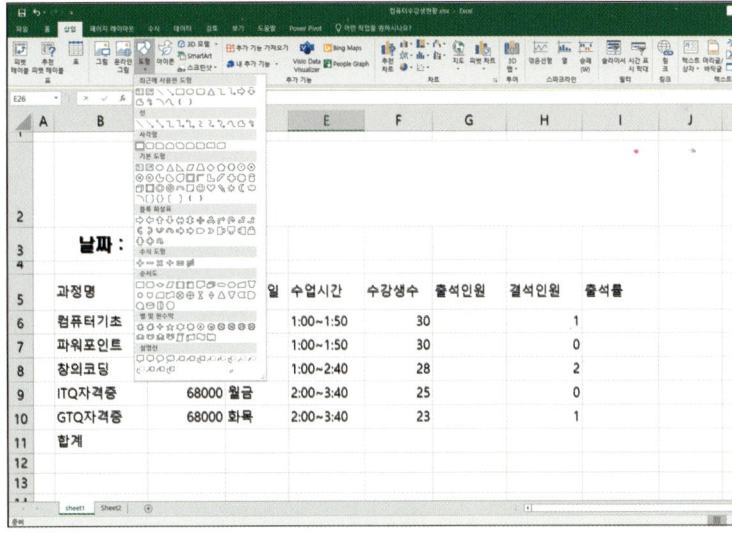

02 '컴퓨터 수강생 현황' 이라고 입력하고, [서식] 탭→[도형채우기]→[그림] 선택 후, '파일에서' 선택 후, 15 폴더에서 '그림1.png'으로 채우고, [도형 윤곽선] '없음' 선택해요.

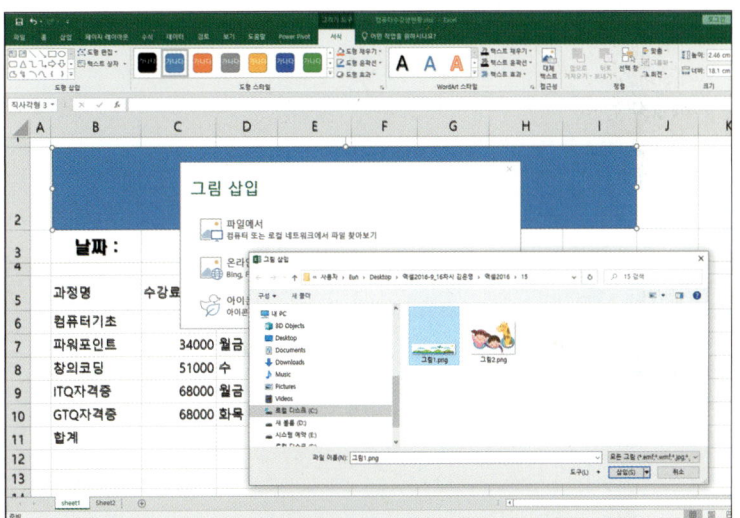

03 15 폴더에서 '그림2.png'을 삽입하고 다음과 같이 배치해요.

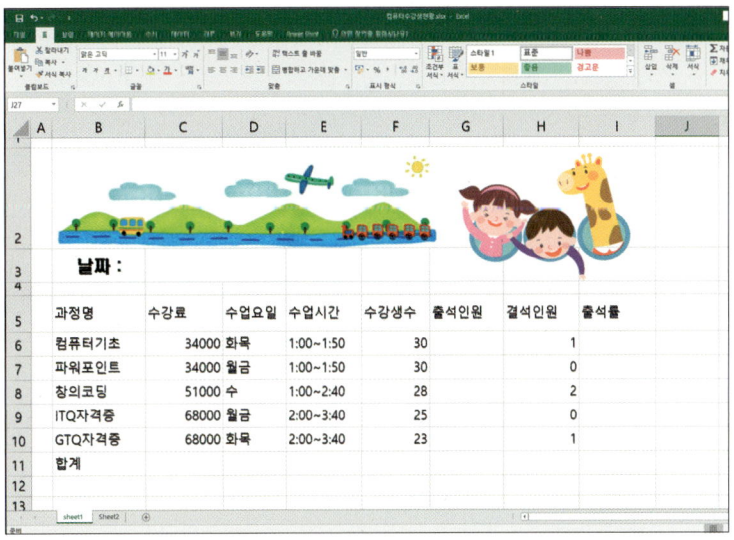

04 [삽입]탭-[일러스트레이션]-[WordArt] 선택 후, 텍스트 상자를 이용하여 제목을 '컴퓨터 수강생 현황' 입력하고, 글꼴 'HY목각파임B', 글꼴 크기 '28', 텍스트 윤곽선 '검은색', [텍스트 효과]→[입체효과] '둥글게 블록'으로 설정해요.

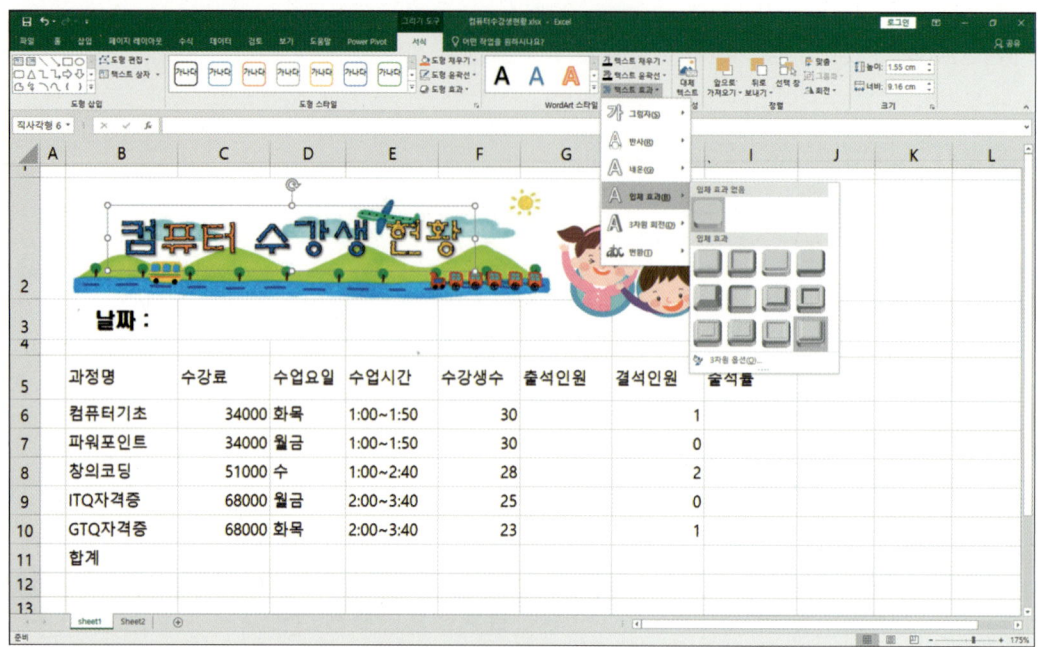

 셀 C3에 오늘날짜 Ctrl + ; 입력해요.

2 표 꾸미기

01 표 B5:I11까지 블록으로 지정 후, 셀 서식 Ctrl + 1 에서 [테두리]탭과 [채우기]탭을 이용하여 다음과 같이 설정해 보아요.

3 각 항목에 알맞은 형식으로 바꾸기

01 수강료 항목 셀 C6:C10을 '34000'을 '34,000원'으로 표시해요. 셀 서식 [Ctrl]+[1] [사용자 지정] 선택 후, 형식에 '#,##0_"원"' 이라고 입력해요.

셀 F6:H12까지 각 항목의 학생수를 뒤에 '~명'자를 나타내요. 셀 서식 [Ctrl]+[1] [사용자 지정] 선택 후, 형식에 'G/표준"명"' 이라고 입력해요.

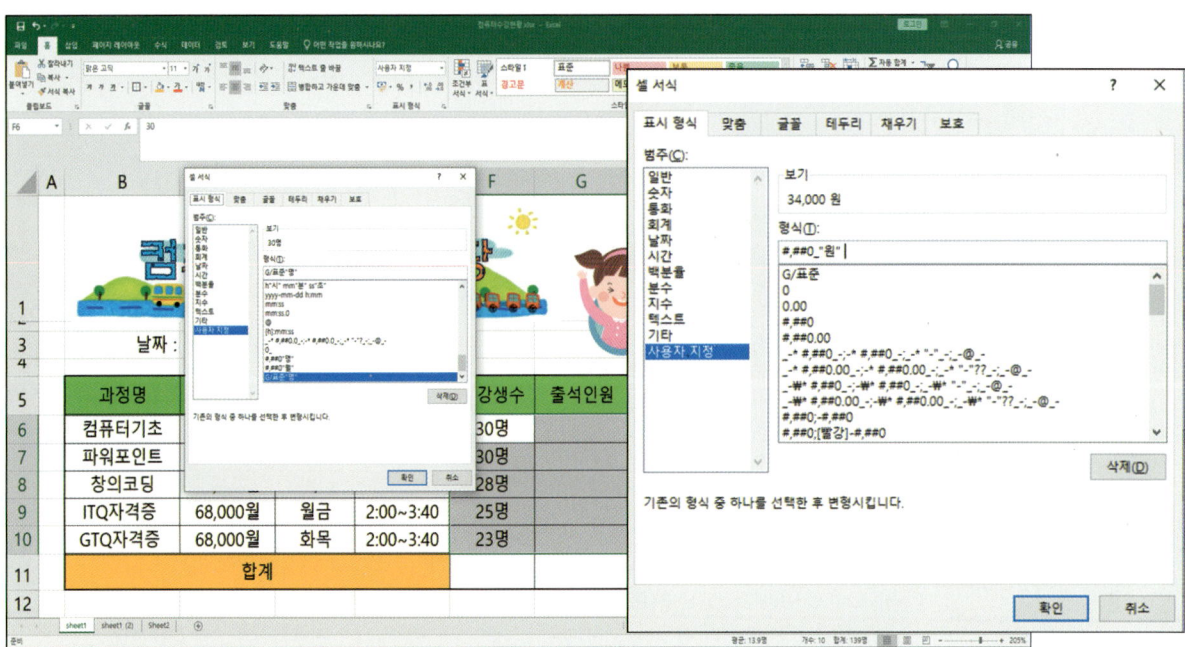

 셀서식의 [표시형식] 탭 '보기'를 통해 미리 출력 형태를 미리 확인할 수 있어요.
셀 G6:G10까지 '출석인원' 항목에 '=F6-H6'입력 후 [Enter],
셀 I6:I10까지 '출석률' 항목에 '=G6/F6' 입력 후 [Enter], 셀 서식 [Ctrl]+[1] 에서 [표시형식] 탭→
'백분율' 선택 후, [확인]을 클릭해요.

02 셀 F11:H11까지 '합계' 항목에는 자동합계 ∑ 자동 합계 로 합계를 구하고 문서를 완성해요.

01 ▶ 새 워크시트에 다음의 타자기록표를 완성하고 '개인별타자기록.xlsx' 파일로 저장하세요.

● 예제파일 : 없음   ● 완성파일 : 15 폴더/개인별타자기록_완성.xlsx

계산 우선순위 괄호()→*/→+ -, 순으로 괄호안의 내용을 먼저 계산 후, 사칙연산 계산 우선 순위로 계산돼요.

HOW!
1. 제목은 도형을 삽입하여 15 폴더에서 '그림3.png' 그림 파일로 채운 후 제목을 입력해요.
2. 평균타수 셀 H6에 '=(C6+D6+E6+F6+G6)/5' 입력후 Enter
3. H6:H12을 블록설정하고 셀 서식 Ctrl + 1 [표시형식] 탭→[숫자] '소수자리수 1'로 설정해요.

02 ▶ '개인별타자기록.xlsx' 파일을 다음과 같이 변경하여 '개인별타자기록-1.xlsx'로 다른이름으로 저장하세요.

● 예제파일 : 15 폴더/개인별타자기록.xlsx   ● 완성파일 : 15 폴더/개인별타자기록-1_완성.xlsx

HOW!
1. 이름 : 셀 B6:B12까지 셀 서식 Ctrl + 1 [표시형식] 탭→[사용자지정] 형식 '@ "학생"'
2. 줄넘기 횟수(셀 C6:H12) : 셀형식 Ctrl + 1 [표시형식] 탭→[사용자지정] 형식 'G/표준"개"'
3. 표는 원하는색으로 채우기 하고, 선 스타일을 바꾸어 예쁘게 표를 꾸며줘요.

16차시 함수의 형식과 가장 많이 사용하는 함수

엑셀에서 가장 중요한 기능 중 하나가 함수랍니다. 함수를 이용하면, 복잡한 수식을 함수명령 하나로 간단하고 쉽게 결과를 얻을 수 있어요. 함수는 이미 정의되어 있기 때문에 별도로 함수를 만들 필요는 없으며, 형식에 맞춰 쓰기만 하면 복잡한 계산도 빠르게 계산 할 수 있어요. 함수 중 많이 사용하는 함수의 종류와 형식에 대해 알아 보아요.

1. 함수의 형식에 대해 알아보아요.
2. 가장 많이 사용되는 함수 SUM함수, AVERAGE함수, MAX함수, MIN함수, COUNT함수에 대해 학습해 보아요.

[완성예제 미리보기]

- 예제파일 : 16 폴더/함수.xlsx
- 완성파일 : 16 폴더/함수_완성.xlsx

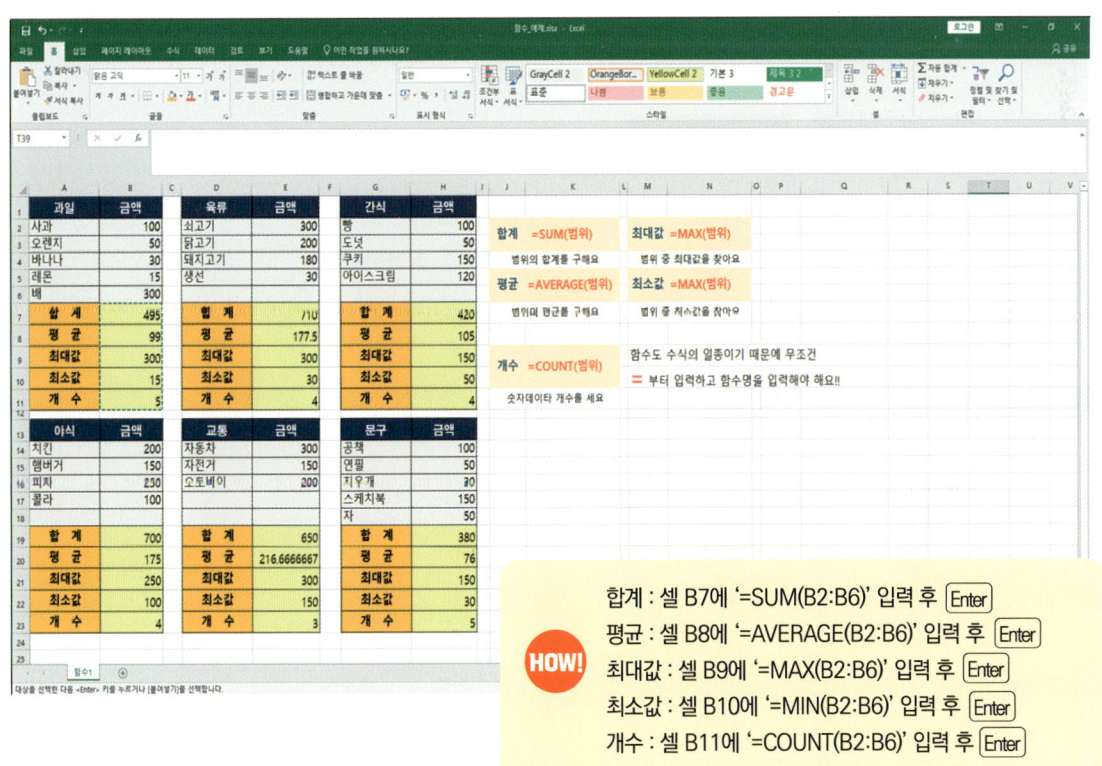

합계 : 셀 B7에 '=SUM(B2:B6)' 입력 후 Enter
평균 : 셀 B8에 '=AVERAGE(B2:B6)' 입력 후 Enter
최대값 : 셀 B9에 '=MAX(B2:B6)' 입력 후 Enter
최소값 : 셀 B10에 '=MIN(B2:B6)' 입력 후 Enter
개수 : 셀 B11에 '=COUNT(B2:B6)' 입력 후 Enter

1 함수 형식 자세히 알아보기

=함수(범위, 조건)

보통 함수의 수식은 등호 '=' 입력후, 함수를 쓰고 괄호를 '('열어서, 형식에 맞춰 범위 또는 조건을 입력후 괄호를 ')' 닫고 엔터키 Enter 를 입력해요.

연산자	의미	사용예	결과
:	서로 연속된 셀 영역 지정	=SUM(A1:A3)	=A1+A2+A3
,	서로 떨어진 셀 영역 지정	=SUM(A1,A3)	=A1+A3

2 함수랑 친해지기

01 16 폴더의 '함수.xls' 파일을 열어 함수에 대해 알아보아요.

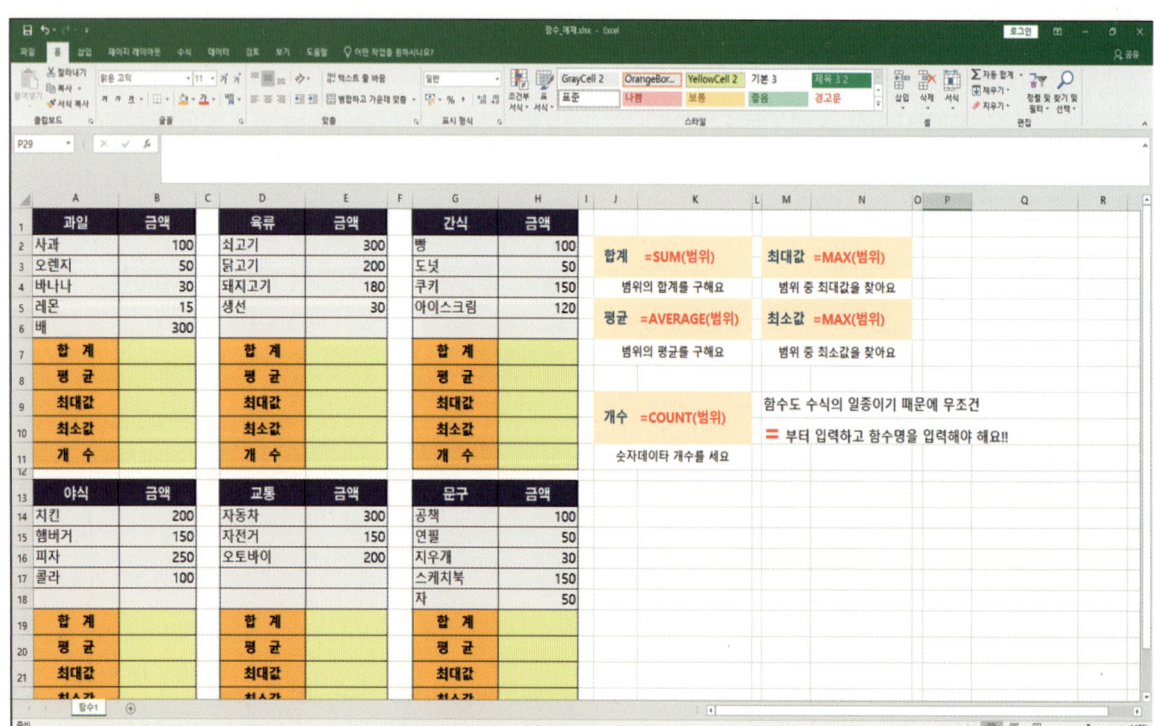

1. 합계를 구해주는 함수 Sum   형식 =SUM(범위)

셀 B7에 '=SUM(B2:B6)' 입력 후 Enter ,

92

2. 평균을 구해주는 함수 AVERAGE   형식 =AVERAGE(범위)

　　셀 B8에 '=AVERAGE(B2:B6)' 입력 후 Enter ,

3. 제일 큰수를 찾는 함수 MAX   형식 =MAX(범위)

　　셀 B9에 '=MAX(B2:B6)' 입력 후 Enter ,

4. 제일 작은 값을 찾아주는 함수 MIN   형식 =MIN(범위)

　　셀 B10에 '=MIN(B2:B6)' 입력 후 Enter ,

5. 범위안의 숫자 갯수를 세주는 함수 COUNT   형식 =COUNT(개수)

　　셀 B11에 '=COUNT(B2:B6)' 입력 후 Enter ,

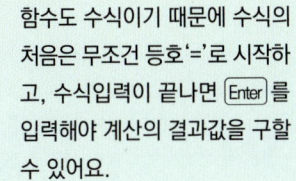
함수도 수식이기 때문에 수식의 처음은 무조건 등호 '='로 시작하고, 수식입력이 끝나면 Enter 를 입력해야 계산의 결과값을 구할 수 있어요.

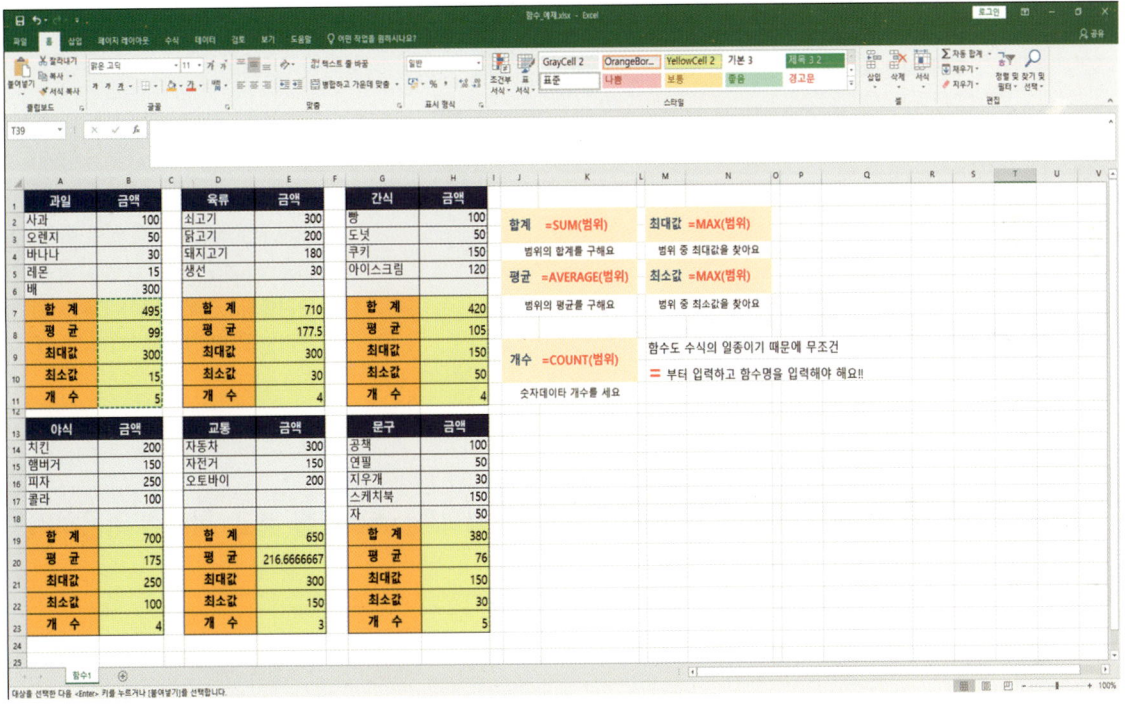

WHY? 엑셀에서 결과값에 이런 에러메세지가 나와요....

연산자	의 미
######	셀 너비보다 긴문자나 긴숫자가 들어있는 경우 이렇게 나타납니다. 셀의 너비를 늘려주면 해결됩니다.
#NULL!	지정된 범위가 비었습니다
#DIV/0	나누는 수가 빈셀이거나, 0값일 경우
#VLAUE!	함수안에 속한 인자 또는 값에 문제가 있을때
#REF!	셀참조가 유효하지 않을때
#N/A	함수나 수식에 사용할 수 없는 값을 지정했을때
#NAME	인식할수 없는 글자나 함수를 썼을때

16차시 함수의 형식과 가장 많이 사용하는 함수 **93**

01 ▶ 16 폴더에서 '분기별판매현황.xlsx' 파일을 열고, 첫 번째 '판매현황 sheet'를 열고, 함수를 이용하여 각 항목을 구하세요.

● 예제파일 : 16 폴더/분기별판매현황.xlsx ● 완성파일 : 16 폴더/분기별판매현황-완성 .xlsx

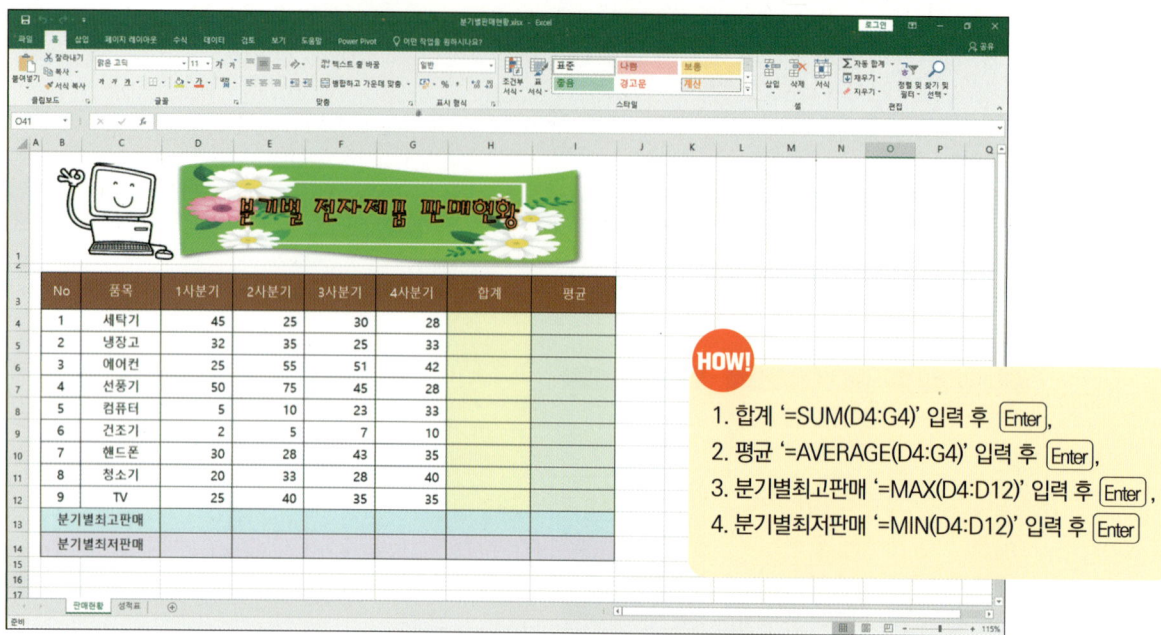

HOW!
1. 합계 '=SUM(D4:G4)' 입력 후 Enter,
2. 평균 '=AVERAGE(D4:G4)' 입력 후 Enter,
3. 분기별최고판매 '=MAX(D4:D12)' 입력 후 Enter,
4. 분기별최저판매 '=MIN(D4:D12)' 입력 후 Enter

02 ▶ '분기별판매현황.xlsx' 파일의 두 번째 [성적표] sheet 를 열고, 함수를 이용하여 각 항목을 구하세요.

HOW!
1. 총점 '=SUM(C5:G5)' 입력 후 Enter,
2. 평균 '=AVERAGE(C5:G5)' 입력 후 Enter,
3. 분기별최고판매 '=MAX(C5:C9)' 입력 후 Enter,
4. 분기별최저판매 '=MIN(C5:C9)' 입력 후 Enter

17차시 수업
문자열 함수로 주민등록번호에서 정보알아내기

인터넷에 회원가입을 하다보면 주민등록번호를 입력하고 나면 내 나이와 생일, 성별까지 많은 정보들이 자동으로 입력되어 있는 경우가 종종 있을꺼예요. 주민등록번호에는 여러 가지 정보들이 포함되어 있기 때문에 가능한 거랍니다. 오늘은 문자열 함수에 대해 학습하면서 주민등록번호에 숨겨져 있는 숫자의 정보에 대해 알아보아요.

 **학습목표**
1. 문자열 함수의 종류에 대해 알아보아요. (LEFT, MID, RIGHT, &)
2. 문자열 함수의 형식에 대해 알아보아요. (LEFT, MID, RIGHT, &)
3. 조건문 IF함수에 대해 알아보아요.

[완성예제 미리보기]

● 예제파일 : 17 폴더/주민등록번호.xlsx   ● 완성파일 : 17 폴더/주민등록번호_완성.xlsx

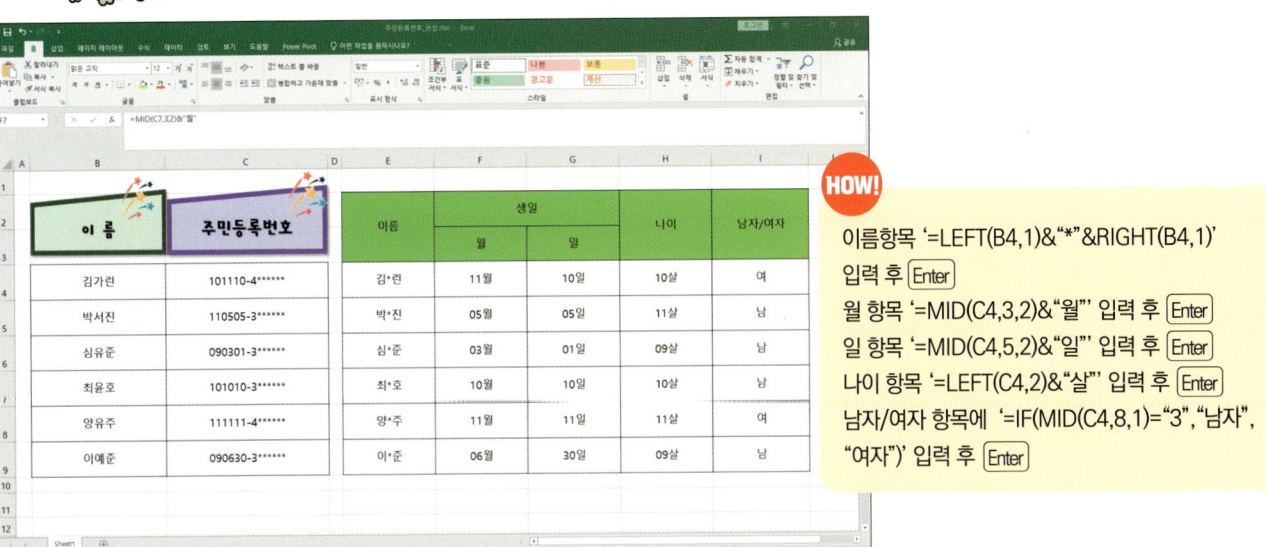

HOW!
이름항목 '=LEFT(B4,1)&"*"&RIGHT(B4,1)' 입력 후 Enter
월 항목 '=MID(C4,3,2)&"월"' 입력 후 Enter
일 항목 '=MID(C4,5,2)&"일"' 입력 후 Enter
나이 항목 '=LEFT(C4,2)&"살"' 입력 후 Enter
남자/여자 항목에 '=IF(MID(C4,8,1)="3","남자","여자")' 입력 후 Enter

문자열 함수 형식 알아보기

문자열 함수	형식
&	글자와 글자를 더할 때 사용하는 더하기 기호 더할 글자를 입력 할때는 " " 안에 넣어야함
LEFT함수	=LEFT(글자데이타가 있는 셀, 왼쪽부터 읽을 글자수)
MID함수	=MID(글자데이타가 있는 셀, 글자의 시작 위치, 읽을 글자수)
RIGHT 함수	=RIGHT((글자데이타가 있는 셀, 오른쪽부터 읽을 글자수)

1 글자와 글자더하기

01 새 워크시트를 열어서 다음과 같이 입력해 주세요.
셀 D2에 '=A2&B2' 라고 입력하고 Enter, 글자가 차례대로 더해져서 출력돼요.

글자와 글자를 순서대로 이어줄 때 '+'가 아닌 '&' 사용해요.

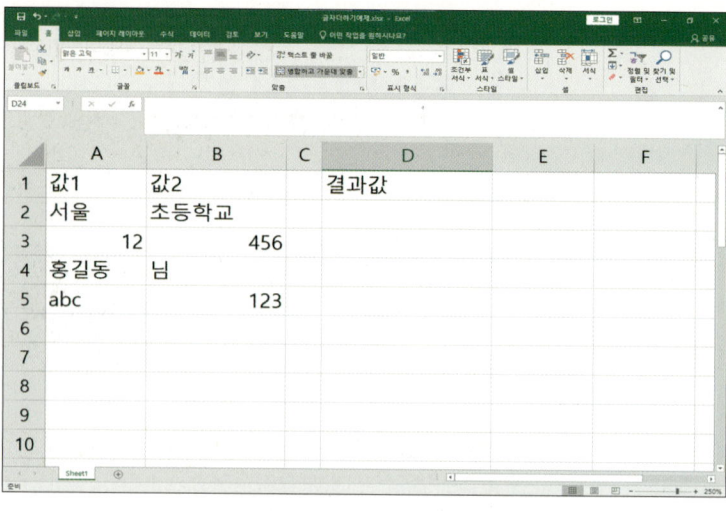

02 셀 D5까지 같은 방법으로 입력해서 완성해요.

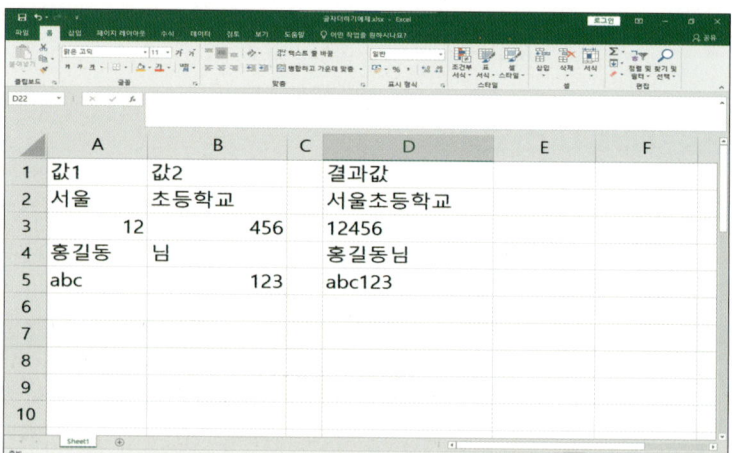

2 이름을 비공개 처리하기

01 17 폴더에서 '주민등록번호.xlsx' 파일을 열고, 이름의 가운데 글자를 비공개 처리하기 위해 셀 E4 '=LEFT(B4,1)&"*"&RIGHT(B4,1)' 입력하고 Enter

	A	B	C	D	E	F	G	H	I	J	K
1							생일				
2		이름	주민등록번호		이름	월	일	나이	남자/여자		
3											
4		김가린	101110-4******								
5		박서진	110505-3******								
6		심유준	090301-3******								
7		최윤호	101010-3******								
8		양유주	111111-4******								
9		이예준	090630-3******								

3 주민등록번호에서 생일과 나이 찾아내기

01
1. [생일의 월] 항목에 셀 F4 '=MID(C4,3,2)&"월"' 입력후 Enter
2. [생일의 일] 항목에 셀 G4 '=MID(C4,5,2)&"일"' 입력후 Enter
3. [나이] 항목에 셀 H4 '=LEFT(C4,2)&"살"' 입력후 Enter

4 조건문으로 남녀 성별 찾아내기

01 [남자/여자] 항목에 셀 I4:I9까지 '=IF(MID(C4,8,1)="3","남자","여자")' 입력후 Enter

01 ▶ 17 폴더에서 '좋아하는 과목.xlsx' 파일을 열어서 다음과 같이 작업해 보아요.

● 예제파일 : 17 좋아하는 과목.xlsx   ● 완성파일 : 17 좋아하는 과목_완성.xlsx

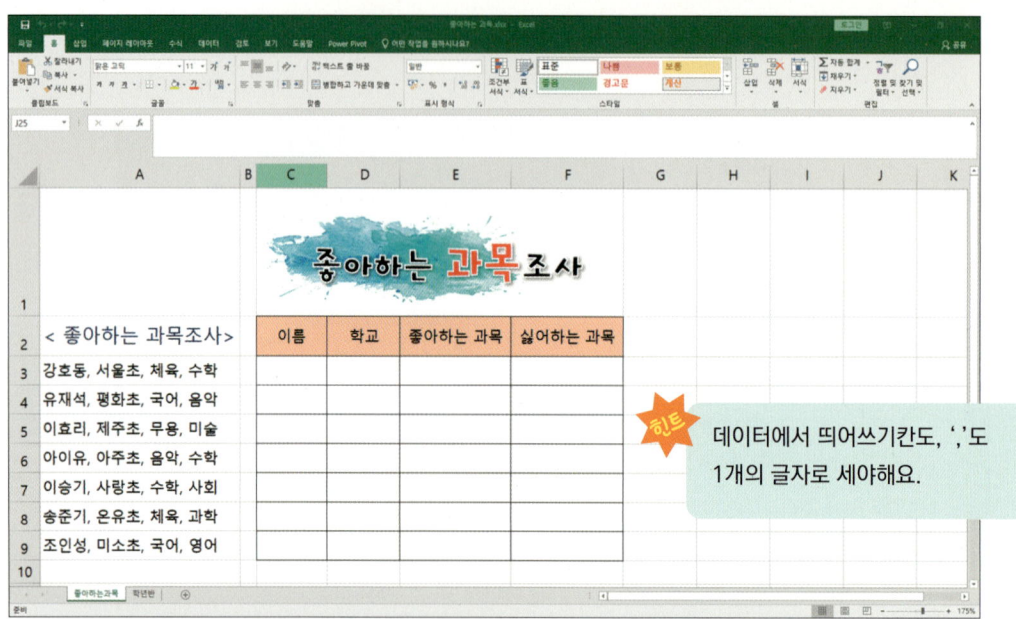

힌트) 데이터에서 띄어쓰기칸도, ','도 1개의 글자로 세야해요.

이름 : '=LEFT(A3,3)' 문자열 중 왼쪽부터 3글자를 출력해요
학교 : '=MID(A3,6,3)' 문자열 중 6번째 글자부터 3글자를 출력해요
좋아하는 과목 '=MID(A3,11,2)' 문자열 중 11번째 글자부터 2글자를 출력해요
싫어하는 과목 '=RIGHT(A3,2)' 문자열 중 오른쪽부터 2글자를 출력해요

02 ▶ [학년반]sheet로 이동한 후, 다음과 같이 완성해 보아요

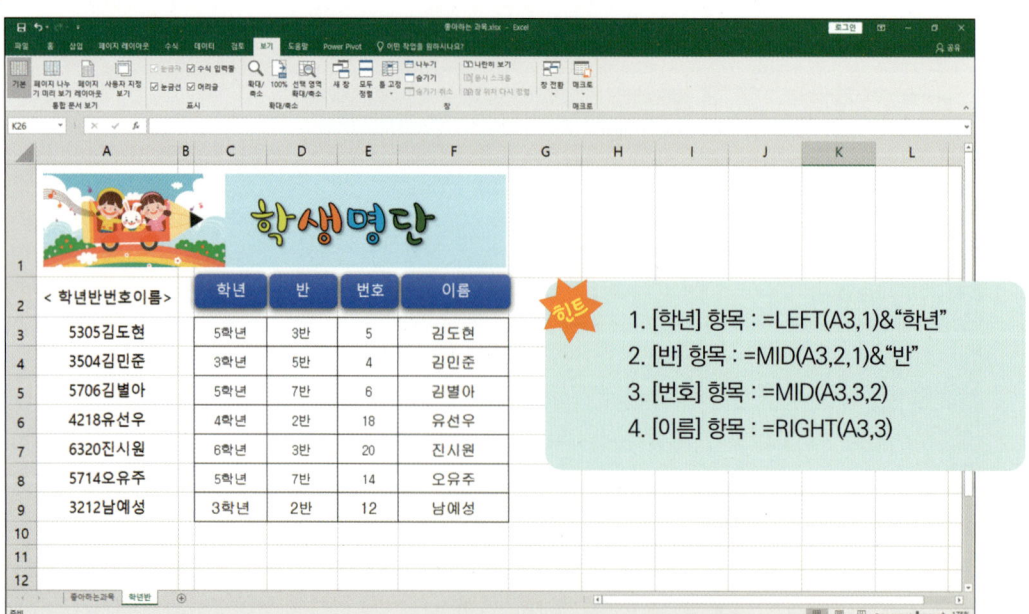

힌트)
1. [학년] 항목 : =LEFT(A3,1)&"학년"
2. [반] 항목 : =MID(A3,2,1)&"반"
3. [번호] 항목 : =MID(A3,3,2)
4. [이름] 항목 : =RIGHT(A3,3)

18차시 수업
원하는 데이터를 정렬하고 골라내는 필터기능 사용하기

엑셀의 많은 데이터를 쉽고 빠르게 찾아보기 의해 정렬과 필터기능을 자주 사용해요. 정렬 기능을 이용하여 데이터를 정렬할 수 있고, 자동필터 기능으로 조건에 맞는 데이터만 표시되도록 하는 기능이예요.

 학습목표
1. 정렬기능을 이용하여 오름차순과 내림차순 정렬에 대해 알아보아요.
2. 필터 기능을 이용하여 조건에 맞는 데이터를 찾아내요.

[완성예제 미리보기]

● 예제파일 : 18 폴더/정렬 및 필터.xlsx   ● 완성파일 : 18 폴더/정렬 및 필터_완성.xlsx

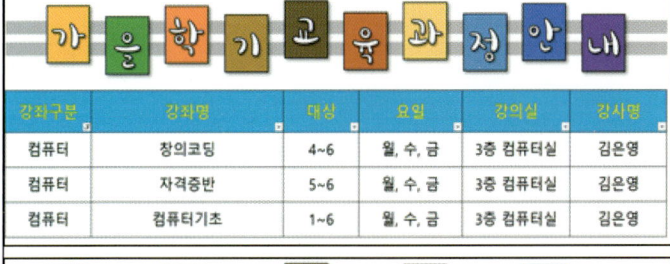

WHY? 엑셀에서 많은 데이터는 어떤 기준으로 나열하는 방법을 정렬이라고 해요. 오름차순 ↓이면 1~9, ㄱ~ㅎ, a~z 순으로 정렬돼요. ↓이면 9~1, ㅎ~ㄱ, z~a 순으로 정렬돼요.

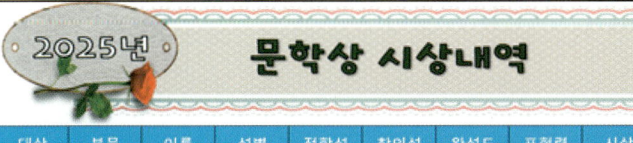

1. 강좌기준을 1순위, 강사명을 2순위로 정렬하기

01 18 폴더에서 '정렬 및 필터.xlsx' 파일의 [프로그램안내] sheet에서 다음의 기준별로 정렬해 보아요.
셀 B4를 잡고 Ctrl + A, 표 전체를 범위로 잡고, [데이터] 탭→[정렬 및 필터] 그룹에서 '사용자 지정 정렬'을 클릭해요.

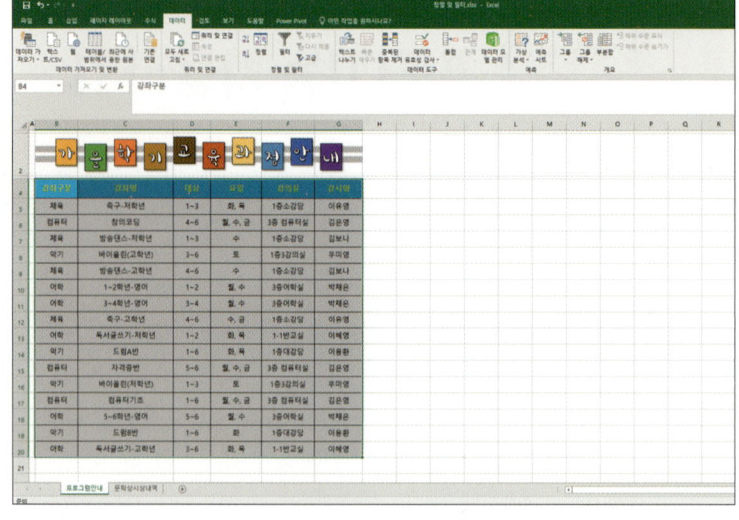

02 [정렬기준] '강좌구분', 오름차순 기준 추가 버튼을 클릭하고, 다음 기준에 '강사명', 오름차순 으로 선택하고 [확인]을 클릭해요.

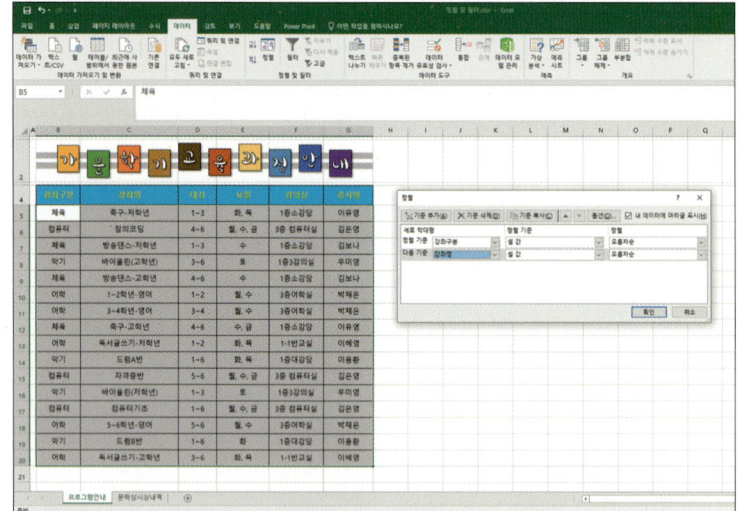

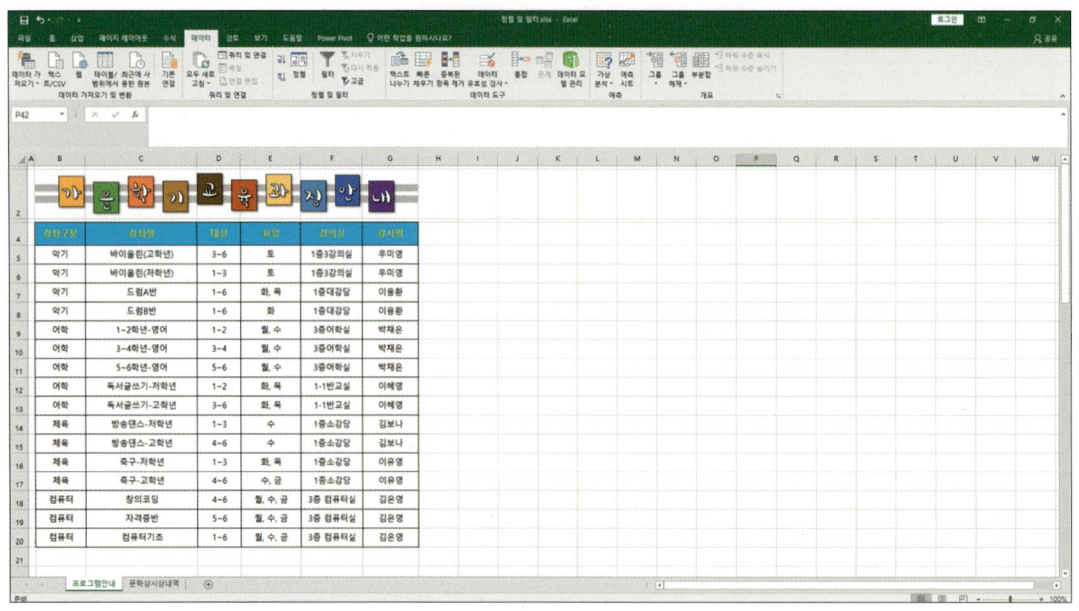

2 자동필터를 사용해서 원하는 데이터만 표시하기

01 셀 B4를 선택하고, [Ctrl]+[A]를 눌러 표 전체를 선택하고, [홈] 탭→[편집] 그룹→필터 클릭해요.

02 강좌구분이 '컴퓨터'인 강좌만 표시만 표시하기 위해, '강좌구분' 옆 필터 목록 단추 를 클릭하고 '모두 선택' 체크를 '해제' 한 후, '컴퓨터'를 선택 후, [확인]을 클릭해요.

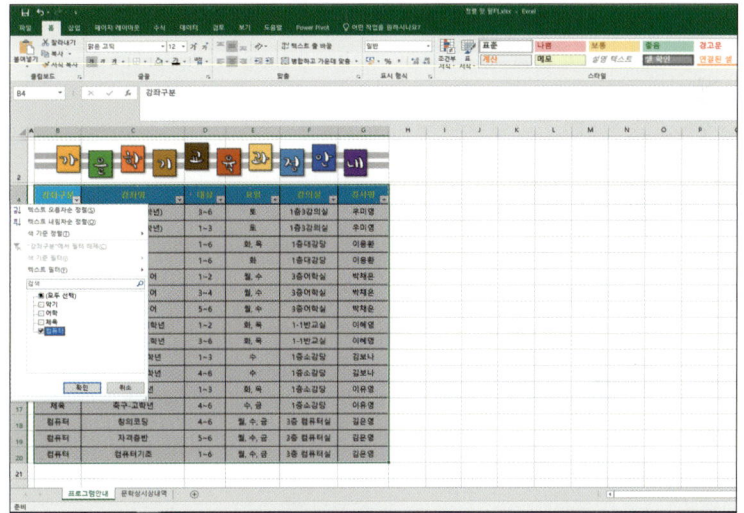

03 조건에 맞는 '컴퓨터' 강좌만 표시되고 나머지 강좌는 표시되지 않아요.
이 상태에서 필터를 해제하고 싶다면 다시 한번 필터를 눌러 주시면 모든것이 해제 됩니다.

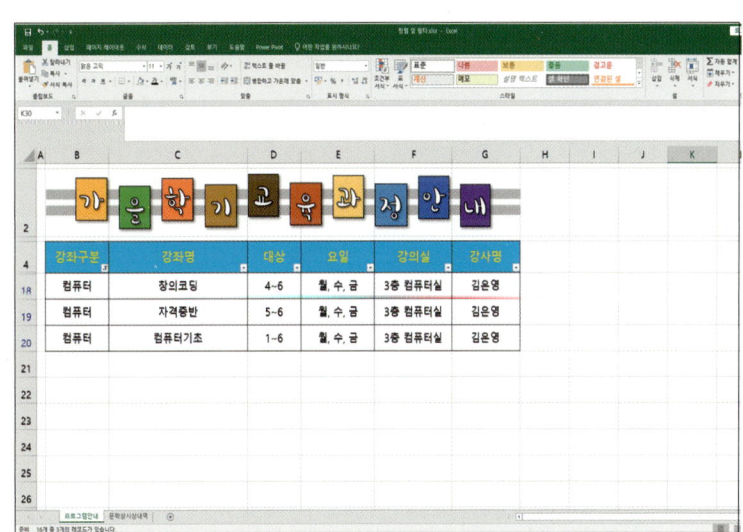

 자동 필터가 실행중이면 상태 표시줄에 필터상태라고 표시됩니다.

3 성이 '이' 씨인 사람만 표시해보기

01 성이 '이' 씨인 사람만 표시하기 위해, 범위를 잡고 필터를 눌러주세요.

'강사명'의 필터단추를 눌러 [텍스트 필터]→[시작문자]→시작문자에 '이'라고 적어주세요.

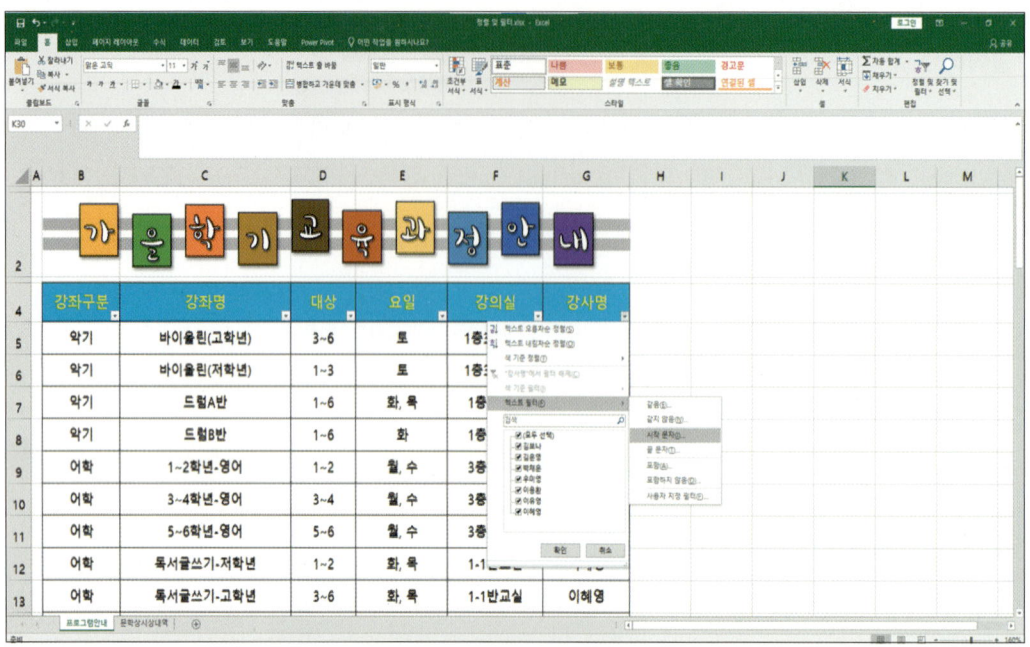

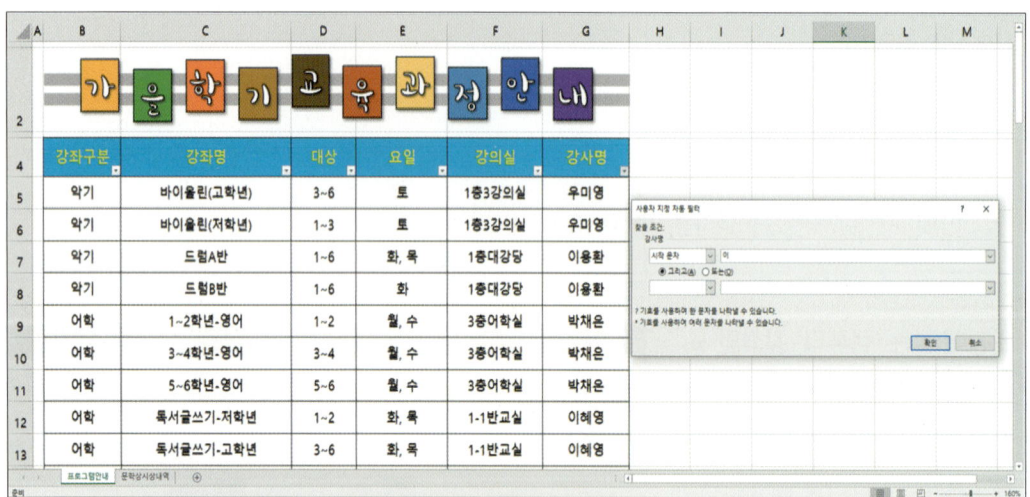

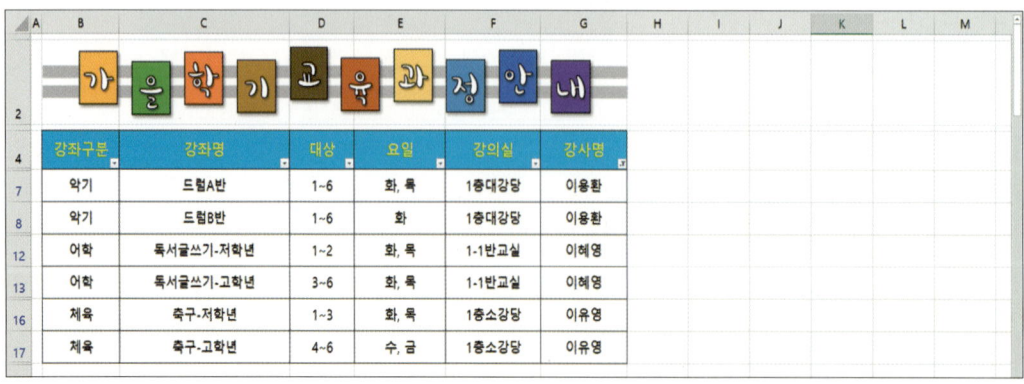

01 ▶ [문학상 시상내역]sheet 로 이동 후, '대상' 항목은 내림차순 정렬, '이름' 항목은 오름차순 으로 정렬해요.

● 예제파일 : 18 폴더/정렬 및 필터.xlsx   ● 완성파일 : 18 폴더/정렬 및 필터_완성.xlsx

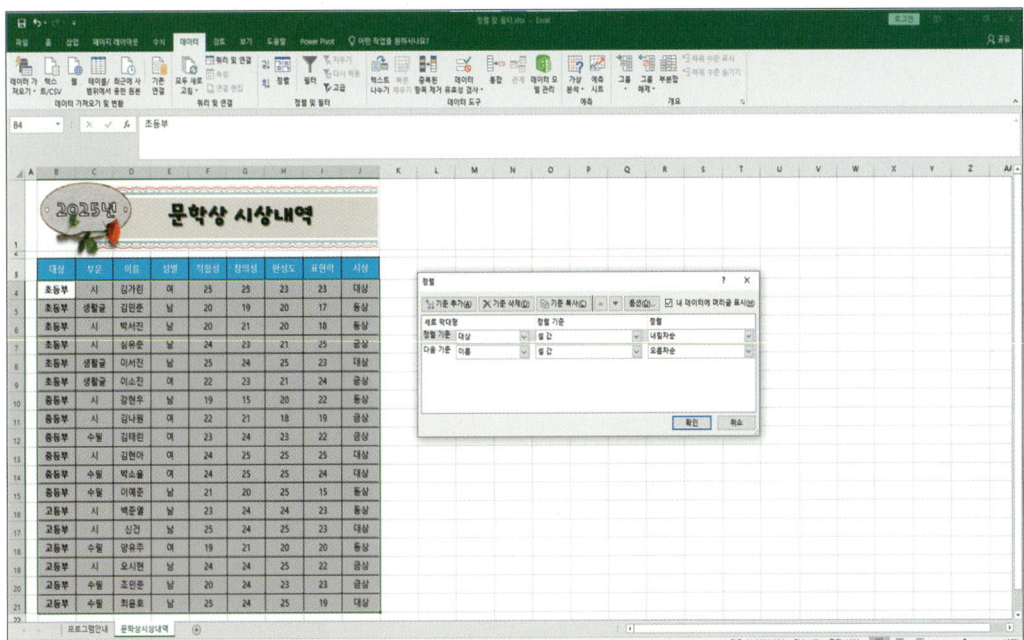

02 ▶ 필터 기능을 이용하여 '대상'만 나타나게 해 보세요.

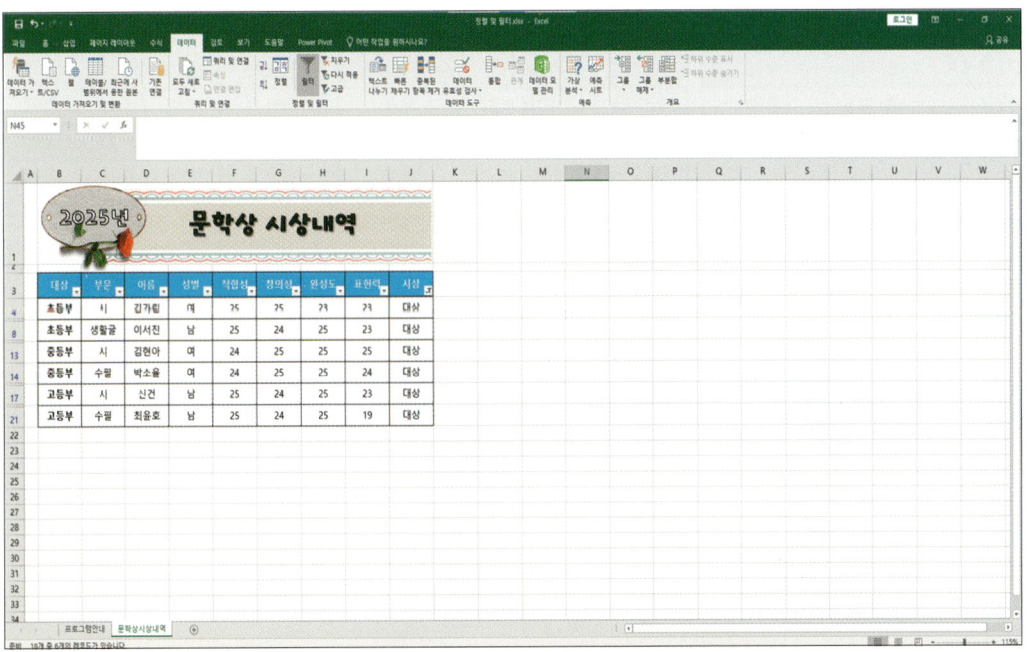

18차시 원하는 데이터를 정렬하고 골라내는 필터기능 사용하기

19차시 수업
유효성검사로 데이터 입력하기

매번 반복되는 글자를 입력할 때, 복사, 붙여넣기를 하지않아도 입력할수 있는 편리한 방법이 있다면, 얼마나 쉽게 글자를 입력할 수 있을까요? 오늘은 미리 정해놓은 글자, 숫자를 유효성 검사를 통해 간단하게 입력하는 방법에 대해 알아보도록 해요. 데이터 유효성 검사 기능은 엑셀로 많은 양의 데이터를 입력할 경우, 유효성 검사를 통해 입력하면 잘못된 데이터가 입력되지 않도록 방지할 수도 있어요.

 학습목표

1. 유효성 검사로 목록을 만들고 데이터를 입력하는 방법을 학습해 보아요.

[완성예제 미리보기]

● **예제파일** : 19 폴더/수행평가.xlsx   ● **완성파일** : 19 폴더/수행평가_완성.xlsx

5반 수행평가 재평가 대상자

5반	평가날짜	수행평가과목
이유영	10월 10일	수학
박채린	10월 12일	영어
김하윤	10월 9일	체육
원동휘	10월 14일	과학
나잘해	10월 10일	수학
구경해	10월 12일	영어
김이쁜	10월 12일	영어

6반 수행평가 재평가 대상자

6반	평가날짜	수행평가과목
윤지호	10월 12일	영어
최시연	10월 13일	음악
김주한	10월 13일	음악
오민석	10월 14일	과학
김한설	10월 15일	미술
장지율	10월 9일	체육
김민건	10월 10일	수학
윤규원	10월 14일	과학

7반 수행평가 재평가 대상자

7반	평가날짜	수행평가과목
정유진	10월 14일	과학
이필립	10월 9일	체육
문금찬	10월 12일	영어
이건	10월 15일	미술
권은성	10월 10일	수학
이윤원	10월 12일	영어
이지용	10월 13일	음악
김준혁	10월 15일	과학

명절에 즐겨먹는 음식

명절/절기	음식 / 놀이	명절/절기
추석	송편	정월대보름
정월대보름	오곡밥	추석
설날	떡국	설날
정월대보름	쥐불놀이	동지
추석	강강술래	
동지	팥죽	
설날	세배	
추석	토란국	
설날	까치	
정월대보름	더위팔기	

● **예제파일** : 19 폴더/명절절기.xlsx   ● **완성파일** : 19 폴더/명절절기_완성.xlsx

HOW! 유효성 검사를 이용하여 데이터를 입력해보아요

2 유효성 검사로 데이터를 입력하기

01 19 폴더의 '수행평가.xlsx' 파일을 열어, [표 서식]을 이용하여 문서를 꾸며보아요.
제목의 이미지는 19 폴더의 '타이틀.png' 그림 파일을 '자르기' 도구로 잘라 사용하세요.

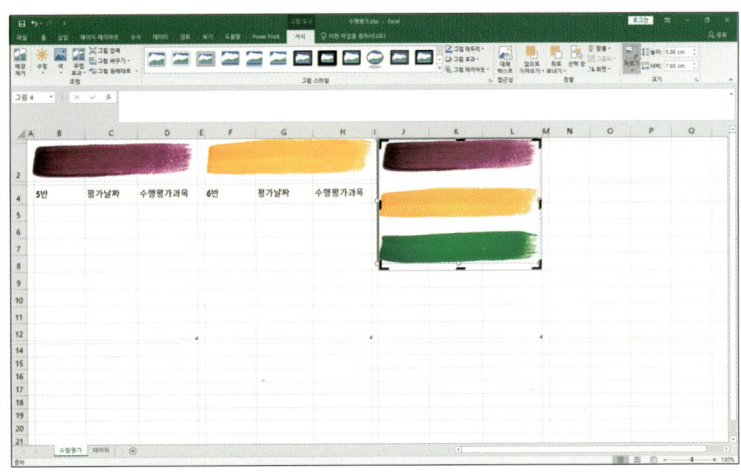

02 제목은 '텍스트 상자'를 이용하여 각각 '5반~7반 수행평가 재평가 대상자' 라고 입력해요.

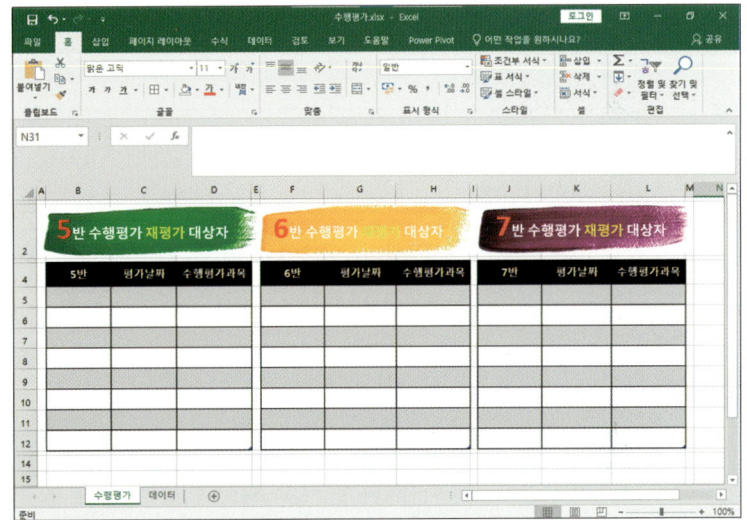

03 셀 B5:B12까지 범위를 지정하고 [데이터] 탭→[데이터도구] 그룹→'데이터 유효성 검사' 클릭해요.
대화상자에서 [설정] 탭→[제한 대상]을 '목록'으로 지정, 원본은 [데이터]sheet를 클릭하여 A2:A9까지 드래그하고 [확인]을 클릭해요.

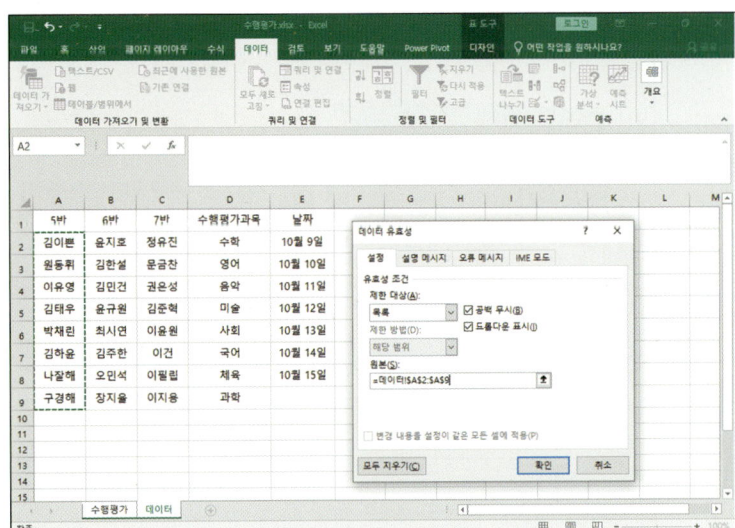

19차시 유효성검사로 데이터 입력하기 **105**

04 [수행평가]Sheet로 이동후, 유효성 검사의 '목록단추' ▼ 를 클릭하면, 목록에서 데이터를 선택하여 입력할 수 있어요.

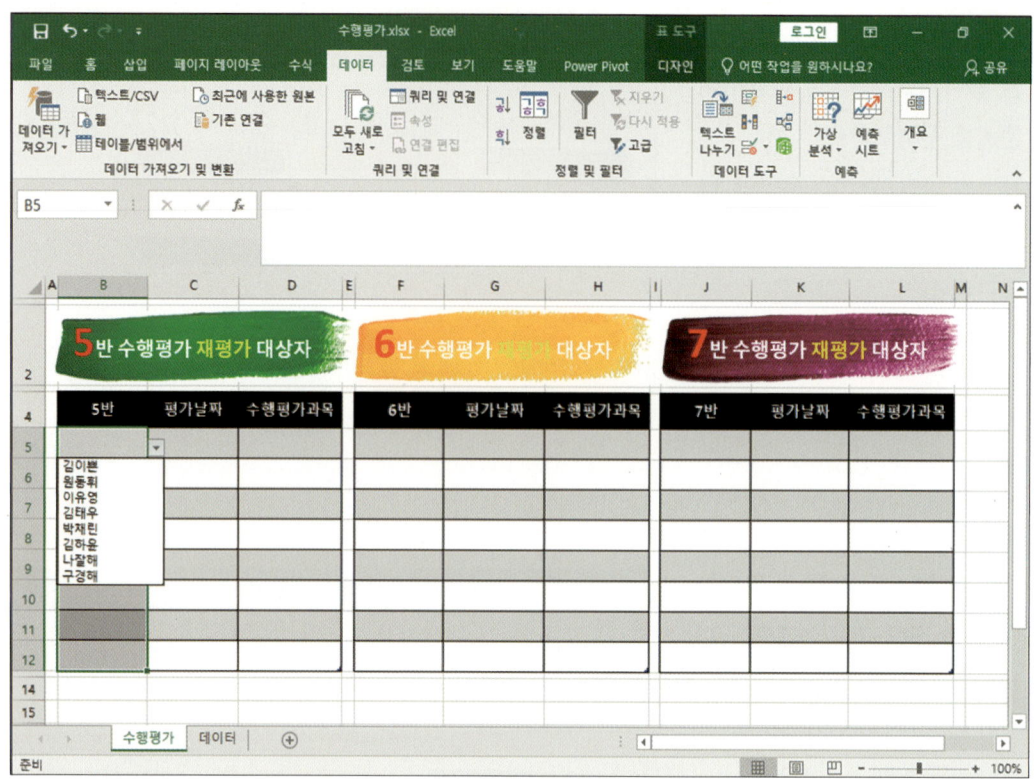

05 같은 방법으로 셀 C5 '평가날짜', 셀 D5 '수행평가과목'에 데이터 유효성 검사를 이용하여 '평가날짜' 항목과 '수행평가과목' 항목을 입력해요.

6반과 7반의 수행평가 재평가 대상자도 유효성 검사를 이용하여 다음과 같이 완성해요.

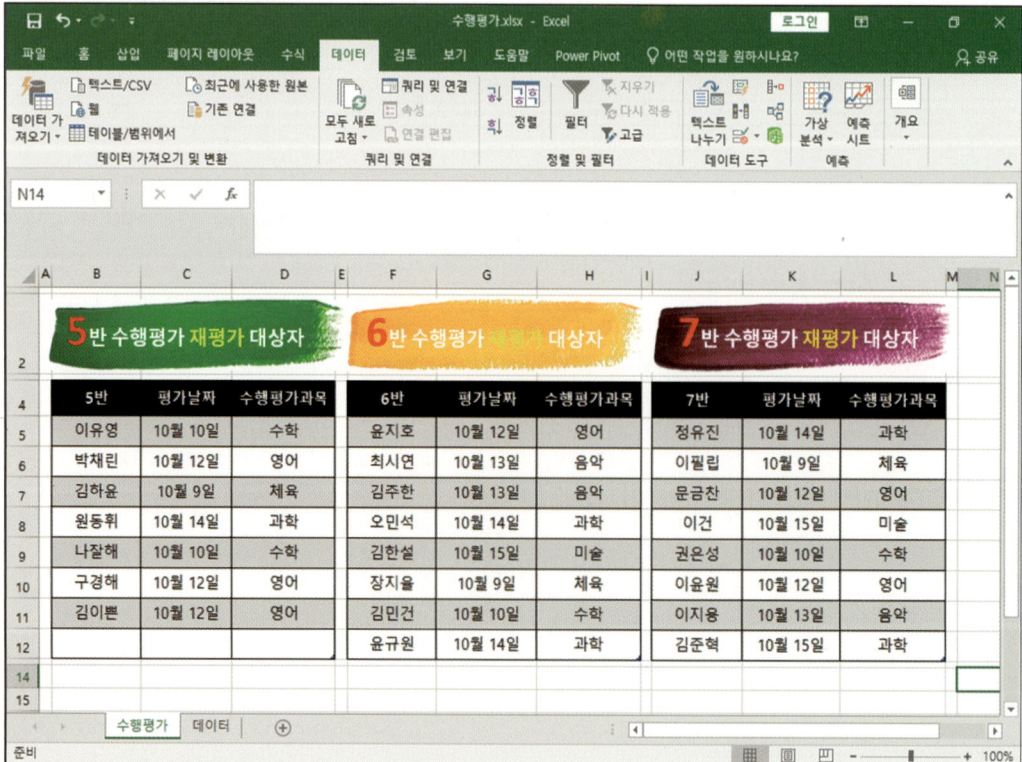

01 ▶ 19 폴더에서 '명절절기.xlsx' 파일열고, 데이터 유효성 검사를 설정 후 명절/절기를 입력해 보세요.

● 예제파일 : 19 폴더/명절절기.xlsx   ● 완성파일 : 19 폴더/명절절기_완성.xlsx

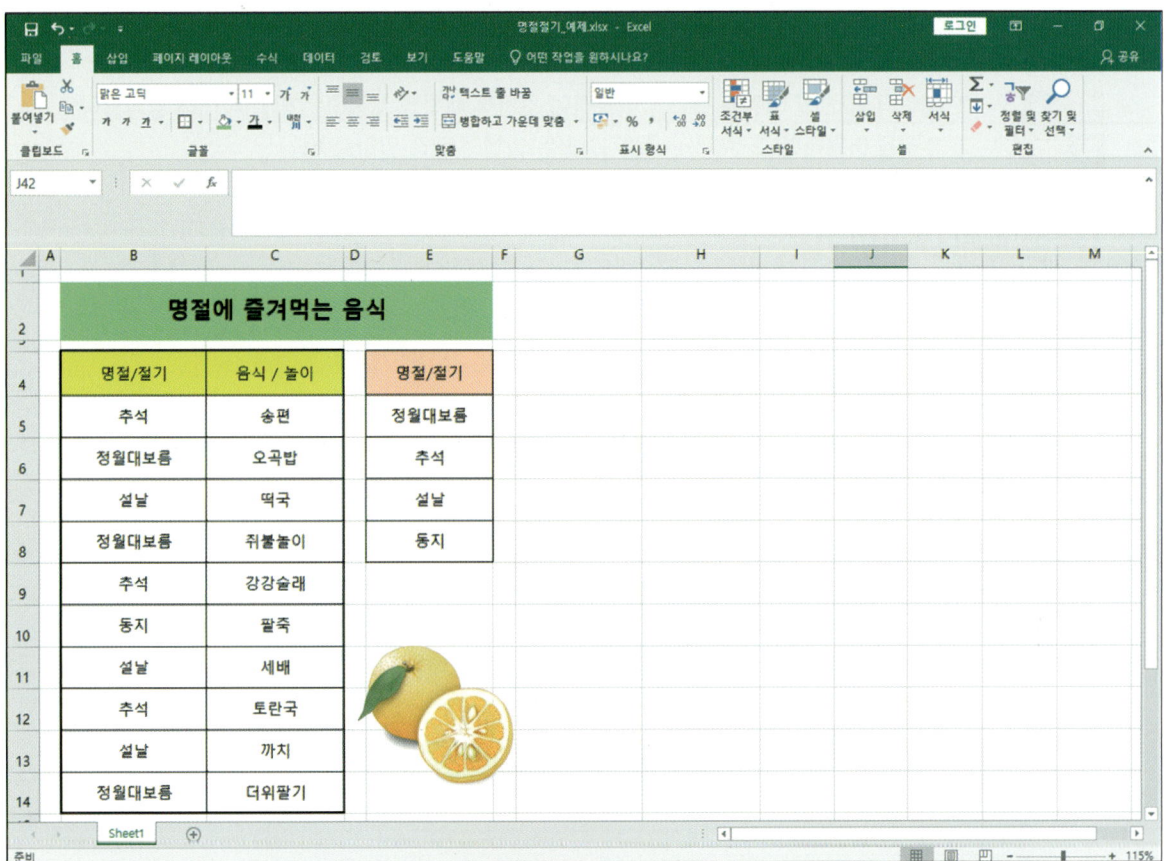

 데이터 유효성 검사 설정 제한대상 목록, 원본 E5:E8

20차시 수업
조건부 서식으로 원하는 데이터 강조하기

내가 미리 설정해 놓은 조건에 만족하는 특정한 셀만 서식을 적용시키는 기능을 조건부 서식이라고 하는데, 엑셀의 유용한 기능 중 하나의 기능이예요. 이 조건부 서식을 이용하면, 조건에 만족하는 셀을 강조하거나, 여러 가지 방법으로 시각화하여 데이터를 이해하는데 도움을 받을 수 있어요.

1. 데이터 막대 및 아이콘 집합을 이용하여 조건부 서식을 지정하는 방법에 대해 알아보아요.
2. 수식을 이용하여 조건부 서식을 지정하는 방법에 대해 알아보아요.

[완성예제 미리보기]

● 예제파일 : 20 폴더/조건부서식.xlsx   ● 완성파일 : 20 폴더/조건부서식_완성.xlsx

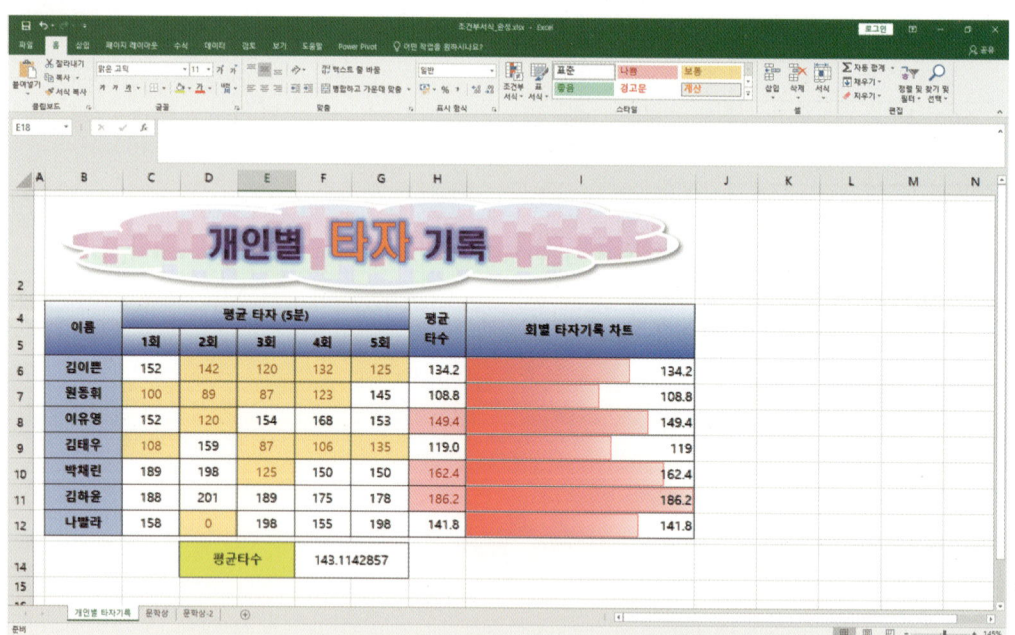

평균타수 항목: 조건부서식의 '상위 10개항목'을 이용하여 3등까지만 조건부서식적용
평균타자(5분) 항목 : 조건부서식의 '평균미만'을 이용하여 조건부서식적용
회별 타자기록 차트 항목 : 조건부서식의 '데이터막대'를 이용하여 조건부서식적용

 **1** 1~3등까지 조건부 서식 지정하기

01 20 폴더의 '조건부서식.xlsx' 예제파일을 열고, 셀 H6:H12까지 범위로 지정하고 [홈] 탭→[스타일] 그룹→[조건부서식]→[상위/하위규칙]→'상위 10개항목'을 선택해요.

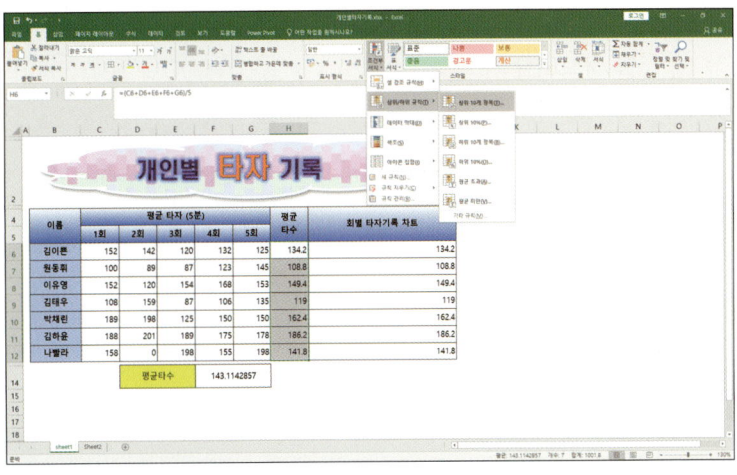

02 3등까지 셀서식을 지정하기 위해 [다음 상위 순위에 속하는 셀의 서식 지정]을 '3'으로 입력, 적용할 서식은 '진한 빨강 텍스트가 있는 연한 빨강 채우기'로 설정후 [확인] 클릭해요.

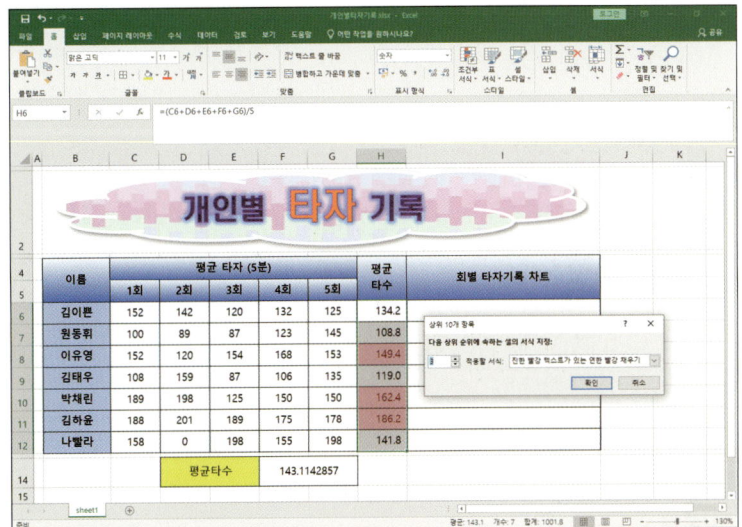

 **2** 평균미만인 타수에 조건부 서식 지정하기

01 C6:G12까지 블럭으로 지정 후, [홈] 탭→[스타일] 그룹→[조건부서식]→[상위/하위규칙]→'평균미만'을 선택.

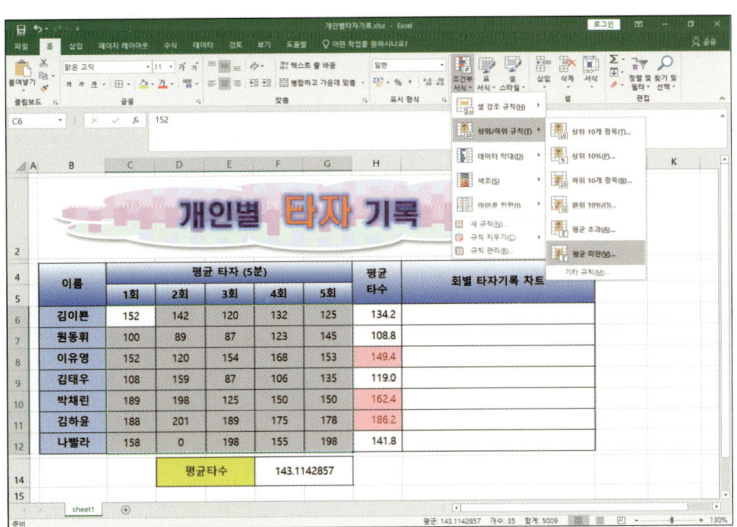

02 조건에 만족하는 셀에 [적용할 서식] '진한노랑 텍스트가있는 노랑채우기'을 선택후 [확인]을 클릭해요.

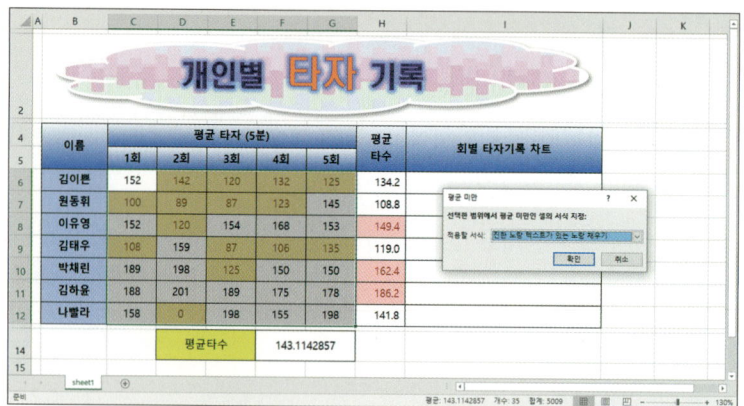

 **3** 평균 데이터를 가지고 조건부서식을 이용하여 차트로 나타나게 하기!!

01 셀 I6:I12까지 블록으로 지정 후, [홈] 탭→[스타일] 그룹→[조건부서식]→[데이터막대]→[그러데이션 채우기] '빨강 데이터막대' 선택하면 셀 값이 데이터로 표현돼요.

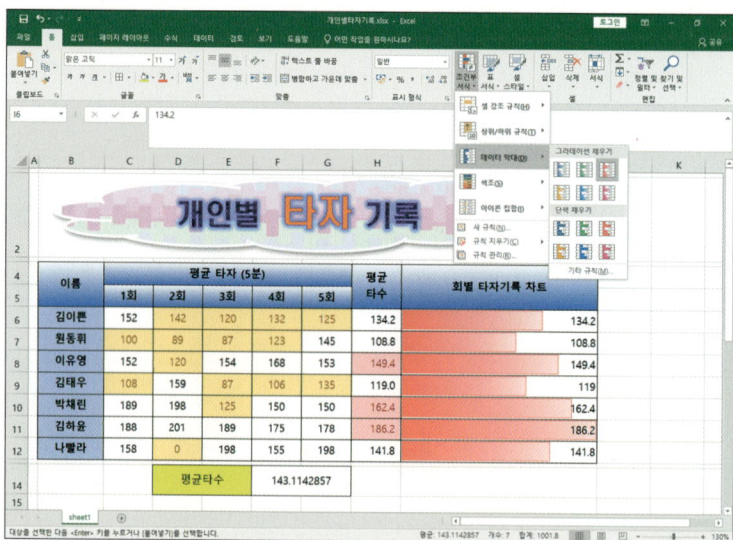

 **4** 시상이 대상인 학생들만 강조하여 표현하기

01 두 번째 시트인 [문학상] Sheet로 이동한 후 수식을 이용하여 시상이 '대상'이면 행 전체에 글꼴 '빨강', 채우기 '노랑'으로 지정하는 조건부 서식을 작성해요. 셀 B4:J18를 범위로 지정 후, 조건부 서식의 '새 규칙' 클릭해요.

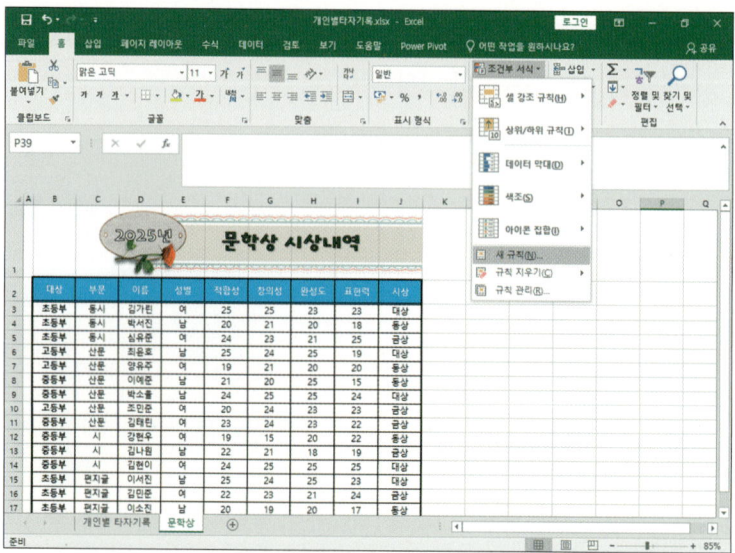

02 [규칙 유형 선택]→[수식을 사용하여 서식을 지정할 셀 결정]→[다음 수식이 참인 값의 서식 지정]에서 '=$J4="대상"' 입력 후,

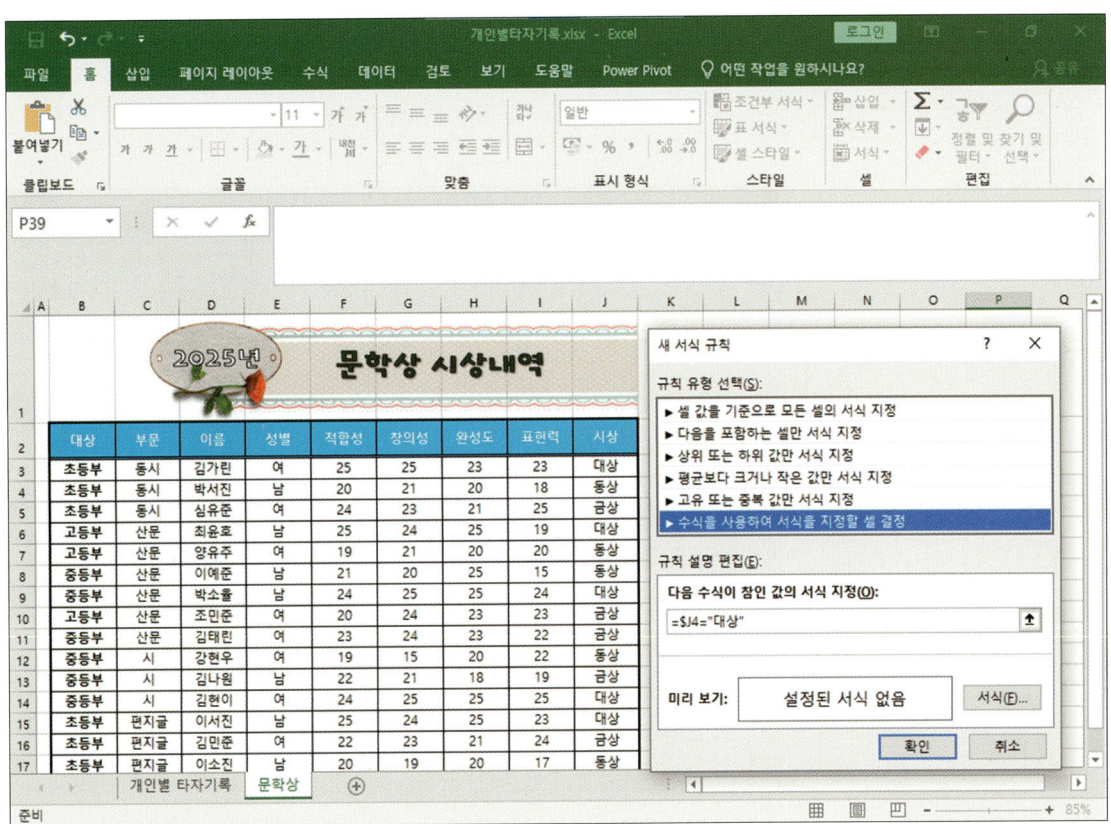

03 [서식] 단추 클릭 후, [글꼴] 탭에서 글자색 '빨강', '굵게', [채우기] 탭 에서 '노랑색' 선택,

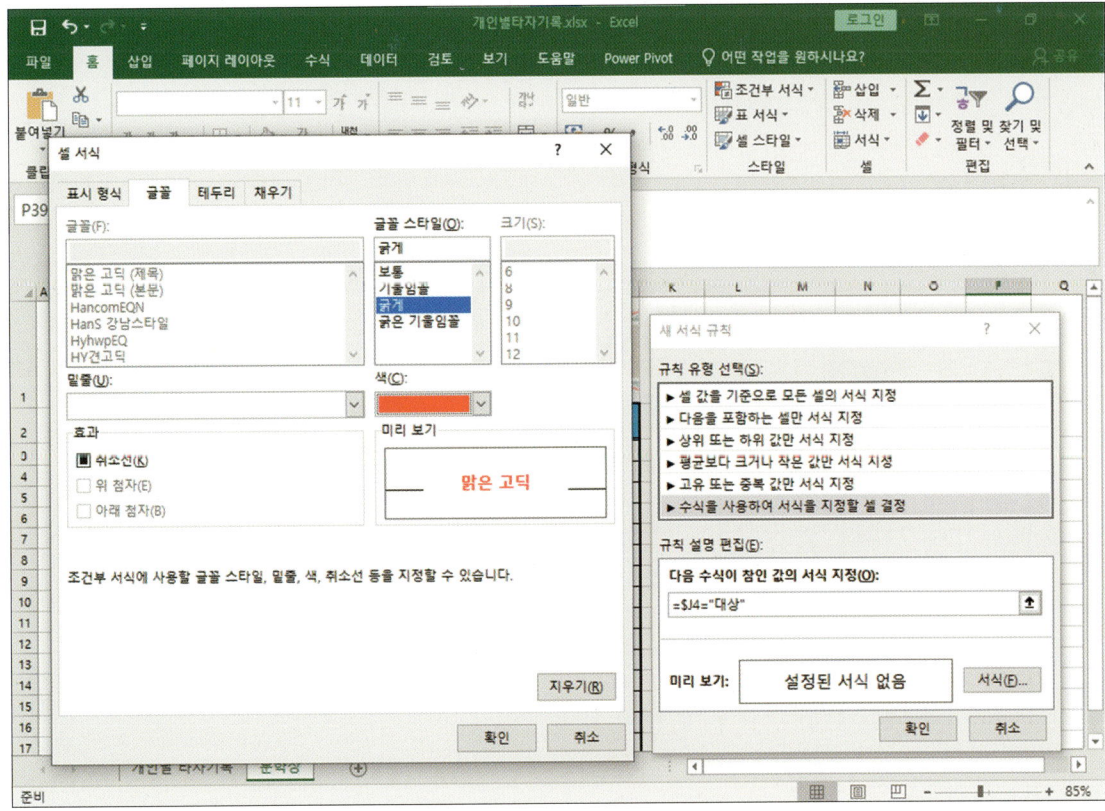

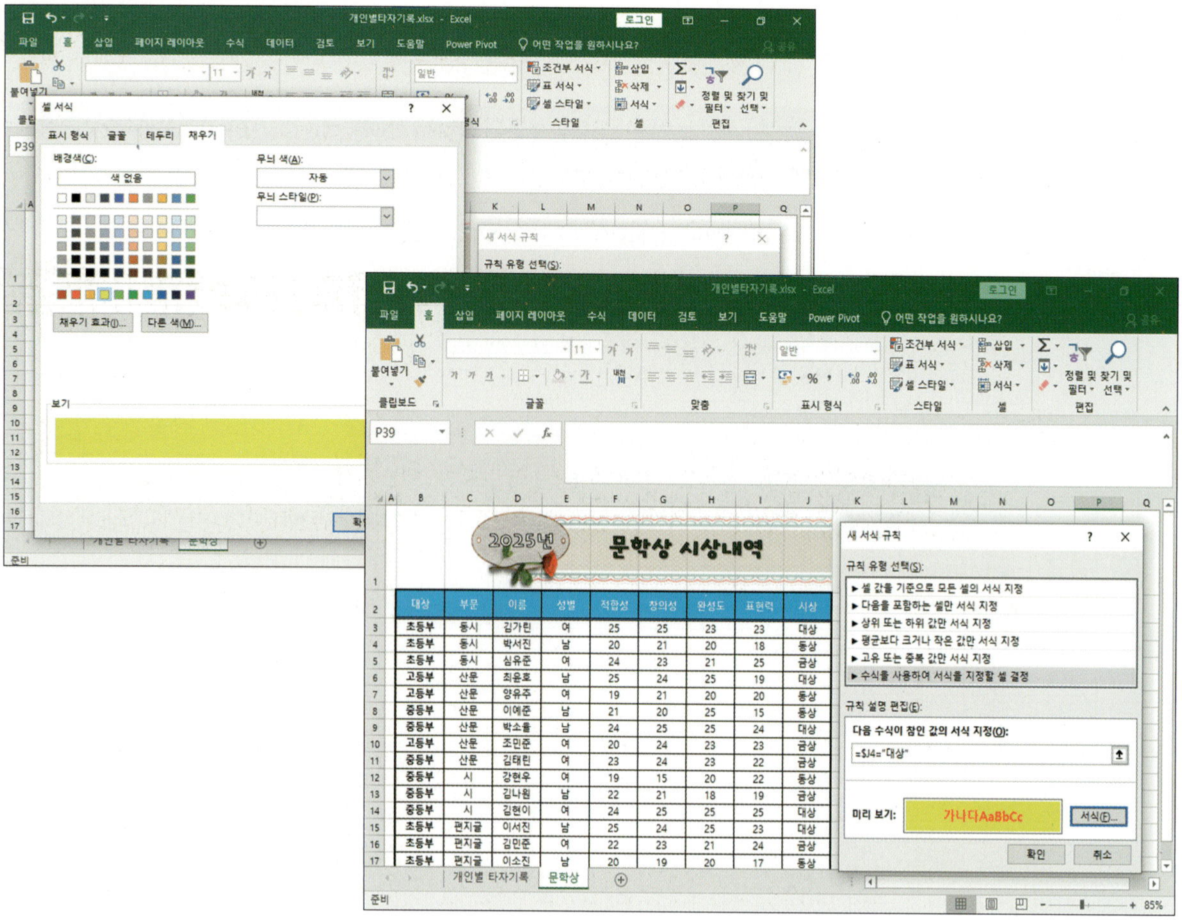

04 서식지정 완료 후 [확인] 버튼을 클릭하면, 다음과 같이 조건부 서식의 결과가 나타나요.

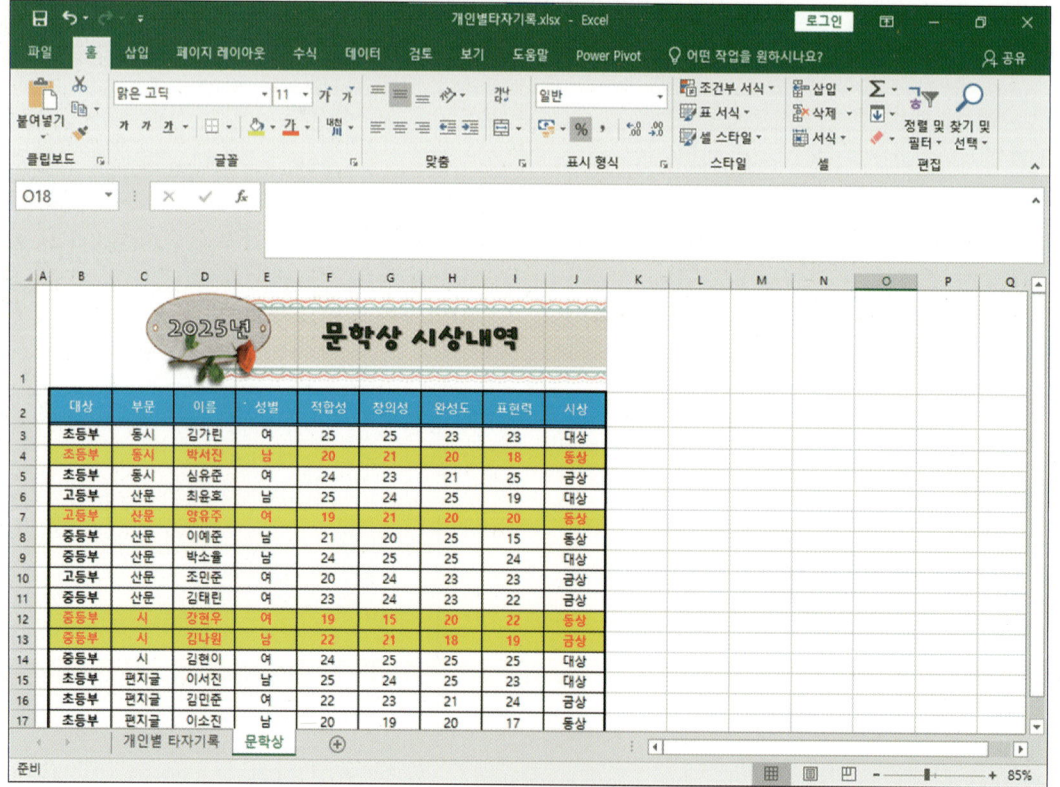

01 ▶ [문학상]Sheet에서 조건부서식을 지우기를 해봐요.

● 예제파일 : 20 폴더/조건부서식.xlsx   ● 완성파일 : 20 폴더/조건부서식_완성.xlsx

1. [홈] 탭→[스타일] 그룹→[조건부서식]→[규칙지우기]→ '시트전체에서 규칙지우기' 선택

> 힌트 새로운 서식을 적용하기 위해서 먼저 미리 적용시켜 놓았던 규칙을 모두 지우고 새규칙을 지정합니다.

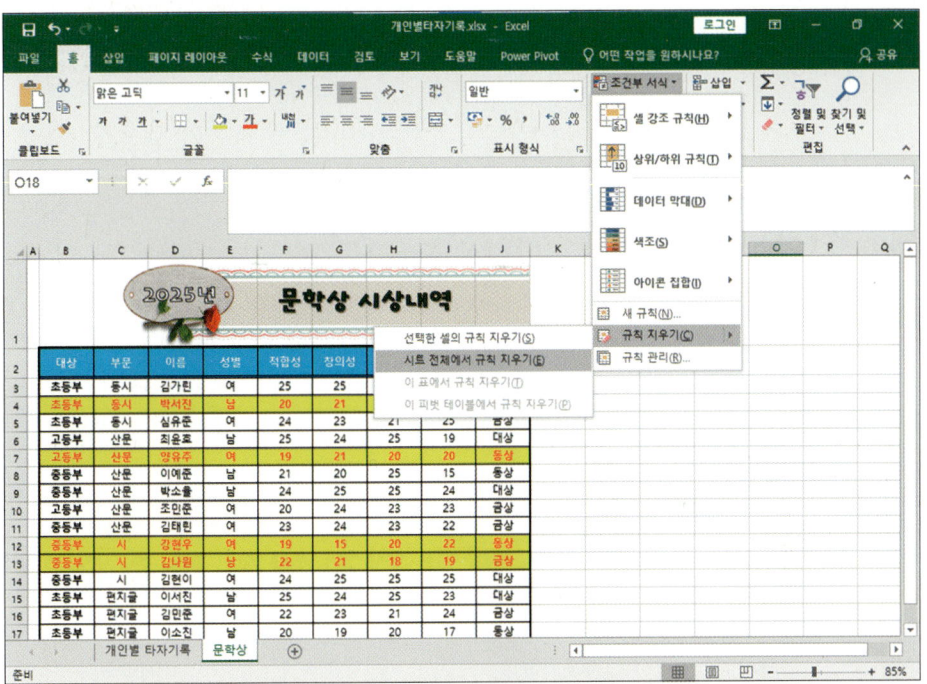

2. 셀 B4:J18을 블록으로 지정한 후 '초등부' 학생 행전체에 '파랑색', '기울임꼴' 조건부 서식을 적용해 주세요.

21차시 수업
하이퍼링크 기능을 이용하여 문서에 홈페이지 연결하기

문서에 홈페이지 주소를 연결하여 버튼을 클릭하면 인터넷 홈페이지로 이동되는 하이퍼링크를 설정 할수 있어요. 하이퍼링크가 설정되어 있는 경우 마우스 포인터의 모양이 손가락 모양으로 변경되며 문서와 문서로도 연결이 가능해요.

1. 하이퍼링크 기능을 도형에 연결하여 이동시켜 보아요.
2. 하이퍼링크 기능을 이용하여 각각의 홈페이지 또는 다른 문서로 연결할 수 있어요.

[완성예제 미리보기]

● 예제파일 : 21 폴더/2학기 현장체험학습.xlsx   ● 완성파일 : 21 폴더/2학기 현장체험학습_완성.xlsx

학년	일자	체험학습장소	버스대여수	홈페이지
1학년	2022년 10월 13일	금원수목원	5대	http://www.kwgarden.co.kr/
2학년	2022년 10월 18일	광림비전랜드	6대	http://광림비전랜드.com/
3학년	2022년 10월 14일	고은도예체험학습장	6대	http://www.goeundoye.co.kr/
4학년	2022년 10월 20일	양평임실치즈마을	5대	http://www.kcheesecook.co.kr/
5학년	2022년 10월 11일	수원화성	6대	http://www.swcf.or.kr/
6학년	2022년 10월 21일	용인에버랜드	5대	http://www.everland.com

1. 체험학습장소의 버튼을 클릭하면 링크기능을 이용하면 각각의 홈페이지로 이동돼요.
2. 학년 : 셀 서식 Ctrl + 1 [표시형식] 탭→[사용자 지정] 형식 'G/표준"학년"' 입력
3. 버스대여수 항목 : 셀 서식 Ctrl + 1 [표시형식] 탭→[사용자 지정] 형식 'G/표준"대"' 입력

1 셀 서식 설정하기

01 21 폴더에서 '2학기 현장체험학습.xlsx' 파일을 열고, 각각의 항목을 셀서식을 이용하여 표시형식을 지정해 보아요.

HOW!

셀 B4:B9 까지 '학년' 항목 : 셀 서식 [Ctrl]+[1] [표시형식] 탭→[사용자 지정] 형식 'G/표준"학년"' 입력
셀 C4:C9 까지 '일자' 항목 : 셀 서식 [Ctrl]+[1] [표시형식] 탭→[사용자 지정] 형식 '2012년 3월 14일'로 설정
셀 E4:E9 까지 '버스대여수' 항목 : 셀 서식 [Ctrl]+[1] [표시형식] 탭→[사용자 지정] 형식 'G/표준"대"' 입력

02 셀 서식 [Ctrl]+[1] [테두리] 탭을 이용하여 보기와 같이 테두리를 설정해요.

2 타이틀 꾸미기

01 셀 서식 [Ctrl]+[1] 에서 [채우기] 탭, '색채우기' 설정하고 '가운데 정렬'하여 다음과 같이 예쁘게 설정해요.

21차시 하이퍼링크 기능을 이용하여 문서에 홈페이지 연결하기 **115**

02 '체험학습장소'란에 [도형]의 '빗면'을 선택하여 그린 후 복사하여 붙여넣기 하고, '장소명'을 그림과 같이 입력해요. 도형효과 '미세효과 검정, 어둡게1'로 지정해요.

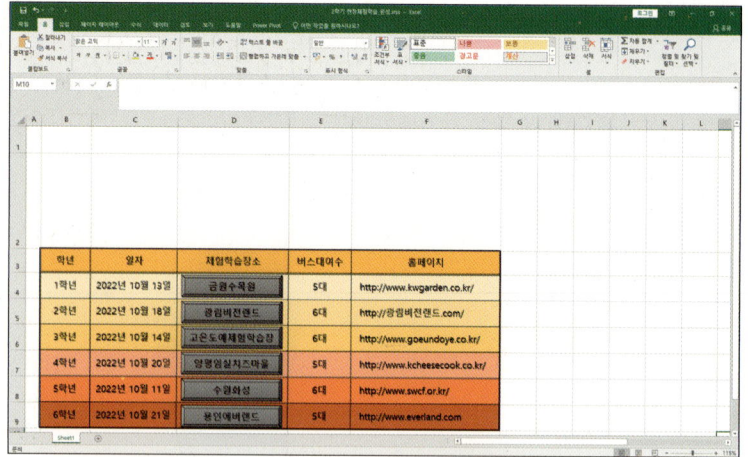

3 도형에 하이퍼링크 연결하기

01 먼저 '금원수목원'의 홈페이지 주소를 복사 + 한 후,

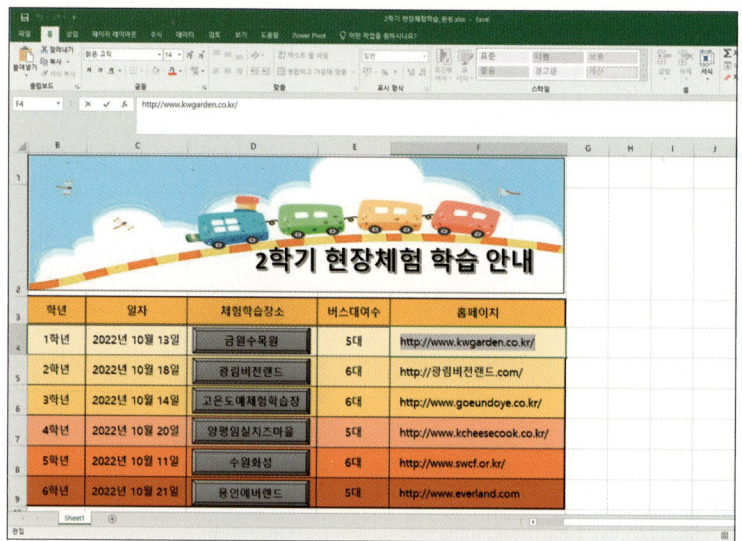

02 체험학습장소의 '금원수목원' 도형 클릭하고 마우스 오른클릭 후 '하이퍼링크' 클릭해요.

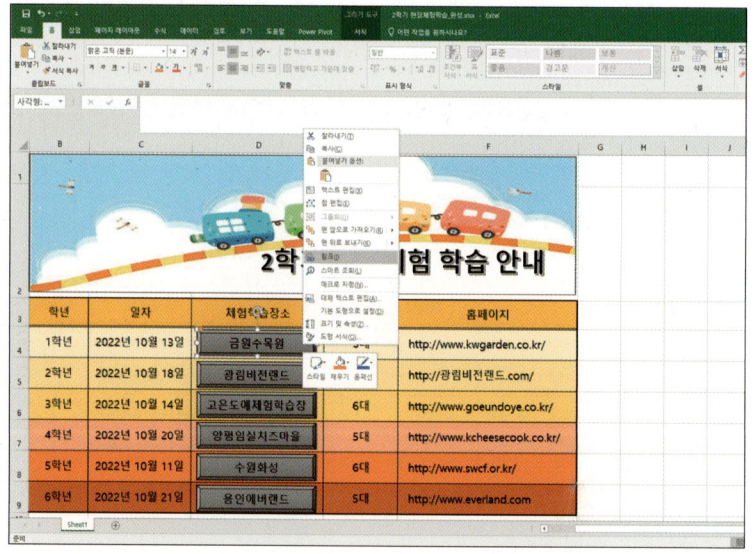

03 대화상자가 나타나면, 주소부분을 클릭하여 붙여넣기 Ctrl+V, [확인] 클릭, 도형에 하이퍼링크가 설정돼요.

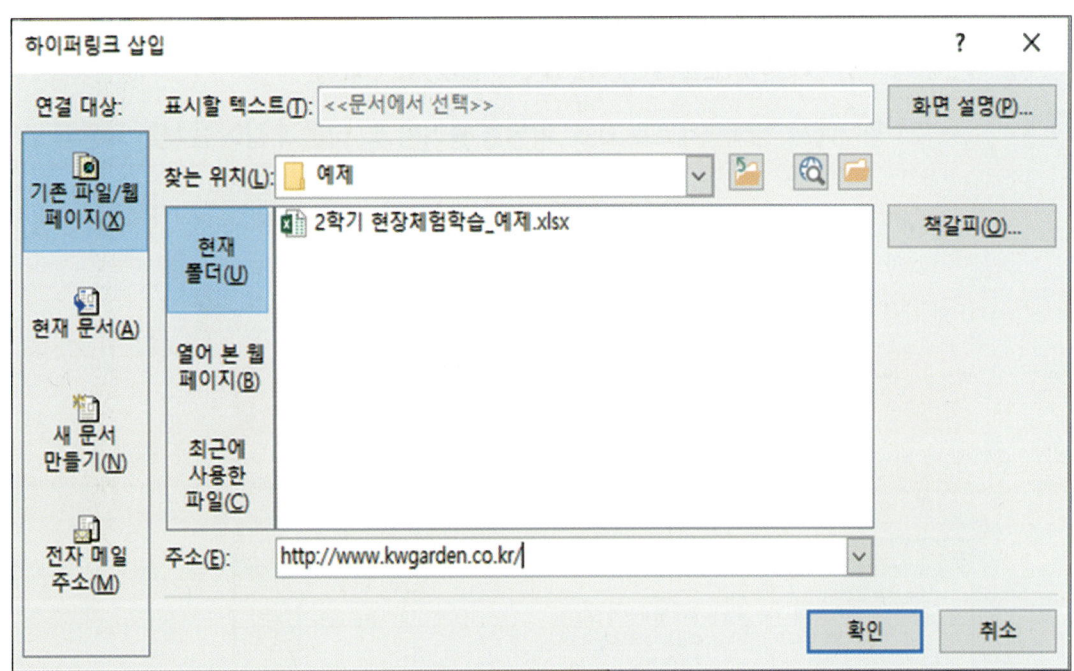

 하이퍼링크가 설정되면, 도형 위에 마우스포인터를 올려 놓으면 마우스포인터의 모양이 '손가락' 모양으로 변경돼요.

04 나머지 도형에도 각각의 홈페이지에 연결될 수 있도록 하이퍼링크를 연결해 보아요.

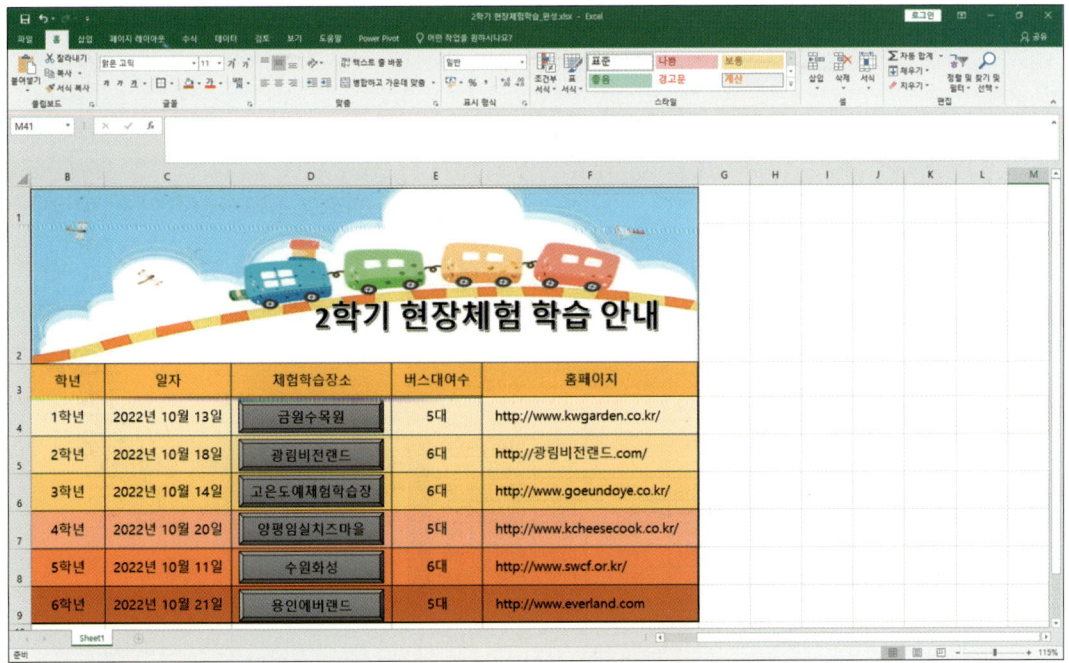

01 ▶ 21 폴더에서 '창의력테스트.xlsx' 파일을 불러온 후, 다음과 같이 문서를 작성해 보세요.

● 예제파일 : 21 폴더/창의력테스트.xlsx　　● 완성파일 : 21 폴더/창의력테스트_완성.xlsx

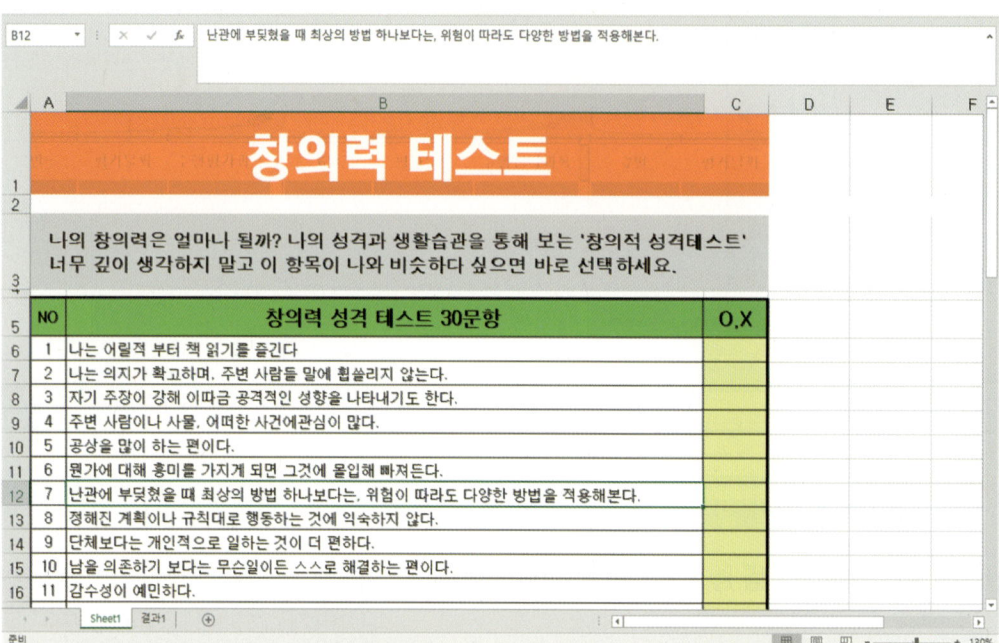

1. 1~10문항 까지를 직접 입력해요.
2. Shee1 워크시트의 이름을 '설문지', Shee2 워크시트의 이름은 '결과'라고 수정해요.
3. 셀 C6 클릭하고 [데이터] 탭→[데이터 유효성 검사]→[설정] 탭→[제한대상] 목록으로 설정, 원본 항목에 'O, X' 입력해요.

 목록에 표시될 글자를 [원본 항목]에 직접 입력해도 돼요.

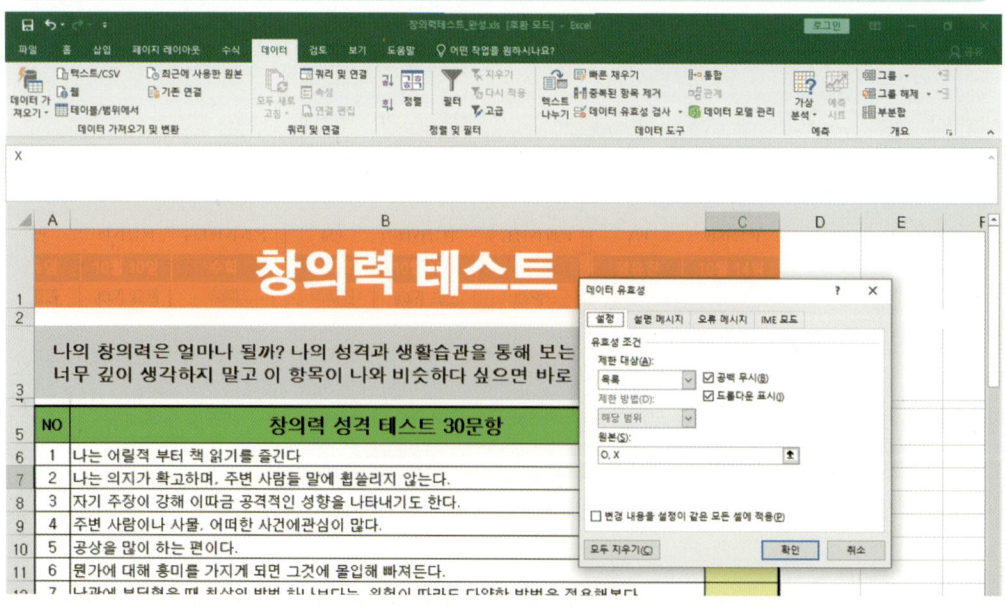

셀 C37에 나의 O의 개수를 세는 함수식을 '=COUNTIF(C6:C35,"O")&"개"'을 입력해요.
조건에 맞는 개수를 셀 때 사용하는 함수로 함수형식은 =countif(범위,조건)

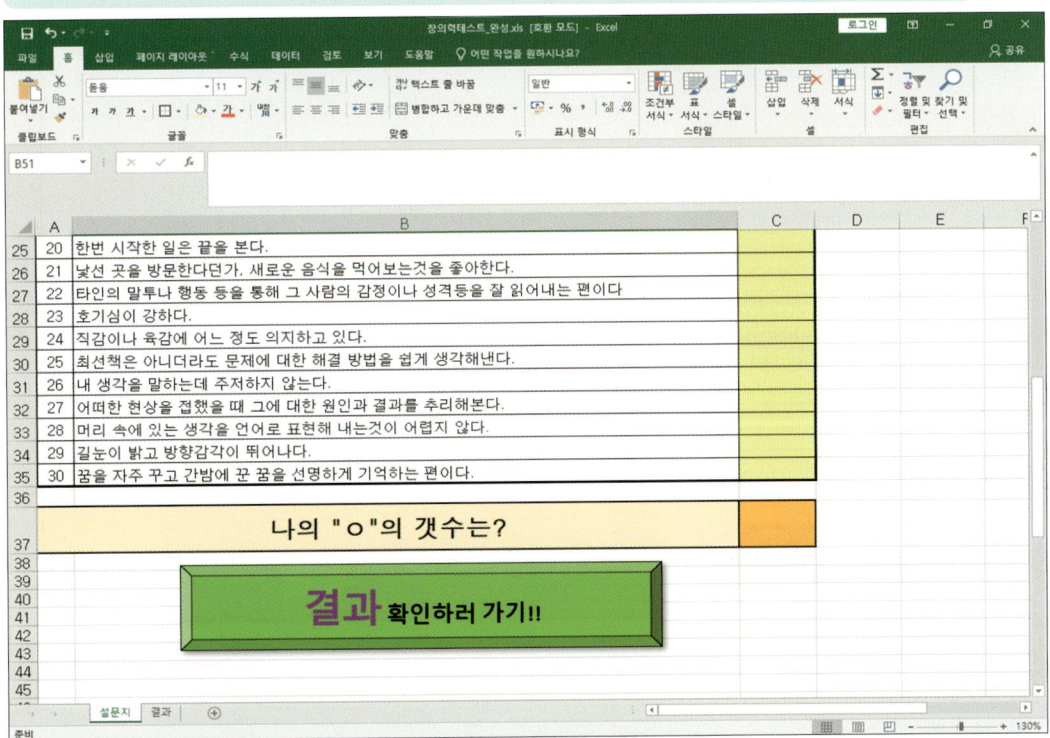

 도형의 사각형 빗면으로 결과버튼 만들어요.

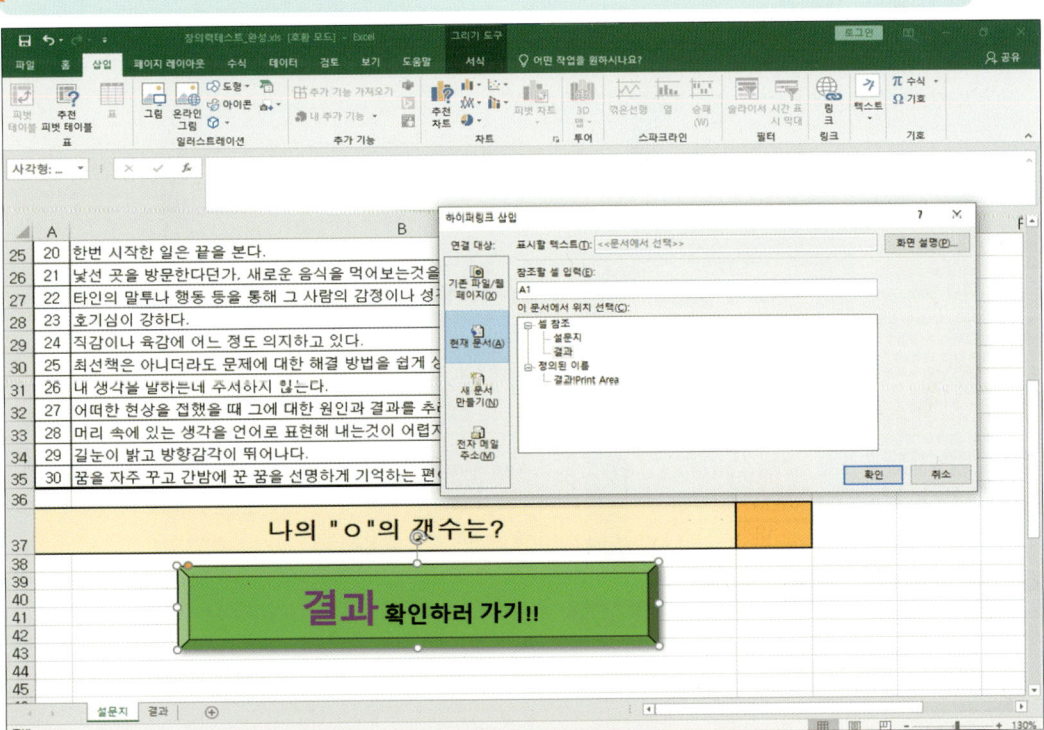

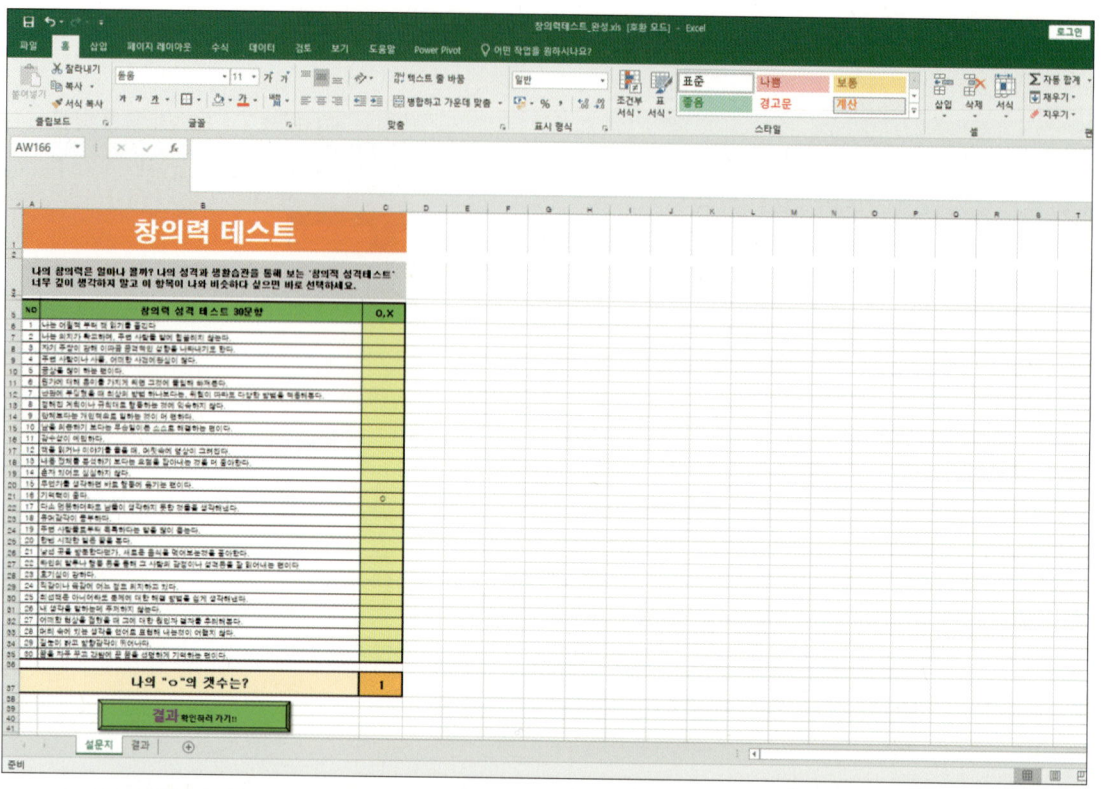

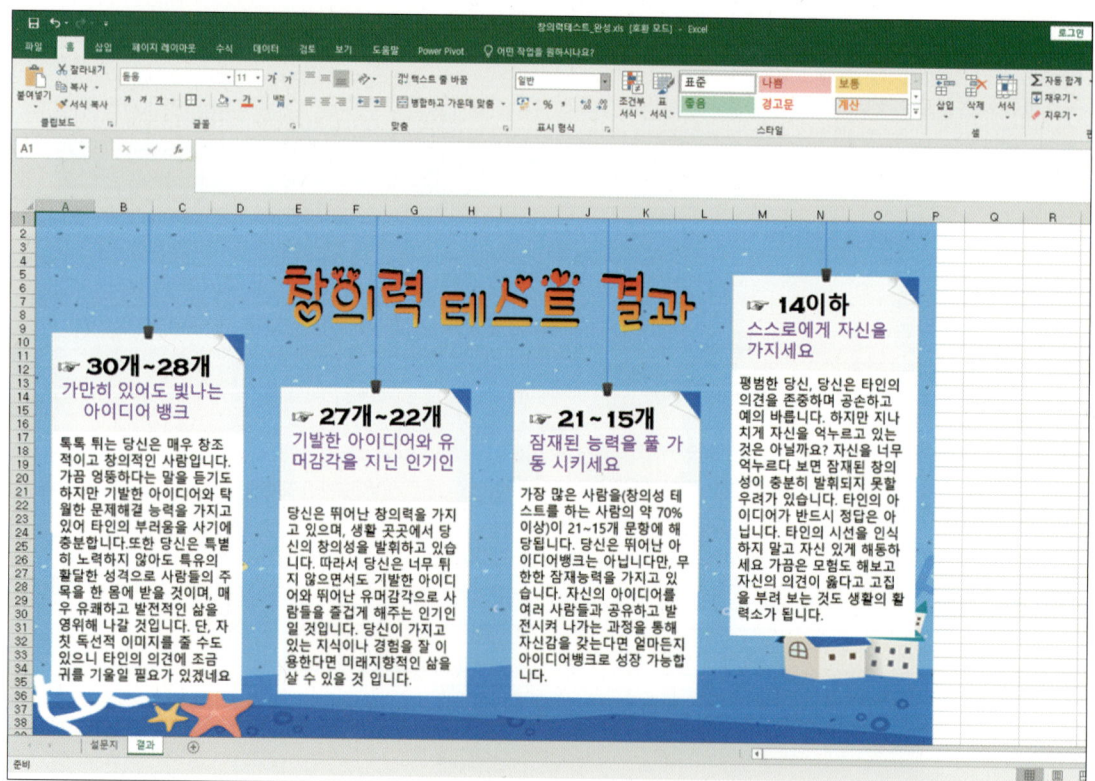

22차시 차트를 활용하여 타자기록 차트 만들기

엑셀에는 다양한 차트들을 제공하고 있는데요. 숫자로 된 많은 데이터를 각각 알기 쉽게 그림으로 표현한 자료가 차트입니다. 이번 차시에서는 차트를 만드는 기본 방법에 대해 알아보고, 차트의 구성요소와 서식을 지정하는 방법을 공부해 보아요.

1. 숫자 데이터를 차트로 만들어보고 각각의 속성을 변경해 보아요.
2. 추천 차트를 이용하여 간단하게 차트를 만들 수 있어요.

[완성예제 미리보기]

● 예제파일 : 22 폴더/차트.xlsx   ● 완성파일 : 22 폴더/차트_완성.xlsx

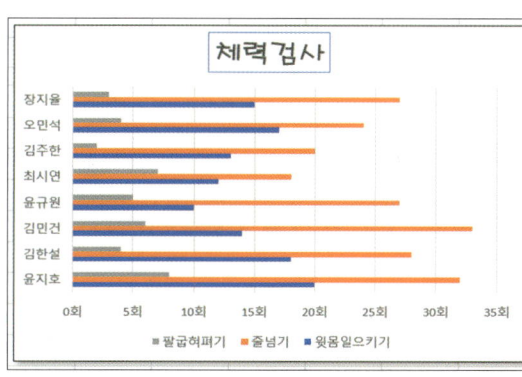
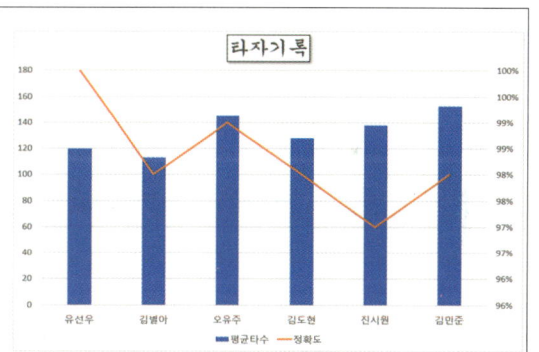
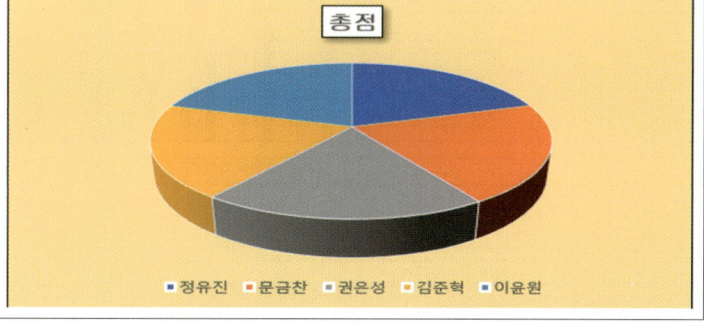

1 차트 삽입하기

01 22 폴더의 '차트.xlsx' 파일을 열고 차트로 작성할 범위 B4:E12를 블록으로 지정한 후, [삽입] 탭→[차트] 그룹→[추천 차트] →[묶은 세로 막대형]을 선택해요.

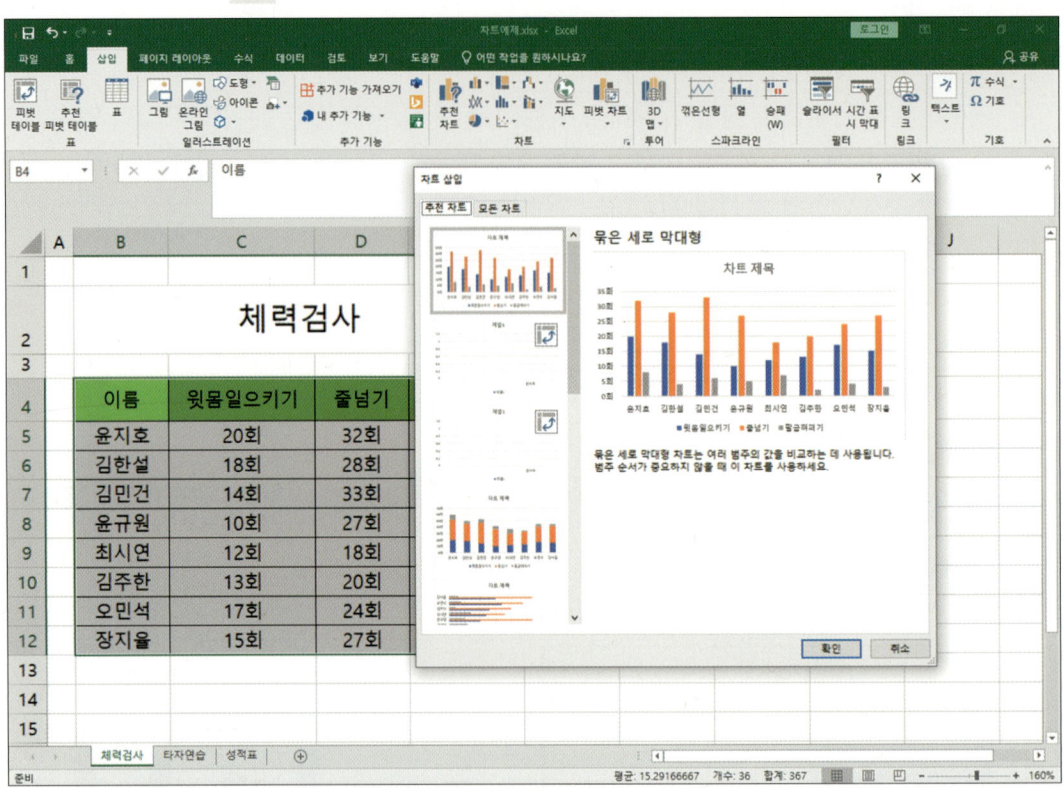

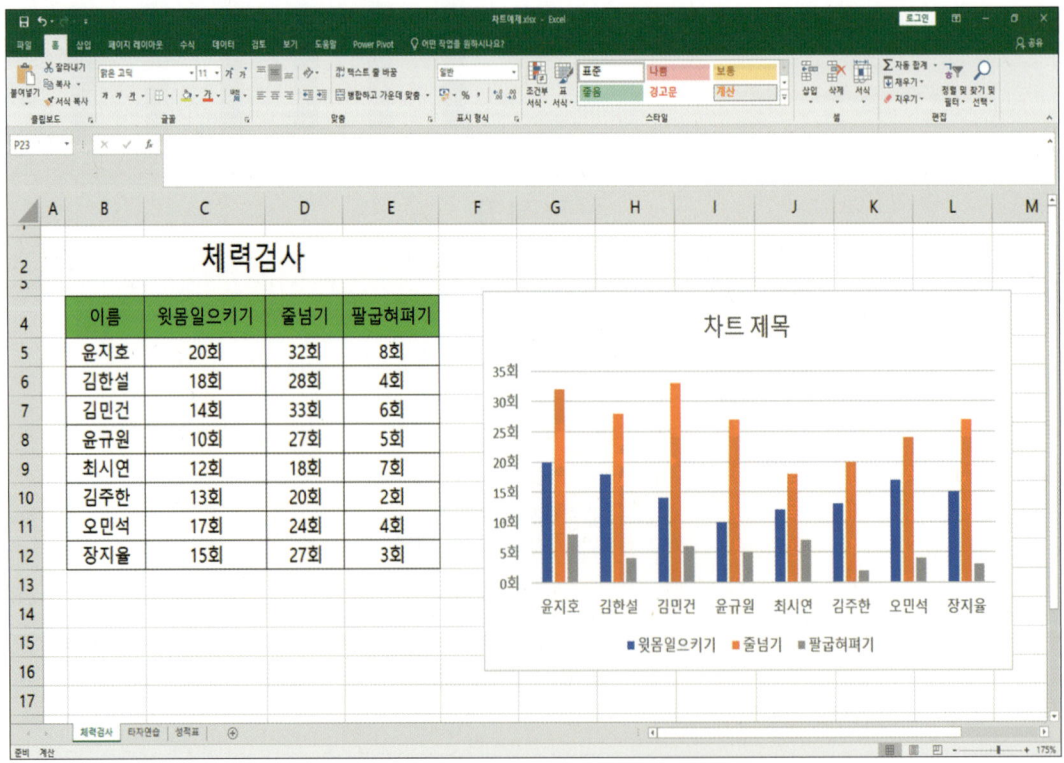

2 차트 종류를 원하는 차트 형태로 바꾸기

01 워크시트에 〈묶은 세로 막대형〉 차트를 다시 선택하고, [디자인] 탭→[종류] 그룹→[차트 종류 변경] →[가로막대형]의 '묶은 가로막대형'으로 설정해요.

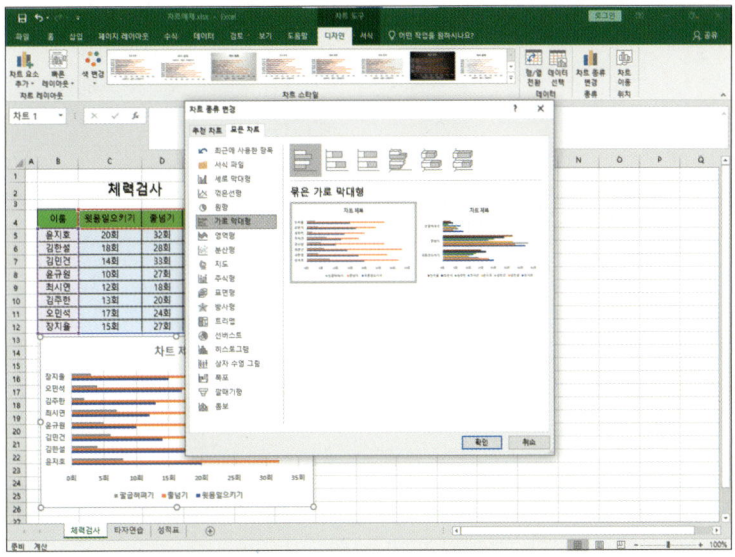

02 제목을 클릭하여 '체력검사'라고 입력하고 글꼴 'HY 엽서 M', 크기 '20', 채우기 단색 채우기 '흰색', 테두리 '실선'으로 설정해요.

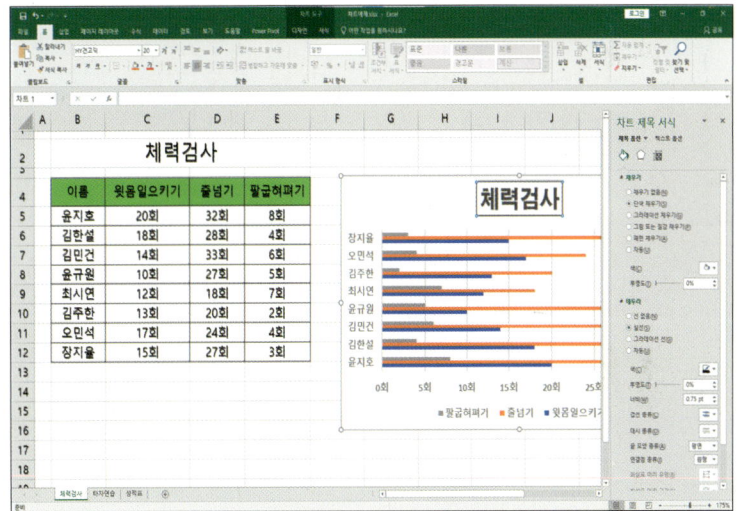

03 [차트 제목 서식] 탭→[그림자] →[미리 설정]의 '바깥쪽 오프셋 대각선 오른쪽 아래'를 지정해요.

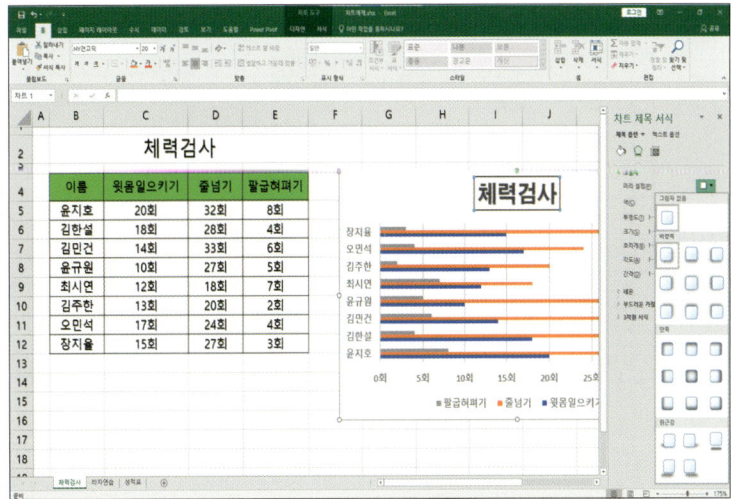

04 차트의 위치를 그림과 같이 배치하고, 차트 제목 옆 빈공간을 클릭 후 마우스 오른 클릭하면 '차트 영역 서식'을 선택을 해요.

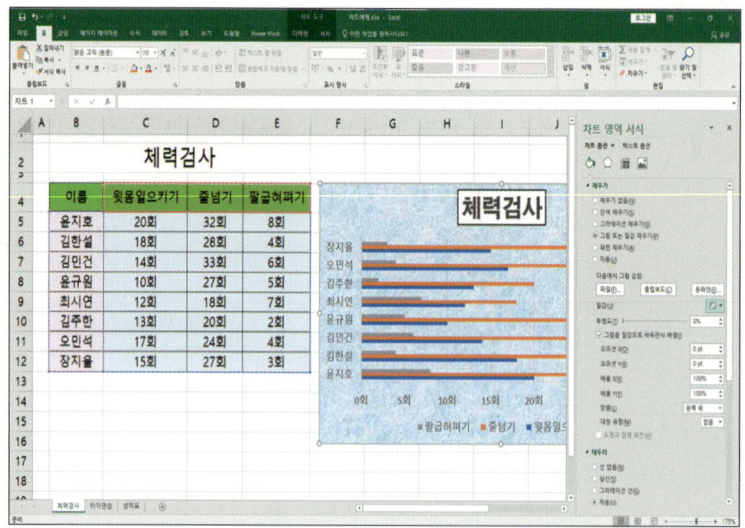

05 [채우기] 탭→[그림 또는 질감] 선택→질감 '파랑박엽지' 선택하고 차트를 완성해요.

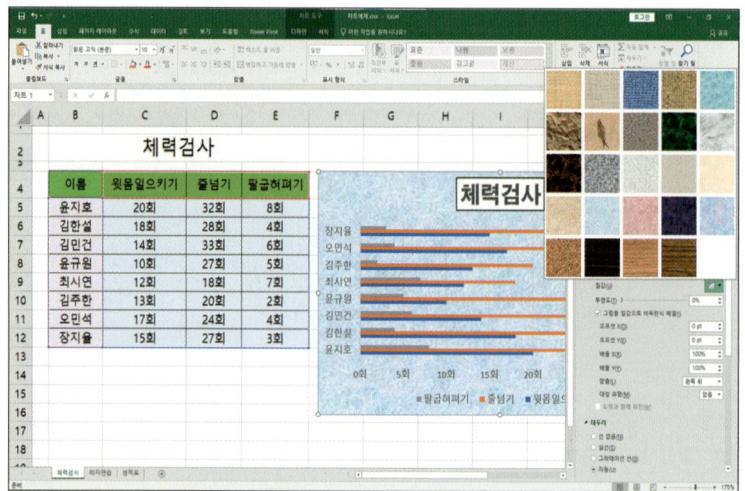

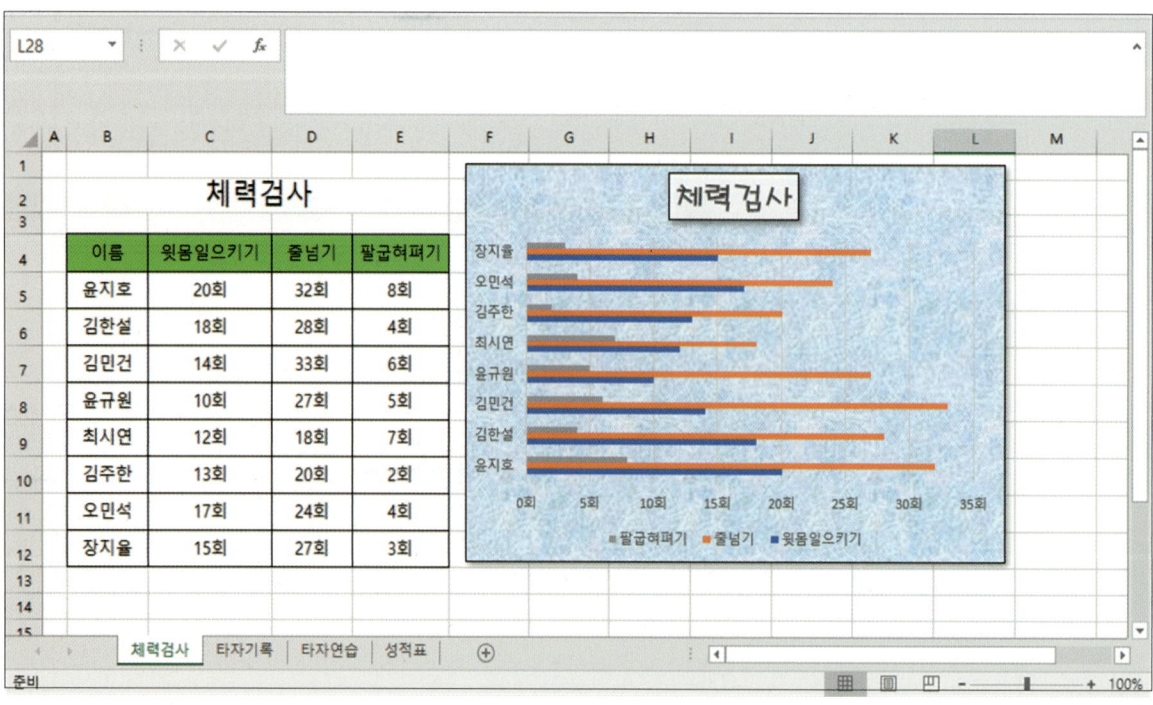

124

3 차트 다른 워크시트에 삽입하기

01 [타자연습] Sheet로 이동하고 셀 B4 클릭 후 Ctrl + A 차트의 범위로 잡고, [삽입] 탭→[차트] 그룹→[추천 차트] '묶은 세로 막대형'을 클릭해요.

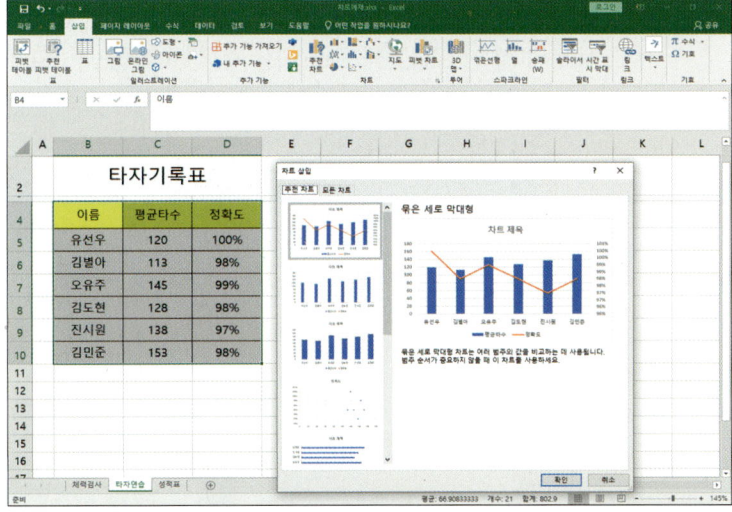

02 워크시트에 〈묶은 세로 막대형〉 차트가 삽입되었으면 [차트 도구]→[디자인] 탭→[위치]탭→[차트 이동] 을 클릭해요.

'새 시트'를 선택하고 Sheet 이름에 '타자기록'이라고 입력해요.

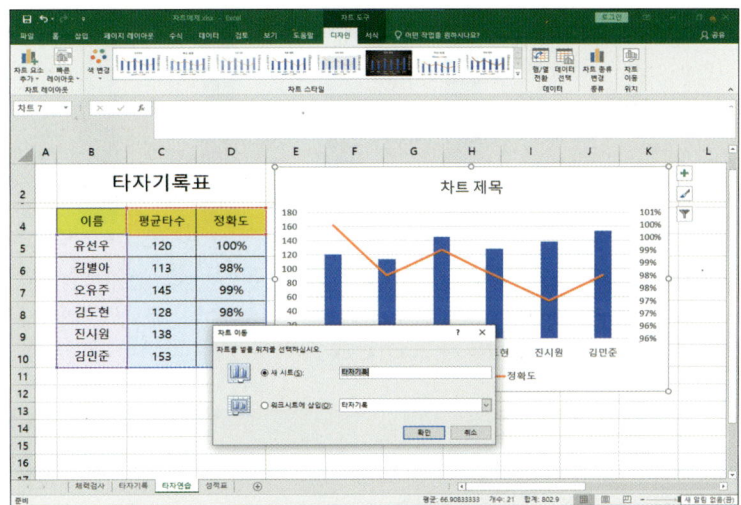

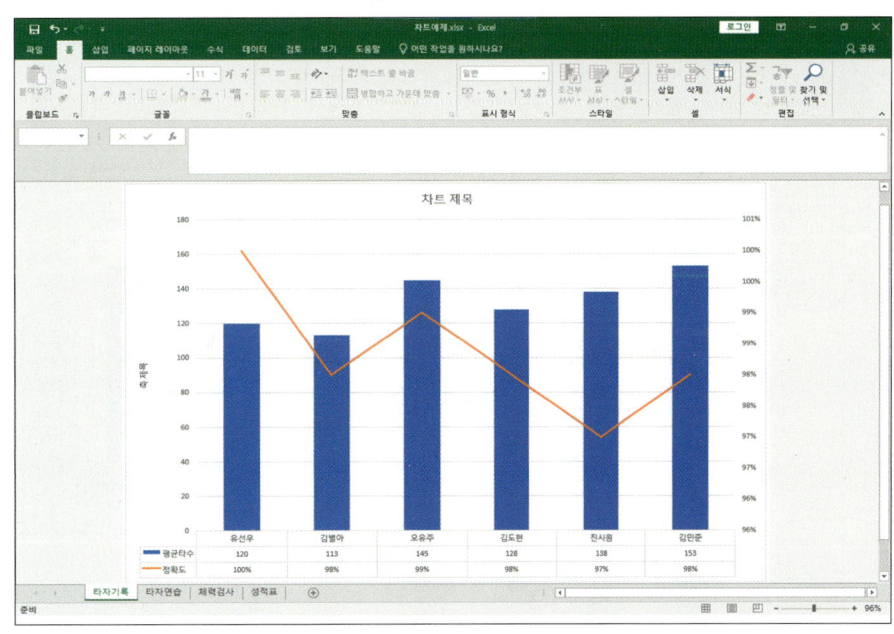

22차시 차트를 활용하여 타자기록 차트 만들기 **125**

4 차트 다른 워크시트에 삽입하기

01 '차트 제목'을 더블 클릭한 후, '타자기록표'라고 입력하고, 글꼴 '궁서', 크기 '20', '굵게', 채우기 색 '흰색', 테두리 '실선', '검은색'으로 지정 후, [서식] 탭→[도형 스타일] 그룹→[도형효과]→[그림자] '바깥쪽 오프셋 아래' 선택하고 차트를 완성해요.

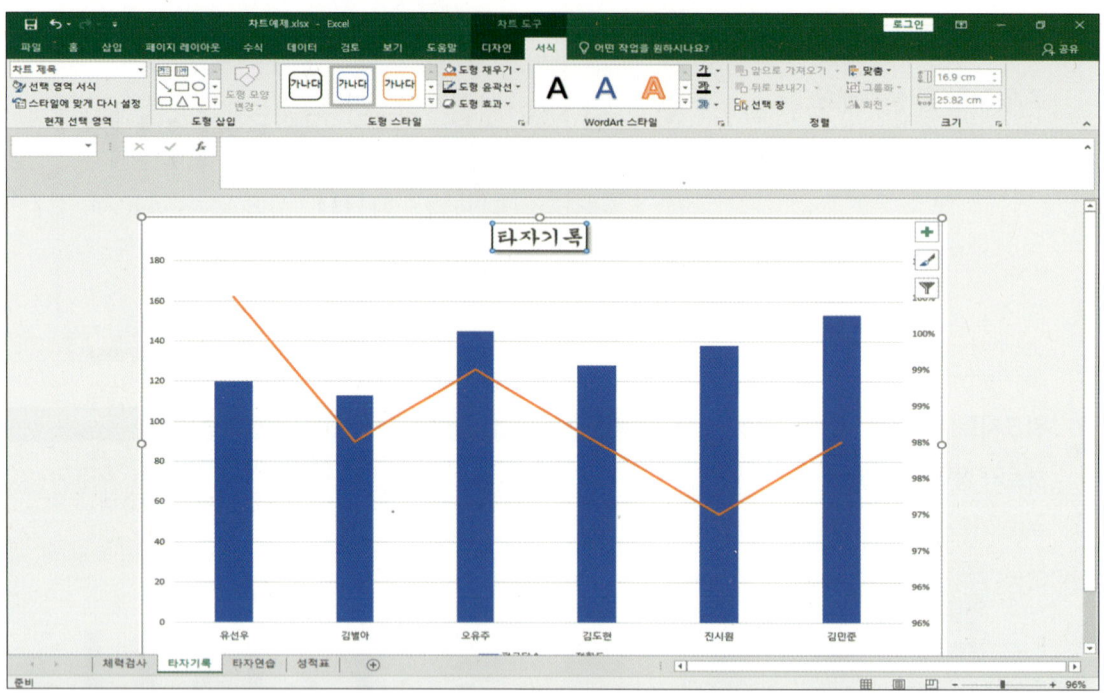

02 차트 영역과 차트의 배경 등을 예쁘게 꾸며 보세요.

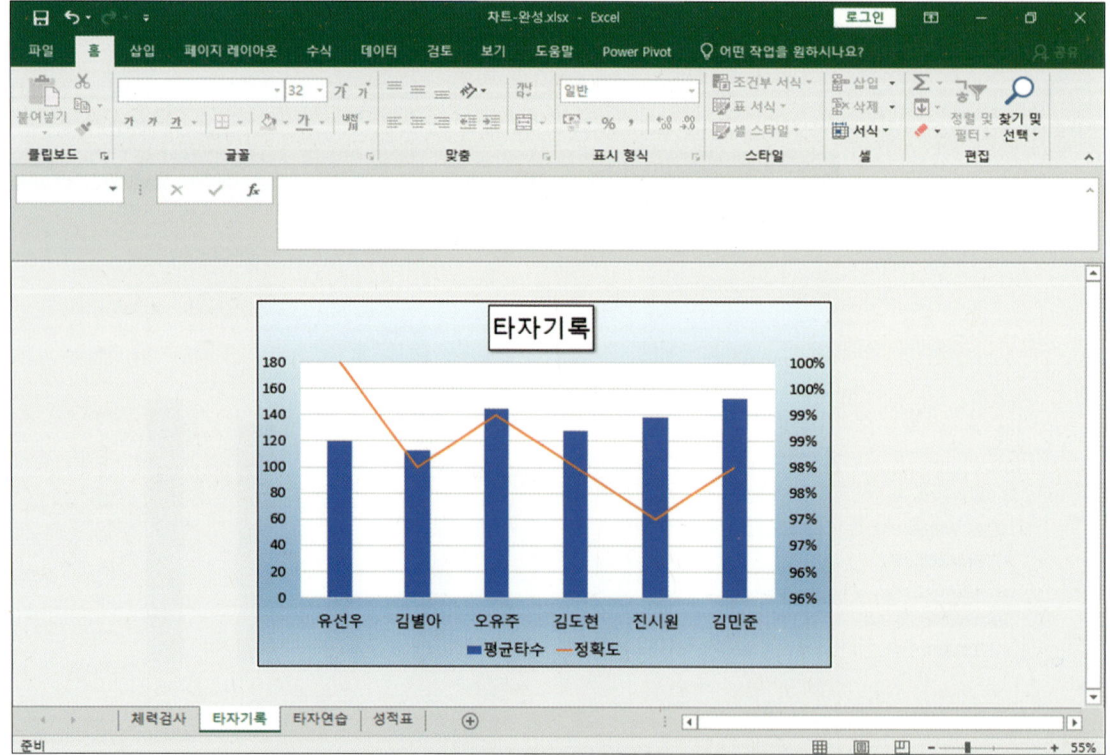

01 ▶ [성적표] Sheet으로 이동한 후 다음과 같이 원형 차트를 완성해 보세요.

● 예제파일 : 22 폴더/차트.xlsx   ● 완성파일 : 22 폴더/차트_완성.xlsx

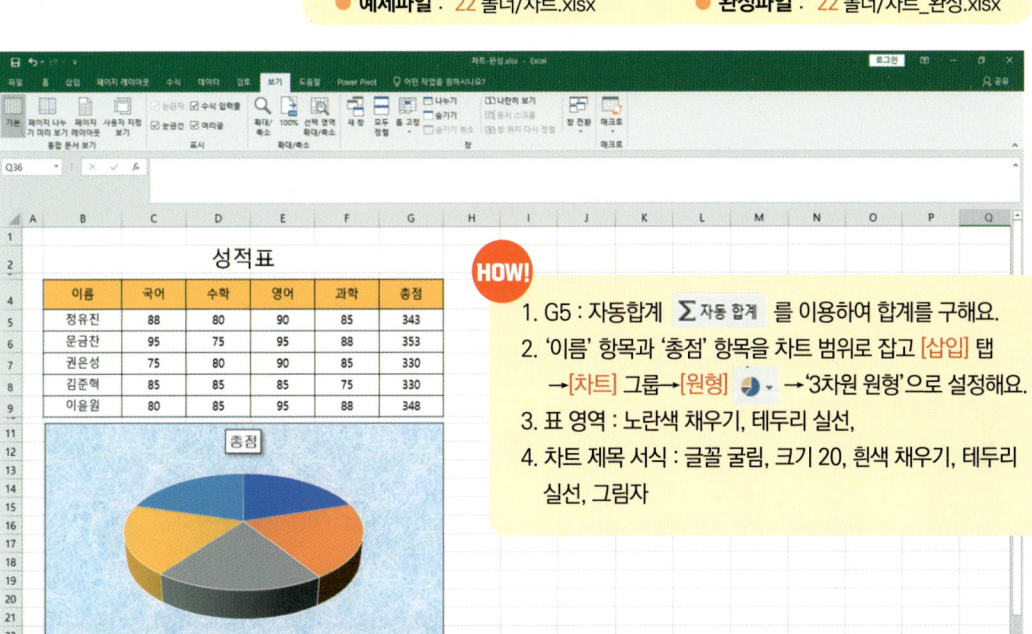

HOW!
1. G5 : 자동합계 ∑자동합계 를 이용하여 합계를 구해요.
2. '이름' 항목과 '총점' 항목을 차트 범위로 잡고 [삽입] 탭 → [차트] 그룹→[원형] → '3차원 원형'으로 설정해요.
3. 표 영역 : 노란색 채우기, 테두리 실선.
4. 차트 제목 서식 : 글꼴 굴림, 크기 20, 흰색 채우기, 테두리 실선, 그림자

02 ▶ 성적표 차트를 다음과 같이 차트 종류를 변경해 보세요.

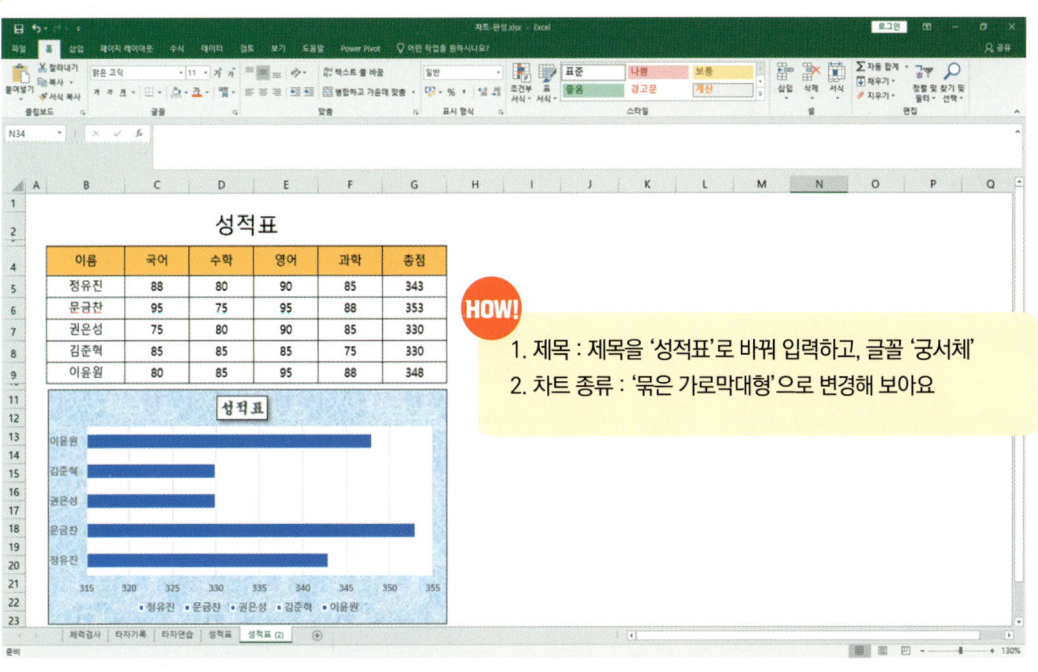

HOW!
1. 제목 : 제목을 '성적표'로 바꿔 입력하고, 글꼴 '궁서체'
2. 차트 종류 : '묶은 가로막대형'으로 변경해 보아요

23차시 수업
인쇄하기, 화면캡처 기능을 활용하여 엑셀 작품집 만들기

엑셀로 문서의 작성이 완료되면 종이에 인쇄하는 경우가 많습니다. 그동안 열심히 배우고 작업한 엑셀 문서를 인쇄하는 방법에 대해 알아보고 기본 설정하는 방법을 미리보기를 통해 학습해 보도록 해요. 그리고 회차마다 저장한 완성예제를 화면 캡처하는 방법도 학습하여 엑셀작품집으로 만들어 보아요.

1. 인쇄하기 기능을 학습해 보고 설정해 보아요.
2. 화면캡처 기능을 이용하여 인쇄될 화면을 이미지로 저장해 보아요.

[완성예제 미리보기]

● 예제파일 : 23 폴더/엑셀작품집.xlsx   ● 완성파일 : 23 폴더/엑셀작품집_완성.xlsx

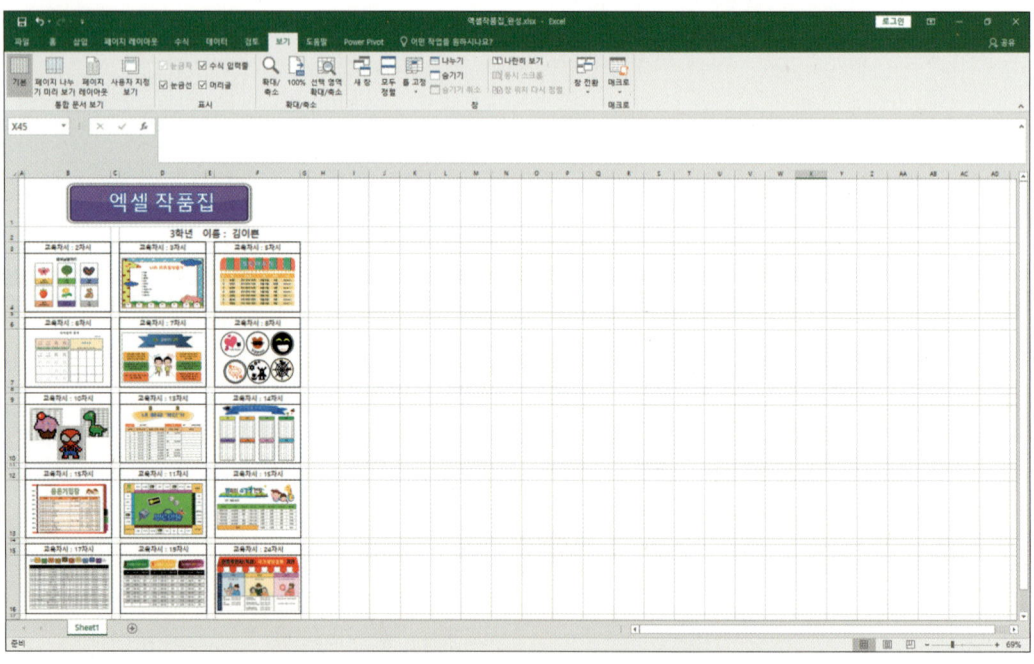

 화면캡처 단축키 : ⊞ + Shift + S 로 화면 캡처하고, 붙여넣기 Ctrl + V

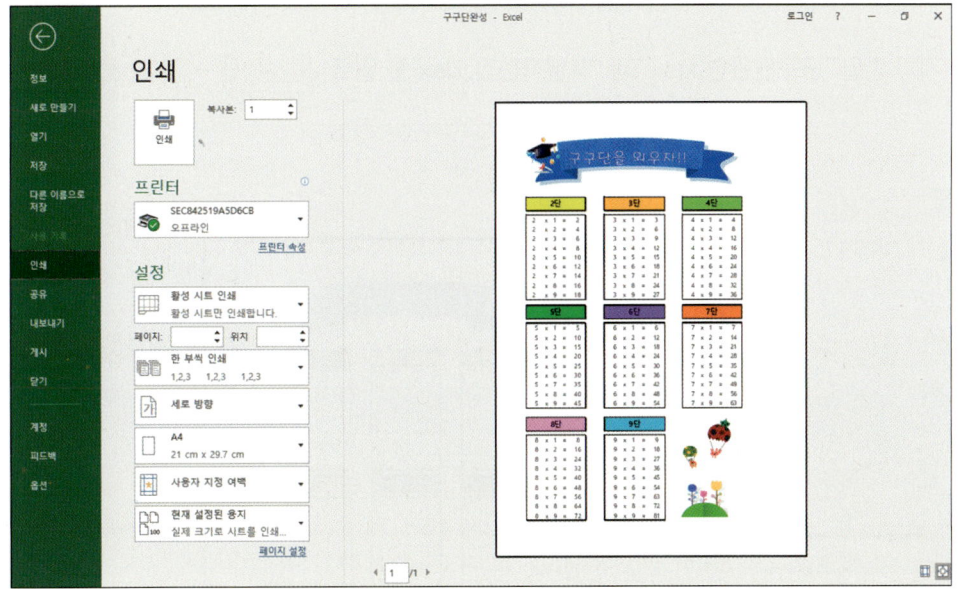

HOW!
1. 인쇄 버튼
2. 복사본 : 복사(인쇄)될 부수만큼 숫자를 입력해요.
3. 프린터 속성 : 현재 출력 가능한 프린터가 설정되어 있으며 속성 변경이 가능해요.
4. 페이지설정 : 인쇄 시 출력되는 출력범위, 인쇄 종이 크기, 출력형태, 여백 등을 설정해요.
5. 페이지 번호 : 현재 문서가 몇 장으로 출력되는지 알 수 있어요.
* 작성한 문서가 여러 장일 경우 좌우(◀▶) 버튼을 클릭하여 미리보기에 선택한 페이지를 표시할 수 있어요.
6. 미리보기 : 작성한 문서가 표시되어서 인쇄하기 전에 미리 확인할 수 있어요.
7. 여백, 확대 아이콘 : 오른쪽 아래를 보면 위와 같이 2개의 아이콘이 있어요.
  아이콘을 클릭하면 미리보기에 여백을 조정할 수 있는 마크가 표시돼요.

힌트 미리보기에서 마우스로 마크를 움직여서 직접 여백을 조정할 수 있어요.

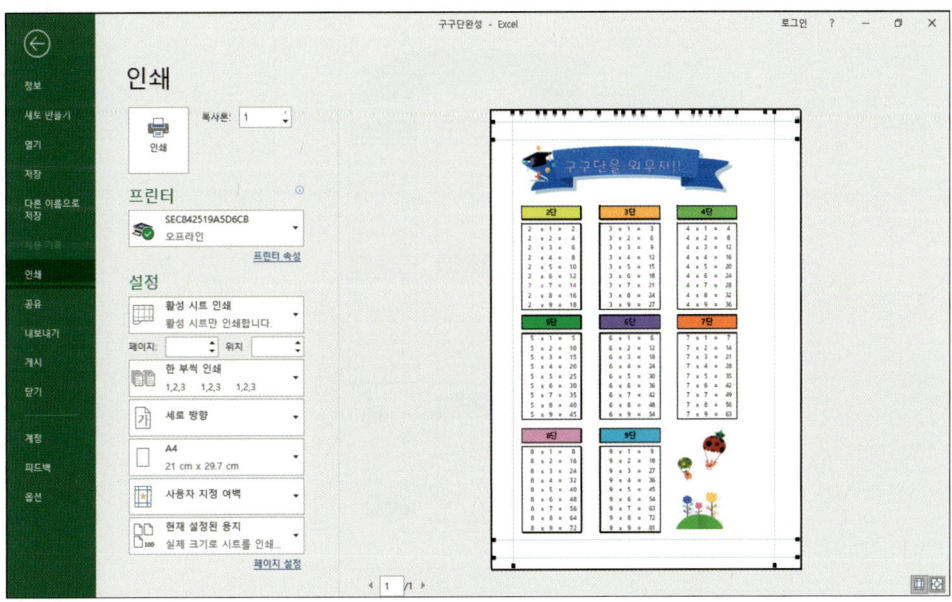

 **1 미리보기 설정하기**

01 23 폴더의 2개의 파일 '구구단완성.xlsx' 과 '엑셀작품집.xlsx'를 열고, [파일] 탭→[인쇄] 클릭해요.

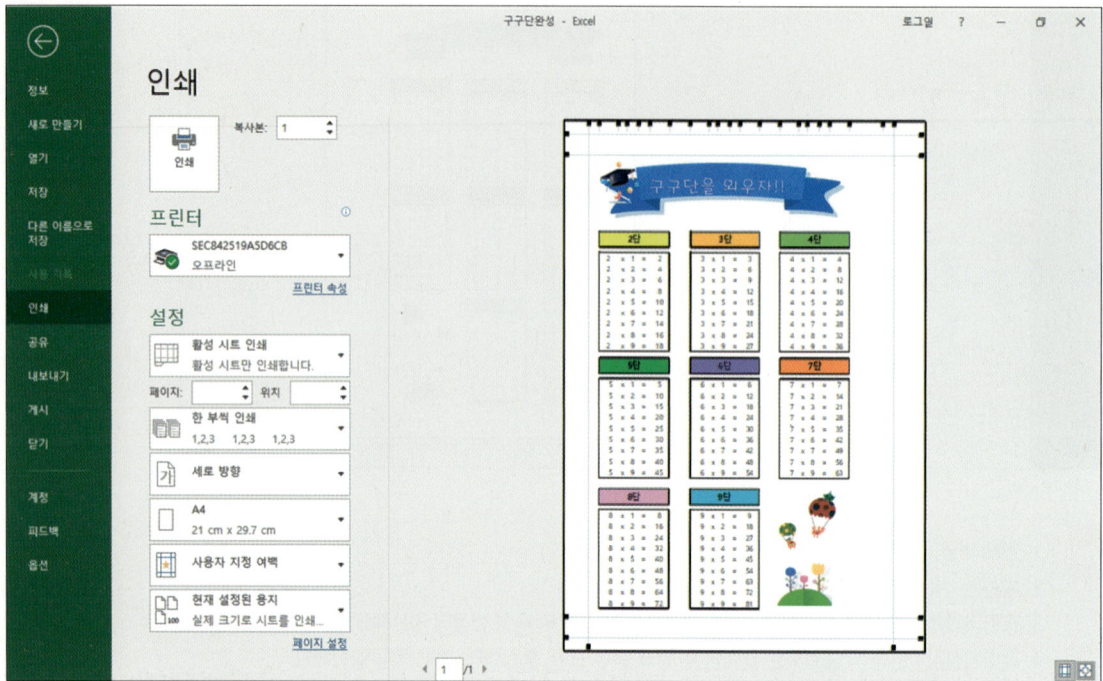

 **2 작성한 문서를 이미지로 저장하기**

01 화면캡처 기능을 이용하여 문서를 이미지[그림] 파일로 저장하거나, 이미지로 복사 할 수 있어요.

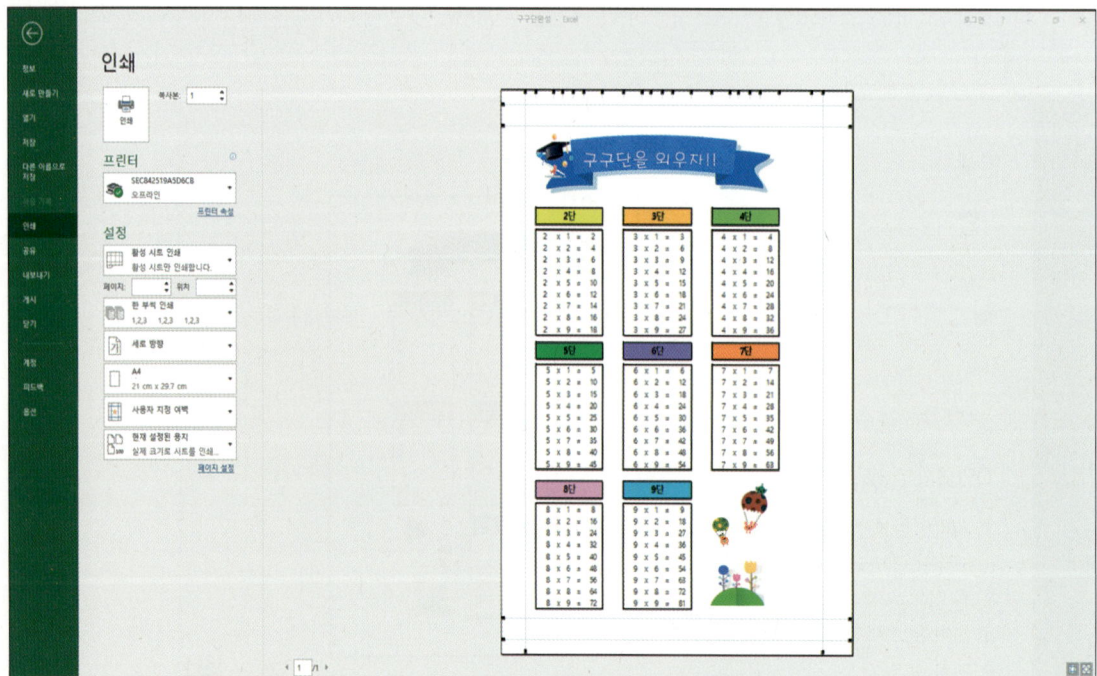

02 화면캡처 단축키 윈도우키 ■ + Shift + S 이 세개의 키를 누르면 다음과 같은 메뉴가 나타나요.

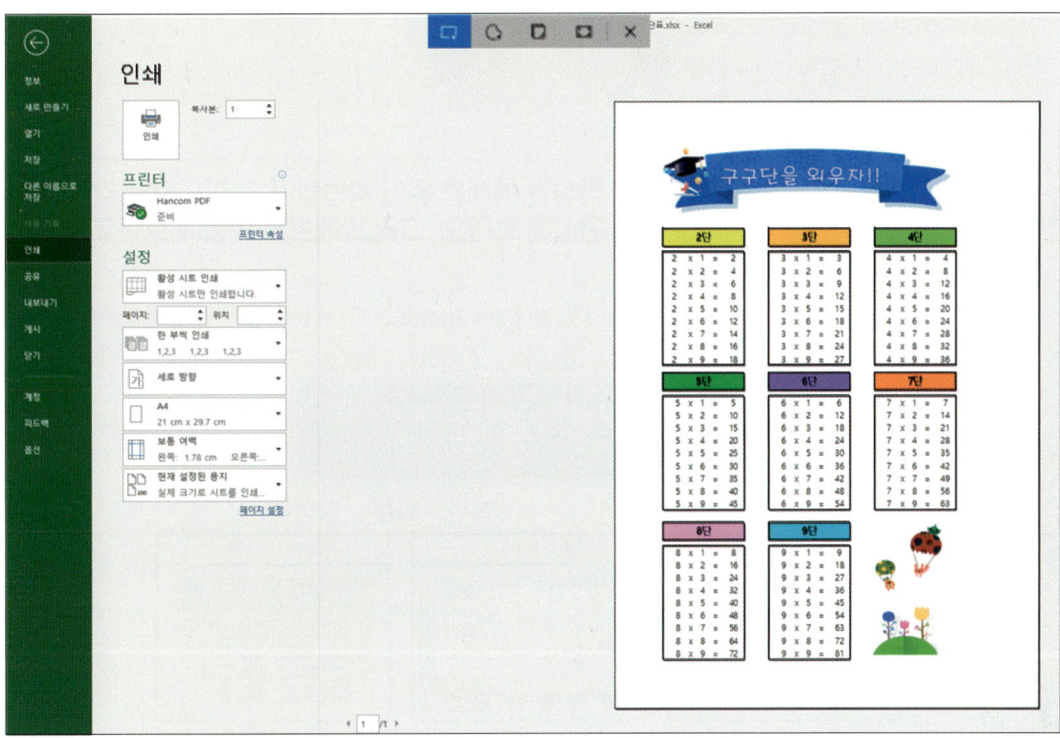

03 캡처하고 싶은 부분을 드래그하여 화면캡처하고 난 후 '엑셀작품집.xlsx'를 열어 붙여넣기 Ctrl + V 를 실행해요.

23 폴더의 '타이틀.png' 그림을 삽입하고 워드아트로 '엑셀작품집'이라고 제목을 입력해요. (글꼴과 글자 스타일은 원하는 스타일로 예쁘게 설정해보세요.)

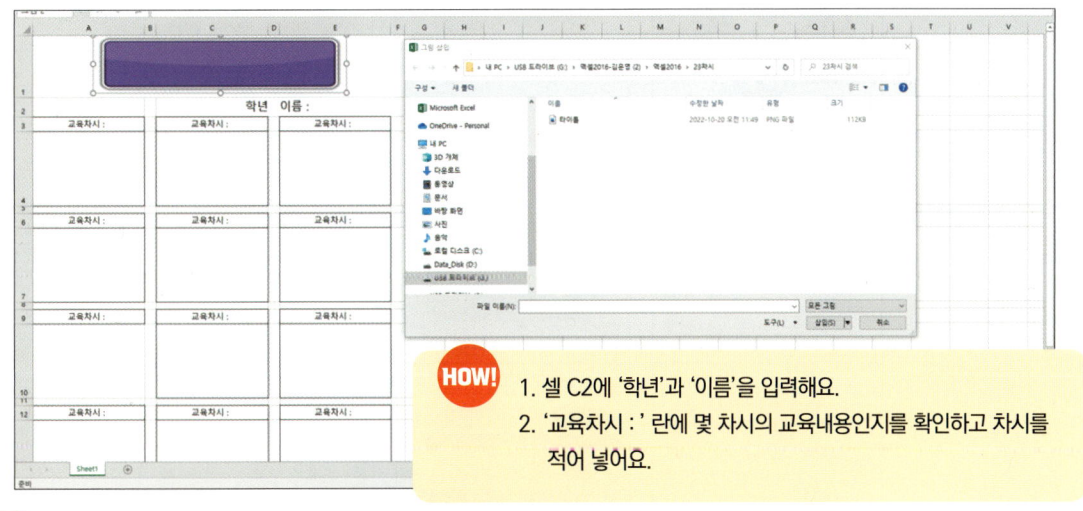

HOW!
1. 셀 C2에 '학년'과 '이름'을 입력해요.
2. '교육차시 : ' 란에 몇 차시의 교육내용인지를 확인하고 차시를 적어 넣어요.

WHY? 화면캡처 기능에 대해 알아보아요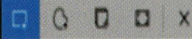

1. 사각형 캡처 : 마우스로 네모상자를 만들어서 원하시는 크기만큼 캡처
2. 자유형 캡처 : 자유형으로 원하는 부분을 드래그하여 캡처가 가능
3. 창 캡처 : 원하는 창의 내용 전체가 캡처
4. 화면 전체 캡처 : 화면에 보이는 모든 것이 캡처
5. 캡처 닫기

01 ▶ 그동안 엑셀을 공부하면서 작성한 예제를 열어 화면캡처 후 이미지로 각 차시에 붙여넣기를 해서 작품집을 완성해 보아요. 그리고 예쁘게 완성해 보아요.

● 예제파일 : 23 폴더/엑셀작품집.xlsx   ● 완성파일 : 23 폴더/엑셀작품집_완성.xlsx

♥ 인터넷에서 좋아하는 캐릭터 그림을 검색하고 화면 캡처하여 저장해 보아요.

24차시 종합정리

그동안 배운 엑셀의 기능들을 활용하여 멋진 문서를 작성하며, 엑셀 과정을 복습하고 총정리 해보아요.

1. 엑셀의 주요 기능을 복습하면서 다음의 예제들을 작성해 보아요.
2. 엑셀프로그램으로 문서작성 시 다른 프로그램들과 다른 점도 생각해 보면서 예제들을 작성해 보세요.

 1

01 ▶ 다음 새 워크시트를 열어서 '현장학습보고서.xlsx'를 작성해요.

● 예제파일 : 없음　　● 완성파일 : 24 폴더/현장학습보고서_완성.xlsx

1. 셀 B2에 제목 '현장체험학습보고서' 입력하고, '병합하고 가운데 맞춤', 글꼴 '맑은고딕', 글자 크기 '20'
2. 셀 F2:I3까지 '결재란'을 만들어요.
3. 각각의 셀에 글자를 입력 후, '병합하고 가운데 맞춤'을 하고 '테두리' 설정해요.

24차시 종합정리　133

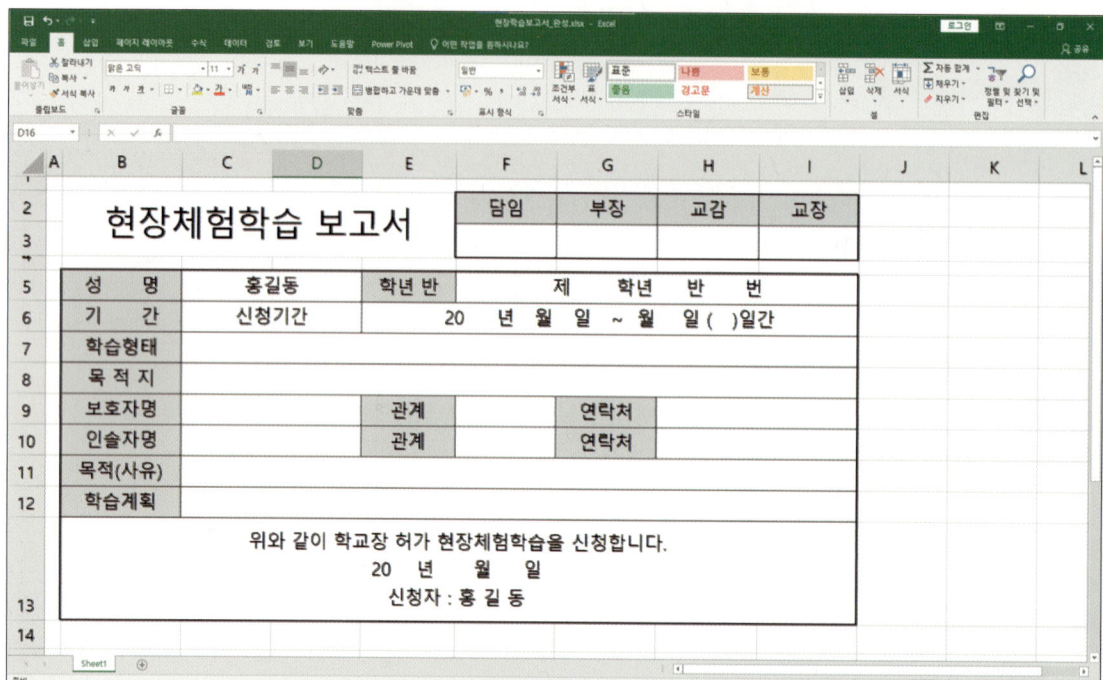

02 ▶ 각각의 타이틀에 셀 채우기, 가운데 정렬하고 행의 높이를 적절하게 조절해요.

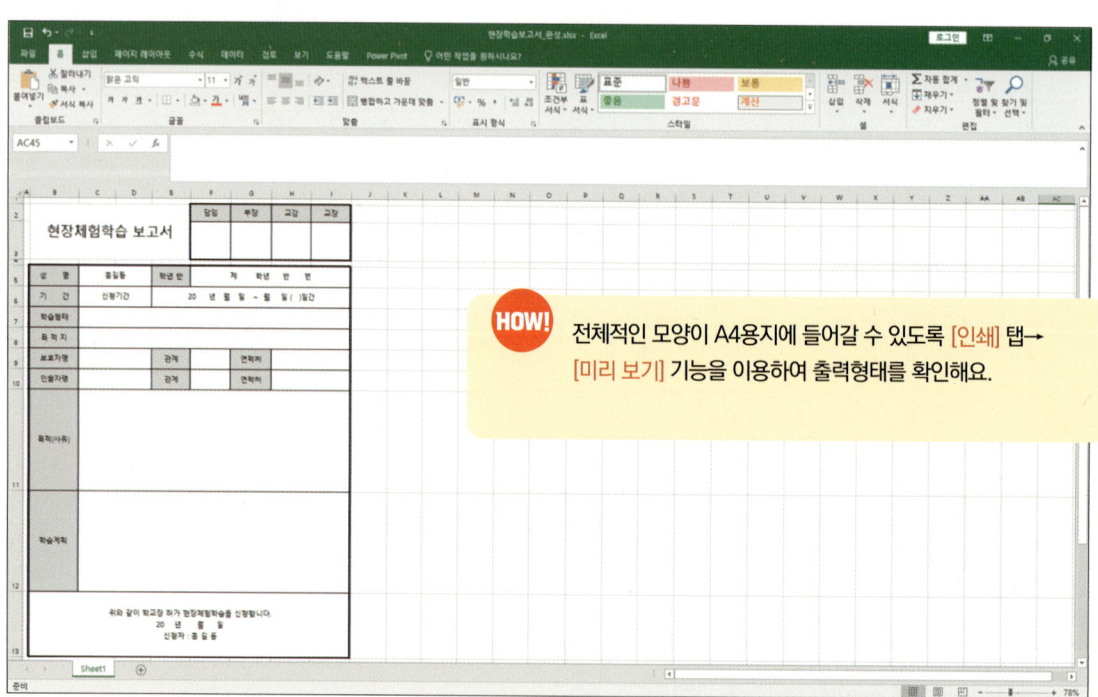

HOW! 전체적인 모양이 A4용지에 들어갈 수 있도록 [인쇄] 탭→[미리 보기] 기능을 이용하여 출력형태를 확인해요.

[완성예제 미리보기]

				담임	부장	교감	교장
현장체험학습 보고서							

성 명	홍길동	학년 반	제 학년 반 번		
기 간	신청기간	20 년 월 일 ~ 월 일( )일간			
학습형태					
목적지					
보호자명		관계		연락처	
인솔자명		관계		연락처	
목적(사유)					
학습계획					

위와 같이 학교장 허가 현장체험학습을 신청합니다.
20 년 월 일
신청자 : 홍 길 동

01 ▶ 24 폴더의 '학용품구입액.xlsx' 예제파일을 열어서 각 항목에 맞는 함수를 사용하여 값을 구해보세요.

● 예제파일 : 24 폴더/학용품구입액.xlsx   ● 완성파일 : 24 폴더/학용품구입액_완성.xlsx

힌트
1. 구입액 =수량*단가 '=C5*D5'
2. 구입액 합계 '=Sum(E5:E9)'
3. 구입액 평균 '=Average(E5:E9)'
4. 최고금액 '=Max(E5:E9)'
5. 최저금액 '=Min(E5:E9)'

[완성예제 미리보기]

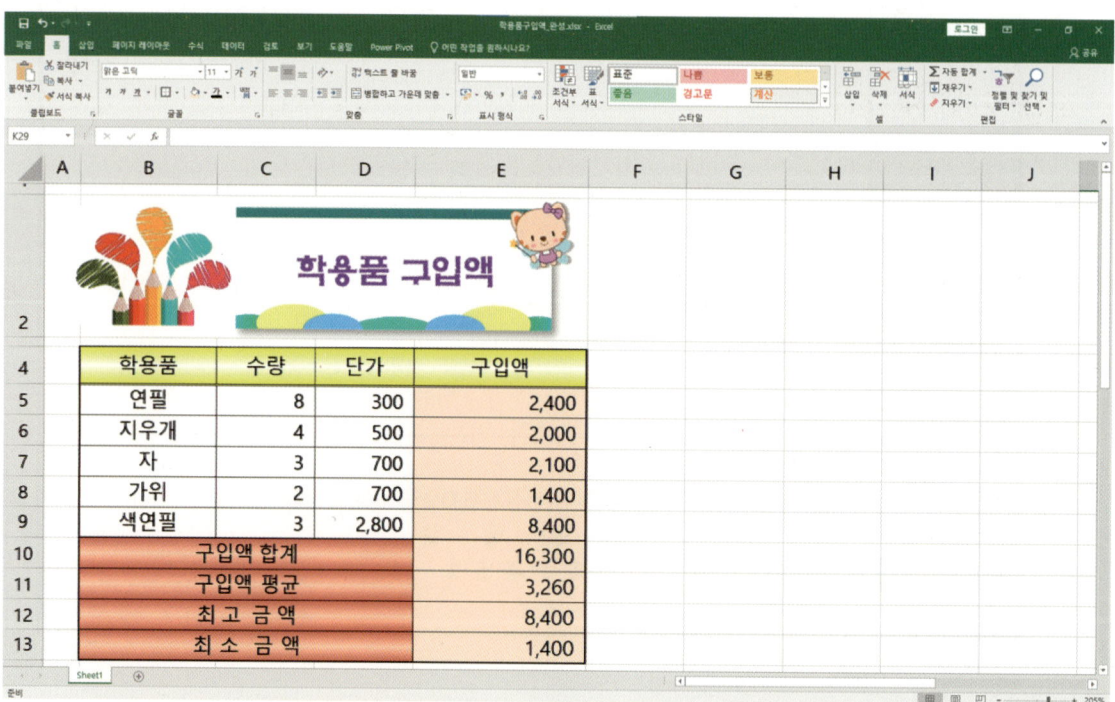

01 ▶ 24 폴더의 '독감예방접종기간.xlsx' 파일을 열고 다음과 같이 완성해 보세요.

● 예제파일 : 24 폴더/독감예방접종기간.xlsx   ● 완성파일 : 24 폴더/독감예방접종기간_완성.xlsx

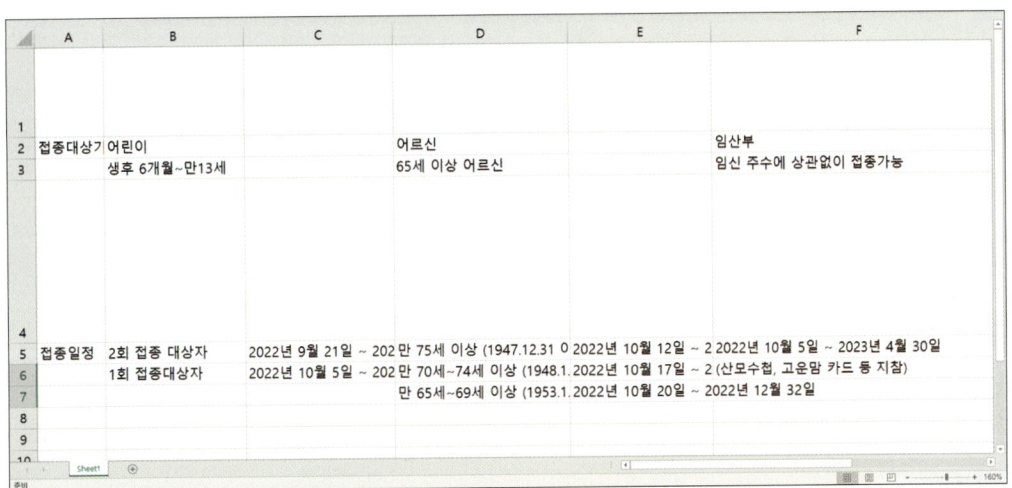

HOW!
1. 1 행의 높이를 조절하여 워드아트로 제목을 입력, 글꼴 크기는 셀 크기에 맞게 조절해요.
2. 셀 A1:F1까지 블록으로 지정 후, '셀 병합' 한 후, 셀 서식 [Ctrl]+[1] 메뉴에서 [맞춤] 탭→ [방향]→'세로'를 클릭하고 [확인]을 클릭해요.
3. 24 폴더의 그림을 삽입하고 크기 조절하여 배치해요.
4. 자동 줄 바꿈 [Alt]+[Enter] 명령을 이용해요.
5. 각각의 표 테두리, 셀 채우기, 글자 크기, 글꼴은 각자의 취향에 맞는 글꼴로 변경하여 배치하고 문서를 완성해요.

[완성예제 미리보기]

01 ▶ 한꺼번에 많은 데이터를 입력하고 지워 보세요.

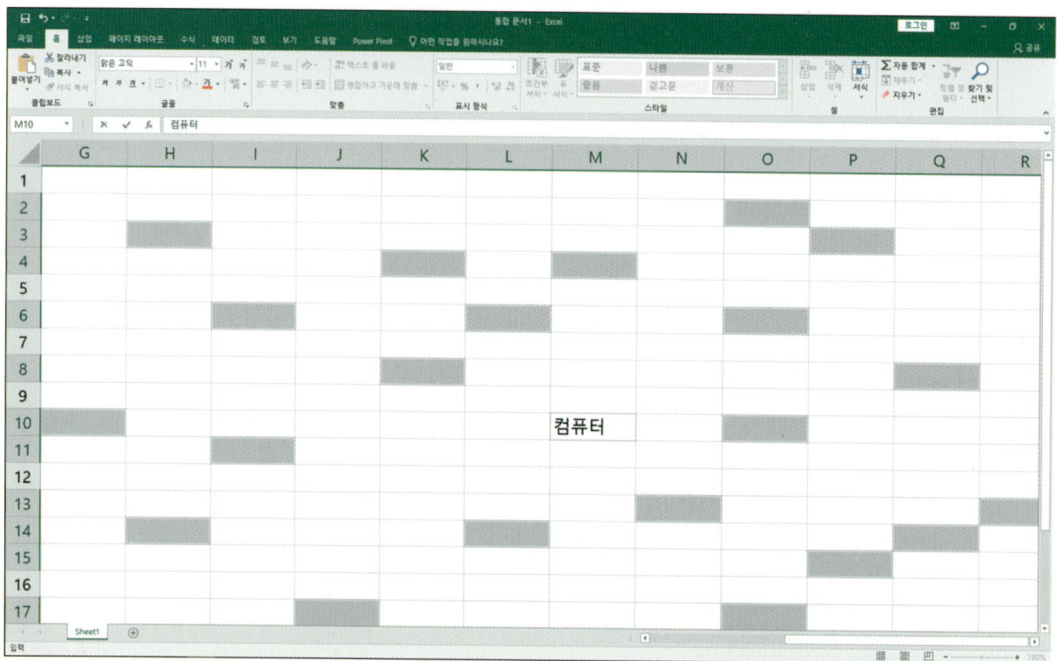

HOW! 먼저 Ctrl 을 이용하여 입력할 여러 셀을 선택하고 마지막 셀에 '컴퓨터'를 입력하고, Ctrl + Enter 를 입력하면 선택된 셀에 같은 내용이 한꺼번에 입력돼요.

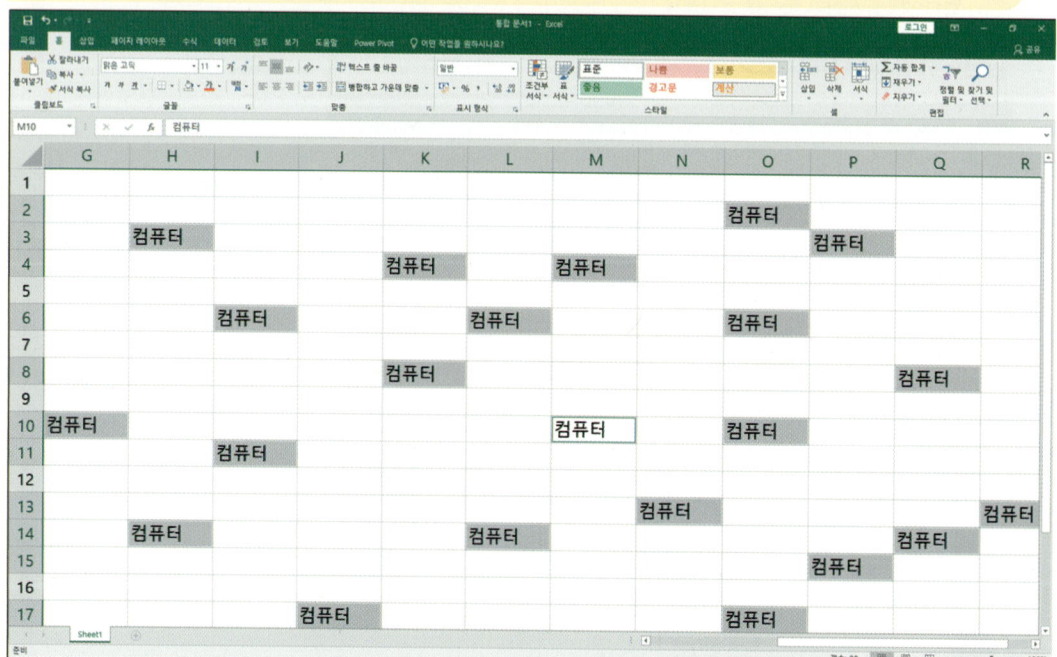

MEMO

MEMO